내 안에 예수님께서 사시는

중보적인 삶

조치민 지음

쿰란출판사

서문

하나님께서는 구원받은 우리가 하나님의 자녀요, 백성으로, 더 나아가 하나님의 동역자로서 살게 하시기 위해 은혜의 수단들을 주셨다. 소요리 문답 88번에서는 이렇게 말하고 있다. "그리스도가 구속의 유익을 우리에게 주고자 사용하시는 외적이고 일반적인 수단은 그리스도가 정하신 규례들로서, 특별히 말씀과 성례와 기도이며, 이 모두가 선택하신 자들을 구원하는 효과적인 수단입니다."

이와 같은 은혜의 수단을 통해 성령님께서 역사하셔서 예수님께서 이루신 구속의 유익을 누리게 하시고, 우리를 성화되게 하신다. 이는 중보자이신 예수 그리스도 안에서 우리도 중보자적인 삶을 살도록 하기 위함이다. 이것이 하나님과 동행하는 삶이요, 하나님과 동역하는 삶이다. 중보자적인 삶을 이야기하면서 먼저 예배와 기도, 영적 전쟁에 대해서 다음과 같은 순서로 나누고자 한다.

첫째로, 우리의 정체성에 대해서 살펴볼 것이다.

우리는 예수 그리스도로 말미암아 왕 같은 제사장이 되었고, 거룩한 제사장의 역할을 하기 위해 부르심을 받았다. 제사장의 역할에서 가장 중요한 것이 제사, 곧 예배다.

둘째로, 거룩한 제사장의 역할을 하려면 거룩하게 살아야 하는데, 하나님 앞에서 거룩한 삶, 경건한 삶을 산다는 것이 무엇인지 살펴볼 것이다. 특히 성경이 말하는 거룩한 삶은 개인에게 국한되지 않고 인간관계 속에서의 거룩함이다.

셋째로, '기도'의 정의를 살펴볼 것이다. 기도에 대한 본질적인 의미를 아브라함과 모세를 통해 살펴볼 것이다.

넷째로, 우리는 제사장으로서 은사와 직임을 따라 여러 역할들을 감당해야 한다. 여기서는 오늘날 일부 사람들이 사용하는 '중보기도'의 용어에 대해서 성경적으로 바르게 잡고자 한다. 우리가 예수님의 이름으로, 예수님 안에서 하는 '도고'(딤전 2:1), 즉 다른 사람을 위해 중개하고 탄원하는 기도를 '중보적인 기도'로 명명하였다. '중보기도'는 예수님만 하실 수 있는 기도다. 중보자는 오직 예수 그리스도 한 분뿐이시다. 그러므로 우리가 '중보적인 기도'를 하려면 먼저 자기를 부인하고 자기 십자가를 지고 예수님을 따르는 자가 되어야 한다는 것에 대해 나눌 것이다.

다섯째로, 중보적인 기도를 하려면 깨끗한 그릇이 되어야 한다는 것을 살펴볼 것이다. 깨끗한 그릇이 된다는 것을 하나님(삼위일체)과 하나 됨을 이룬다는 개념으로 설명하고자 한다.

여섯째로, 중보적인 기도를 하려면 기도의 장애물 즉, 기도하고자 하는 대상과의 관계에서 상대방에게 던진 돌들을 제거해야 한다는 것을 살펴볼 것이다. 여기서는 각 영역, 나라와 민족, 교회, 목회자, 가정, 개인들을 위해 중보적인 기도를 하기 전에 이들을 향해 던진 돌은 무엇이고 어떻게 제거하는지를 나누고자 한다.

일곱째로, 용서와 쓴 뿌리, 그리고 상처에 대하여 나누고자 한다.

여덟째로, 영적 전쟁(싸움)에 대해서 나눌 것이다. 예수님의 영적 전쟁과 사도 바울이 말한 영적 전쟁에 대해 성경 본문을 통해 올바른 영적 전쟁과 승리자의 모습을 그려 보고자 한다. 이어서 중보적인 기도에서 자주 인용되는 구약 인물들의 기도를 살펴보고, 마지막으로 하나님께서 원하시는 예배와 예배자에 대해 나누고자 한다. 하나님께 참되게 예배를 드리는 자가 중보자적인 역할 즉, 화평케 하는 자의 역할을 충실하게 감당할 수 있다.

위대한 전제

본론으로 들어가기 전에 우리는 믿는 자들의 삶에 대한 위대한 전제를 인식해야 한다.

첫째로, 우리는 기도의 응답으로 살아가는 것이 아니라, 하나님의 은혜로 산다.

우리의 삶은 우리의 기도나 수고, 심지어 순종으로 지탱되고 유지되는 것이 아니다. 하나님께서 우리의 아버지가 되어 주시고, 아버지로서 역할과 책임을 신실하게 해 주시는 은혜로 산다는 것이다. 이 은혜로 우리가 기도할 수 있고 순종하게 된다. 그리고 은혜로우신 하나님 아버지께서 우리의 순종을 받으시고 우리의 기도에 응답하신다. 우리는 우리의 기도 응답으로가 아니라, 하나님의 은혜로 사는 자들이다.

둘째로, 모든 일은 하나님께서 정하신 뜻대로 하나님의 영광을 위해 이루어져 간다. 만약 우리가 하나님의 뜻이 이루어지기를 기도한다면 그것은 하나님께서 그 일의 성취를 위해 우리를 하나님의 동역자로 참여하게 하신 것이다. 하나님 아버지의 은혜로우신 초청이다. 이것을 인정할 때, 우리는 기도를 비롯해서 모든 신앙적인 활동들에 대해 자랑하거나 교만하지 않게 된다.

그러므로 우리는 어떤 것들에 대해 나와 직접, 간접적으로 관계된 일들과 세상만사에 대하여 '내가 꼭 기도해야 한다'는 식의 강박관념에서 벗어나야 한다. 하나님께서는 어떤 일을 이루실 때는 누군가를 기도의 자리로 초청하셔서 기도하게 하신다. 이때 기도로 동역하는 사람이 몇 명이냐는 중요하지 않다. 하나님께서는 하나님 앞에서 거룩한 제사장의 삶을 사는 한 사람의 기도를 받으시고 행하신다. 어떤 뜻에 대해서는 다른 어떤 사람의 기도를 원하시고, 또 어떤 뜻에 대해서는 나의 기도를 원하실 수도 있다. 그러므로 우리는 모든 일에 대해 우리가 기도해야 한다는 강박증을 버려야 한다. 우리가 기도하지 않아서 이루어지지 않는 하나님의 뜻은 없다. 하나님께서는 작정하신 뜻을 이루시기 위해 원하시는 자를 기도의 자리, 순종의 자리로 이끄신다.

하나님께서 우리를 택하여 부르신 주된 목적은 기도제목들을 세부적으로 연구하고 분류해서 기도하는 자로 살라고 부르신 것이 아니다. 우리의 부르심은 하나님과 화목한 관계로서, 아버지와 자녀가 되어 친밀한 교제를 나누며 동행하고, 동역자의 삶을 살도록 부르셨다. 이것은 전인적인 삶 즉, 주어진 삶의 모든 영역에서 하나님과 교제하고 동행하며 동역하는 삶을 살아가는 것이다. 은사와 부르심을 따라 각자의 사역을 감당해야 하지만, 그 사역 또한 전인적인 삶의 기초 위에서 이루어져야 한다.

셋째로, 기도제목을 찾고 모으기 전에 거룩하기를 힘써야 한다.

우리는 기도할 때, '얼마나 간절하게 하느냐', '얼마나 정확하게 하느냐', '얼마나 구체적으로 하느냐'에 아주 많은 신경을 쓴다. 이와 같은 것들이 기도 응답을 결정짓는 것처럼 말한다. 그런 경우도 없지 않다. 그러나 하나님께서 들으시고 응답하셔서 영광을 나타내시고 영광을 받으시는 기도를 결정하는 것은 따로 있다.

우리 하나님 아버지는 우리에게 완전하신 아버지의 역할을 해 주시는 분이다. 우리의 쓸 것을 미리 아시고 지키시고 공급해 주시는 분이시다. 하나님께서는 간절하고 구체적이며 정확한 언어를 구사하여 하는 기도에 응답하시는 것이 아니다.

하나님께서는 거룩한 자(거룩한 삶을 사는 자)로 하여금 기도하게 하셔서 그의 기도에 응답하심으로 뜻을 이루시고 영광을 나타내신다. 그러므로 우리는 거룩하신 하나님 앞에서 기도 방법, 기도의 언어 등 기도하는 기술에 대한 연구와 공부보다 거룩하게 살기를 힘써야 한다. 어떻게 기도하느냐보다, 누가 기도하느냐가 더 중요하다.
 그러므로 우리는 기도 응답을 받기 위해 기도하는 자가 아니라, 하나님께서 받으시는 기도자가 되기를 힘쓰고, 거룩하고 사랑이신 하나님의 품에 안겨 기도하는 기도자가 되기를 힘써야 한다.

 기도는 사람에게서 시작되지 않고 하나님께로부터 시작된다.
 기도는 땅에서부터 시작되지 않고 하늘에서부터 시작된다.
 기도는 하나님께로부터 와서 나를 통해 하나님께로 올라간다.

목차

서문 • 2

I. 정체성(Identity)   13
  1. 왕 같은 제사장   13
      예수 그리스도로 말미암아 / 하나님의 최대 관심
  2. 제사장의 역할 – 예배   19
  3. 거룩한 제사장이 되라   21
      거룩한 제사장
  4. 거룩한 삶   27
      가정에서의 거룩한 삶 / 하나님의 공의와 사랑

II. 기도   38
  누구에게 기도하는가?   38
    1) 떡을 빌려 준 친구   41
    2) 육신의 아버지   42
    3) 하늘 아버지   43
  1. 하나님의 뜻에 동의   45
      하나님을 알아야 한다 / 하나님의 자기 계시 / 성경을 통해서
      성경의 주인공은? / 예수 그리스도를 통해서만

2. 말씀으로 기도　　　　　　　　　　　　　60
약속이 이루어지기를 / 약속에는 조건이 있다

조건대로 순종하기를 기도

3. 하나님의 영광을 위해　　　　　　　　　67
예수님의 삶의 목적 / 하나님께서 가장 사랑하시는 것

4. 하나님의 주권을 인정　　　　　　　　　70
절대적 주권과 상대적 주권

Ⅲ. 중보적인 기도　　　　　　　　　　　　　74
1. 중보기도　　　　　　　　　　　　　　　74
예수님만이 중보기도자다

2. 중보적인 기도　　　　　　　　　　　　75
기도는 대부분 중보적인 기도이다 / 예수님 안에서 하는 기도

Ⅳ. 중보적인 삶　　　　　　　　　　　　　　82
1. 자기 부인, 자기 십자가　　　　　　　　83
빌립보 가이사랴에서 / 자기를 부인한다는 것

자기 십자가를 진다는 것

자기를 부인한 자만이 자기 십자가를 질 수 있다
　　　예수님의 모범⑴ / 신앙생활의 첫 관문 / 예수님의 모범⑵
　　　예수님이 내 안에, 내가 예수님 안에 / 자기를 부인하려면
　2. 깨끗한 그릇　　　　　　　　　　　　　　　　　　　　104
　　　깨끗한 그릇을 쓰신다 / 나에게 날아오는 화살들
　　　나의 반응 / 하나님께서 원하시는 반응 / 예수님의 반응
　　　예수님의 모범 / 사도 바울의 반응 / 과거 청산
　　　정당한 반응(?) / 사역지에서의 훈련 / 매일 아침의 기도

V. 중보적인 기도의 장애물　　　　　　　　　　　　　　135
　1. 던진 돌　　　　　　　　　　　　　　　　　　　　　　139
　　　상대방에게 쏜 화살 / 돌을 제거하는 방법
　　　"너마저 돌을 던지느냐?"
　2. 기도 영역에 던진 돌　　　　　　　　　　　　　　　　143
　　　1) 나라와 민족을 위해 기도하려면　　　　　　　　　144
　　　　　나라와 민족, 권세자에게 던진 돌을 제거하라
　　　2) 교회를 위해 기도하려면　　　　　　　　　　　　148
　　　　　지교회와 한국교회를 향해 던진 돌을 제거하라
　　　3) 목회자를 위해 기도하려면　　　　　　　　　　　152
　　　　　목회자와 목회자 가족에게 던진 돌을 제거하라
　　　4) 가정(가족)을 위해 기도하려면　　　　　　　　　160
　　　　　가정과 가족들에게 던진 돌을 제거하라 / 부부 관계에서
　　　　　부부의 중요성 / 부모와 자녀 관계에서

중보적인 기도에 대한 오해

Ⅵ. 상처　　　　　　　　　　　　　　　　175
상처를 받는 이유 / 어머니 이야기 / 자기 부인과 상처의 관계
예수님께서 상처를? / 사도 바울이 상처를?

Ⅶ. 용서　　　　　　　　　　　　　　　　185
일만 달란트 빚진 자 / 십자가만큼의 빚진 자
용서는 당연한 것이다 / 십자가를 기억하라

Ⅷ. 쓴 뿌리　　　　　　　　　　　　　　　199
성경의 중심은 하나님이다 / 구약에서 독초와 쑥의 뿌리
독초와 쑥 뿌리의 작용 / 쓴 뿌리는?

Ⅸ. 영적 전쟁　　　　　　　　　　　　　　213
　1. 예수님의 영적 전쟁　　　　　　　　　　213
　　1) 세 가지 유혹　　　　　　　　　　　　216
　　　먹는 문제 / 하나님을 시험 / 마귀에게 경배
　　2) 겟세마네 기도　　　　　　　　　　　　224
　　　하나님의 뜻에 자신을 복종시키는 기도
　2. 바울의 영적 전쟁(싸움) 이해　　　　　　228
　　　영적 전쟁(싸움)의 전제(1) / 영적 전쟁(싸움)의 전제(2)

1) 영적 전쟁(싸움)-에베소서를 중심으로　　　　　**231**
　　　　사도행전 20장 17-35절과 에베소서 비교
　　　　마귀의 간계 / 영적 전쟁(싸움)의 목적
　　2) 전신 갑주　　　　　　　　　　　　　　　　　　**248**
　　　　진리의 허리띠 / 의의 호심경 / 복음의 신발
　　　　믿음의 방패 / 구원의 투구 / 성령의 검-진검
　　3) 영적 전쟁(싸움)의 방법　　　　　　　　　　　　**257**
　　　　영적 싸움의 핵심 / 사도 바울의 경우

X. 중보적인 기도의 예　　　　　　　　　　　　　　**264**
　1. 모세의 중보적인 기도　　　　　　　　　　　　　　**264**
　　　금송아지를 만들다 / 하나님의 진노하심
　　　모세가 아는 하나님 / 모세의 기도 / 하나님의 영광을 위해
　　　백성들의 죄 사함을 위해 / 주의 백성으로 여기소서
　　　주의 영광을 내게 보이소서
　2. 예레미야의 기도　　　　　　　　　　　　　　　　**286**
　　　두 개의 명령 / 예레미야의 역할

XI. 참된 예배자　　　　　　　　　　　　　　　　　　**296**
　　　"벧엘의 하나님" / 두 번째 벧엘 / 함께 드리는 기도

Ⅰ. 정체성(Identity)

1. 왕 같은 제사장

"그러나 너희는 택하신 족속이요 왕 같은 제사장들이요 거룩한 나라요 그의 소유가 된 백성이니 이는 너희를 어두운 데서 불러내어 그의 기이한 빛에 들어가게 하신 이의 아름다운 덕을 선포하게 하려 하심이라"(벧전 2:9).

하나님께서는 모든 족속, 모든 나라가 하나님을 하나님으로 알고 섬기기를 원하셨다. 하나님께서는 전능하셔서 이 일을 홀로 능히 하실 수 있었지만, 한 족속을 택하셔서 그들을 하나님의 소유 된 백성이 되게 하셨고, 거룩한 나라와 제사장의 나라로 삼으셨다. 하나님께서는 그들을 통해 하나님이 창조주요, 거룩하신 하나님이요, 주권자이시며 모든 찬송과 영광을 받으실 유일하신 하나님이심을 온 천하에 나타내시기를 원하셨다. 이 일을 위하여 택함을 받은 백성이 바로 이스라엘이었다. 이스라엘은 하나님과 세상 모든 민족들 사이에서 제사장 역할을 하는 나라(제사장의 나라)로 택함을 받은 것이다. 이스라엘은 예수 그리스도께서 오시기 전까지 그 역할을 감당해야 했다.

그러나 예수 그리스도께서 이 땅에 오시고, 십자가에 죽으셨다가 부활하사 승천하신 후에 하나님께서는 예수 그리스도 안에서 구약의 이스라엘과 같이 제사장 역할을 감당할 자들을 택하여 부르신다. 그들은 하나님께서 "미리 아심을 따라 성령이 거룩하게 하심으로 순종함과 예수 그리스도의 피 뿌림을 얻기 위하여 택하심을 받은 자들"(벧전 1:2)이다. 그들은 죄와 허물로 죽었던(엡 2:1) 자들이었는데, 하나님의 택하심을 받아 긍휼이 풍성하신 하나님의 그 큰 사랑을 인하여 그리스도와 함께 살리심을 받은 자들이다(엡 2:4-5). 그래서 베드로 사도는 그들이 예수 그리스도 안에서 어떠한 자인지를 큰 확신에 찬 어조로 선언하고 있다.

"너희는 택하신 족속이요 왕 같은 제사장들이요 거룩한 나라요 그의 소유가 된 백성이니"(벧전 2:9a)라는 말씀에서 '택하신 족속,' '왕 같은 제사장,' '거룩한 나라', '하나님의 소유된 백성' 중에서 궁극적인 역할은 무엇인가? 바로 '왕 같은 제사장'이다. 하나님께서는 우리로 하여금 제사장 역할을 하도록 예수 그리스도 안에서 거룩한 나라로, 하나님의 소유가 된 백성으로 택하신 것이다.

예수 그리스도로 말미암아

그렇다면 하나님께서 어떤 사람을 하나님과 세상 사이에서 제사장 역할을 하도록 하시는가? 왕 같은 제사장이 되게 하셨다는 증거는 무엇인가? 다시 말해서, 하나님께서 제사장으로 택하신 자에게 어떤 일이 일어나느냐이다. 그 일은 본인이 분명하게 알 수 있는 일이다. 누구든지 예수 그리스도로 말미암음으로(예수 그리스도 안에서)만 하나님의 제사장이 될 수 있다.

"너희도 산 돌같이 신령한 집으로 세워지고 예수 그리스도로 말미암아 하나님이 기쁘게 받으실 신령한 제사를 드릴 거룩한 제사장이 될지니라"
(벧전 2:5).

이 구절에서 가장 중요한 말씀은 무엇인가? "예수 그리스도로 말미암아"이다. "예수 그리스도로 말미암아"를 빼면 아무것도 성립되지 않는다. 예수 그리스도가 없이는 신령한 집으로 세워지지 않는다. 예수 그리스도가 없이는 누구도 하나님이 기쁘게 받으실 제사를 드릴 수 없다. 예수 그리스도가 없이는 누구도 거룩한 제사장이 될 수 없다. 오직 예수 그리스도로 말미암아 거룩한 제사장이 될 수 있다. 오직 예수 그리스도로 말미암아 하나님께 신령한 제사를 드릴 수 있다.

하나님의 최대 관심

하나님의 최대 관심은 우리가 하는 외형적인 어떤 일들 – 사역, 예배, 봉사, 전도, 선교 등에 있지 않다. 그 일들의 결과(업적)에 있지도 않다. 하나님의 최대 관심은 예수 그리스도를 우리가 어떤 분으로 모시고 있으며 어떻게 대하고 있느냐, 우리가 예수 그리스도를 주(主)와 임금으로 모시고 섬기고 있느냐 하는 것이다. 심지어 하나님은 우리가 하나님 아버지에게가 아니라, 예수 그리스도에게 온전히 복종하고 있느냐에 큰 관심을 갖고 계시며 그것을 살펴보신다. 왜 그런가? 예수님께서 하나님의 가장 큰 소원을 이루어 드렸기 때문이다. 하나님께서 사랑하사 택하여 구원하고자 하신 자들을 위해 예수 그리스도께서 대신 죽어 주셨기 때문이다.

그러므로 예수님을 사랑하는 만큼 하나님을 사랑하는 것이다. 예수님께 복종하는 만큼 하나님께 복종하는 것이다. 예수님을 존중히 여기는 만큼 하나님을 존중히 여기는 것이다. 예수님을 구주와 주님으로 알지 않는 자는 하나님을 모르는 자다. 예수님을 아는 만큼 하나님을 아는 것이다. 예수 그리스도를 주님으로 모시지 않는 자, 예수 그리스도를 사랑하지 않는 자는 하나님을 사랑하지 않는 자다(요 5:42).

하나님께서 우리를 구원하시는 가장 큰 목적은 하나님의 영광을 위한 것이다. 제사장으로 세우시는 목적 또한 하나님의 영광을 위한 것이다. 하나님께서 누군가를 왕 같은 제사장으로 세우고자 하신다면 반드시 그로 하여금 예수 그리스도를 주라 시인하게 하신다.

> "이러므로 하나님이 그를 지극히 높여 모든 이름 위에 뛰어난 이름을 주사 하늘에 있는 자들과 땅에 있는 자들과 땅 아래 있는 자들로 모든 무릎을 예수의 이름에 꿇게 하시고 모든 입으로 예수 그리스도를 주라 시인하여 하나님 아버지께 영광을 돌리게 하셨느니라"(빌 2:9~11).

하나님께서 나를 왕 같은 제사장이 되게 하시기로 작정하셨다면 우리에게 어떠한 일이 일어나는가? 하나님께서는 먼저 거듭나게 하셔서 예수님께서 십자가에 못 박혀 죽으신 것이 바로 나의 죄 때문이요, 나를 대신하여 죽으신 것임을 알게 하시고 내가 십자가만큼의 죄를 지은 자임을 깨닫고 회개하게 하신다. 그리고 다시 살아나신 예수님이 영광의 주요, 모든 피조물들의 임금이심을 알고 예수님 앞에 무릎을 꿇고 나의 입술로 예수님을 '주님'으로 고백하게 하신다. 이것을 통해 하나님은 영광을 받으신다.

여러분은 하나님께 영광을 돌리기 원하는가? 정말로 하나님을 영광스럽게 하는 자가 되기를 원하는가? 그렇다면 지금 예수님 앞에 무릎을 꿇고 "예수님만이 나의 유일한 주님이십니다"라고 고백하라. 하나님께서는 예수님을 통해서만 영광을 받으시기로 정하셨다. 하나님께서는 예수님을 주님으로 인정하고 고백하는 것을 통해 영광을 받으신다.

인간의 몸으로 오신 그리스도 예수(성육신), 세상 죄를 지신 하나님의 어린양이요, 화목제물이 되어 십자가에 못 박혀 물과 피를 모두 쏟으시고 죽으신 그리스도 예수(그리스도의 고난), 사망의 권세를 이기시고 부활하시고 승천하신 예수 그리스도(그리스도의 승귀)를 주님으로 믿고 고백하는 것을 통해 영광을 받으신다. 이것은 믿고 고백한 대로 사는 것(은혜를 받은 자로서 복음에 합당하게 사는 것)을 포함한다.

성육신하시고 십자가에 죽으시고 부활하사 승천하시고 다시 오실 예수님을 통해서 알지 않는 하나님은 성경의 하나님이 아니다. 예수님을 유일한 구세주요, 주님으로 알지 않는 자는 하나님을 모르는 자다. 그는 결코 하나님을 영광스럽게 할 수 없다.

하나님께서 우리를 통해 영광을 받고자 하신다면 하나님께서는 반드시 우리로 십자가의 예수님을 주님으로 믿고 고백하며 순종하게 하신다. 예수 그리스도의 십자가 앞에서 예수님을 주님으로 영접하지 않는 자는 자신의 구원은 물론이고, 제사장의 역할을 감당할 수도 없다.

"죄에 대하여, 의에 대하여, 심판에 대하여 세상을 책망하시"(요 16:8)는 성령으로 말미암아 예수님을 "마음으로 믿어 의에 이르고 입으로 시인하여 구원에"(롬 10:10) 이른 자만이 제사장의 역할을 감당할 수 있다.

하나님께서 여러분으로 하여금 죄에 대해 깨닫게 하셨고, 의롭게 되는 유일한 길이 예수님밖에 없음을 알게 하셨는가? 그리고 예수님의 이름 앞에 무릎을 꿇게 하시고 여러분의 입으로 예수 그리스도를 '주님'으로 고백하게 하셨는가? 그렇다면 베드로 사도의 선언에 기록된 '너희'를 '나'로 바꾸어서 큰 소리로 선포하라. "나는 하나님께서 택하신 족속이요, 나는 왕 같은 제사장이요, 나는 거룩한 나라요, 하나님의 소유가 된 백성이다." "아멘. 우리를 왕 같은 제사장으로 택하여 불러 주신 하나님을 찬양합니다! 우리 주 예수 그리스도를 찬양합니다! 할렐루야! 아멘."

2. 제사장의 역할 - 예배

우리는 예수 그리스도로 말미암아 하나님의 제사장으로 부르심을 받았다. 그렇다면 제사장의 역할은 무엇인가? 구약에서 제사장 역할은 여러 가지가 있지만, 가장 중요한 역할은 하나님께 제사를 드리는 것이었다. 하나님의 백성들로 하여금 하나님께 제사를 드리도록 돕는 역할을 해야 했다. 그러기 위해서는 제사장 본인이 하나님께 온전한 제사를 드려야 했다. 이것은 신약시대에도 동일하다. 예수 그리스도로 말미암아 왕 같은 제사장으로 부름 받은 우리는 하나님께 예배를 드리지 않는 자들로 하여금 하나님께 예배를 드리도록 만드는 역할을 해야 한다. 이것보다 더 중요한 사역은 없다. 전도와 선교의 이유와 목적이 바로 이것이다.

그러므로 우리는 우리가 먼저 하나님께서 찾으시는 예배자, 하나님께 참되게 예배를 드리는 자들이 되어야 한다.

하나님께서는 '예배'로 우리와 언약을 맺으신 것이다. 십일조, 헌금, 봉사, 전도, 선교 등으로 우리와 언약을 맺은 것이 아니다. '예배'와 '십일조, 봉사, 전도, 선교'는 서로 동등하지 않다.

십일조와 헌금이 예배를 대신하지 못한다. 구제나 전도나 선교활동이 예배를 대신하지 못한다. 하나님을 섬기는 데 있어서 예배를 대신할 수 있는 것은 아무것도 없다. 이 모든 것은 예배로 묶여 있으며, 참되게 예배드리는 자에게서 자연스럽게 파생되는 삶의 모습이다.

이런 의미에서 하나님께 참되게 예배드릴 줄 모르는 자, 하나님께 예배드리는 삶을 살지 않는 자가 선교사로 파송되어서는 안 된다. 그가 교회의 중요한 사역자가 되어서도 안 된다.

그러므로 우리는 하나님께 참되게 예배를 드리면서 십일조와 헌금을 해야 한다. 하나님께 참되게 예배를 드리면서 구제와 봉사를 해야 한다. 하나님께 참되게 예배를 드리면서 전도와 선교를 해야 한다. 하나님께 참되게 예배를 드리는 자로서 기도하는 삶을 살아야 한다.

참된 기도, 즉 하나님께서 들으시고 응답하시는 기도를 하려면, 내가 먼저 하나님께서 받으시는 예배를 드리는 자가 되어야만 한다.

하나님께 참되게 예배드리지 않는다는 것은 하나님을 경외하지 않는다는 것이요, 존중히 여기지 않는다는 것이다. 하나님께 참되게 예배하지 않는 자가 제사장의 직임을 맡을 수는 있지만, 참된 제사장의 역할은 감당할 수 없다. 그리고 이런 자가 하나님께 드리는 모든 것은 하나님께서 받지 않으신다. 교회를 유지하고 발전시키는 데 있어서는 유익할지 모르지만 말이다. 참되게 예배드리지 않는 자의 기도도 하나님께서 기뻐하지 않으신다. 하나님께 참되게 예배를 드리는 자가 참된 제사장이 되어 하나님께 참되게 기도할 수 있다.

3. 거룩한 제사장이 되라

"너희도 산 돌같이 신령한 집으로 세워지고 예수 그리스도로 말미암아 하나님이 기쁘게 받으실 신령한 제사를 드릴 거룩한 제사장이 될지니라" (벧전 2:5).

제사장의 가장 큰 역할은 하나님께서 기쁘게 받으실 제사, 곧 참된 예배를 드리는 것이다. 이것은 다른 사람들로 하여금 하나님께 참된 예배를 드리게 하기 위해 부름 받은 제사장으로서 마땅한 바다. 그러므로 예수 그리스도로 말미암아 제사장이 된 우리는 '거룩한 제사장'이 되어야만 한다.

구약시대에 제사장이라고 해서 모두가 성전에서 하나님께 제사하는 일에 봉사한 것은 아니었다. 또한 성전에서 제사를 드리는 직임을 맡았으나 거룩하게 감당하지 못하면 그 직임을 박탈당하기도 했다. 바벨론 포로 생활을 끝내고 다시 돌아왔을 때는 바벨론에 의해 멸망당하기 전에 성소의 직분을 맡았던 레위 사람 제사장들은 폐해지고 사독의 자손 레위 사람 제사장들이 제사의 직분을 맡게 되었다(겔 44장).

그들이 폐해진 이유는 이스라엘 백성들이 그릇하여 하나님을 떠날 때(말씀대로 순종하기를 거부하고 자기 뜻대로 살 때)에 제사장이었던 그들도 우상을 좇아 하나님을 멀리 떠났기 때문이었다(10절).

또한 백성들을 위해 우상 앞에서 수종을 들어서 이스라엘 백성으로 하여금 우상 숭배의 죄를 더욱 담대하게 짓게 만들었기 때문이다(12절). 반면에, 사독의 자손 레위 사람 제사장들이 제사의 직분을 맡게 된 이유는 이스라엘 백성들이 그릇 행하여 하나님을 떠날 때(말씀에 불순종할 때)에도 그들은 성소의 직분을 거룩하게 지켰기 때문이다 (15절).

제사장의 타락이 백성들의 타락으로 이어진 것이다. 제사장의 타락은 단지 제사장 개인의 타락만을 의미하지 않는다. 성경에서 제사장의 타락을 책망하는 것은 제사가 타락했다는 것을 말한다. 하나님 중심의 제사가 아니라, 백성들 중심의 제사로 바뀌면서 제사가 타락하고 자연히 하나님의 말씀이 왜곡되는 결과를 가져왔다.

제사장들이 그들의 직임을 거룩하게 감당하지 못했다고 하나님께서 그들을 바로 심판하신 것은 아니다. 하나님께서는 이사야 선지자를 통해 1장에서 아주 강도 높게 책망하신다. 그리고 이스라엘의 멸망을 예고하신다. 제사장들은 나름대로 매번 제사를 드렸지만, 그들을 기다리고 있는 것은 멸망이었다. 결국 그들의 타락이 백성들의 타락으로 이어지고 죄의 분량이 차서 이사야가 예언한 지 약 150여 년 후 바벨론에 의해 멸망을 당한다. 그동안 그들은 '껍데기 제사장'이었던 것이다.

포로 귀환 후, 신구약 중간기에 접어들기 전에 하나님께서 말라기 선지자를 통해 하신 말씀은 더욱 충격적이다.

"내 이름을 멸시하는 제사장들아 나 만군의 여호와가 너희에게 이르기를 아들은 그 아버지를, 종은 그 주인을 공경하나니 내가 아버지일진대 나를 공경함이 어디 있느냐 내가 주인일진대 나를 두려워함이 어디 있느냐"(말 1:6a).

제사장들은 거룩하지 않고 온전하지 않은 제물로 제사를 드림으로 하나님을 멸시하였다(8,9,13절). 그들은 열심히 제사를 드렸으나 하나님께서는 받지 않으셨다.

"너희가 내 제단 위에 헛되이 불사르지 못하게 하게 하기 위하여 너희 중에 성전 문을 닫을 자가 있었으면 좋겠도다 내가 너희를 기뻐하지 아니하며 너희가 손으로 드리는 것을 받지도 아니하리라"(말 1:10).

이들은 큰 임금이신 하나님, 열방 중에서 두려워하는 이름을 가지신 만군의 여호와께 거룩하지 않고 온전치 못한 제물로 제사를 드림으로 하나님을 멸시하였다(말 1:14). 이들이 하나님을 멸시했다는 것은 단지 제사만을 소홀히 하는 것만을 말하지 않는다. 이들의 삶이 전반적으로 거룩하지 않았다는 것을 의미한다(말 2:9-17).

그래서 하나님께서는 이들을 저주하셨다. 따라서 그들은 제하여 버림을 당할 것이고(말 2:3), 모든 백성 앞에 멸시와 천대를 당할 것이다(말 2:9b).

거룩한 제사장

"너희가 순종하는 자식처럼 전에 알지 못할 때에 따르던 너희 사욕을 본받지 말고 오직 너희를 부르신 거룩한 이처럼 너희도 모든 행실에 거룩한 자가 되라 기록되었으되 내가 거룩하니 너희도 거룩할지어다 하셨느

Ⅰ. 정체성(Identity)

니라"(벧전 1:14-16).

우리는 오직 예수 그리스도로 말미암아 하나님께 예배를 드릴 수 있다. 예수 그리스도 밖에 있는 자는 하나님께 예배를 드릴 수가 없다. 그리고 하나님께서는 예수 그리스도 안에서 거룩한 제사장으로서 하나님께 드리는 예배만을 받으신다. 또한 예수 그리스도 안에서 거룩한 제사장이 드리는 기도를 들으시고 응답하신다.

우리는 예수 그리스도 안에서 거룩한 제사장으로서 예배와 기도를 드리고 있는가? 거룩한 제사장으로서 하나님이 받으시는 예배를 드리기 위해서는 우리를 제사장으로 부르신 하나님처럼 우리도 거룩해야 한다.

구약에서는 하나님께서 구별하신 것이나 하나님께 드려진 장소, 물건, 사람 등이 거룩한 것이었다. 다시 말해서 하나님께 드려져서 하나님께 속한 것을 거룩한 것이라고 했다.

신약에서는 예수 그리스도께서 십자가에서 쏟으신 핏값으로 하나님의 것이 되어 거룩해진다. 우리는 예수 그리스도를 주님으로 영접하여 우리가 하나님의 것, 하나님께 속한 자가 되어 거룩한 자가 된다. 이외에 다른 방법은 없다. 십자가에서 죽으시고 부활하신 예수 그리스도를 믿음으로 우리는 법적으로 의롭다 함을 받고, 하나님의 자녀(양자)가 된다.

그리고 이제 거룩한 자로서 모든 행실에 있어서 거룩함을 나타내야 한다. 거룩한 삶을 살아내야 한다. 거룩한 삶은 하나님을 반영하는 삶이다. 우리의 삶을 통해 하나님의 성품을 드러내는 삶이다. 사적인 영역과 공적인 영역, 모든 인간관계 속에서 하나님의 성품을 드러내는 것이다. 달리 말하자면, 예수님의 성육신적인 삶이 오늘날 우리를 통해 드러나야 한다.

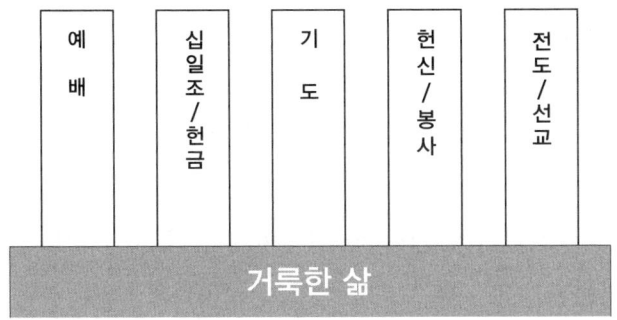

거룩한 삶이 기초가 되지 않는 제사장의 역할은 모래 위에 집을 짓는 것과 같다. 결과적으로만 그렇다는 것이 아니라, 모래 위에 집을 짓는 모든 수고와 노력, 그리고 그로 인한 결과물을 하나님께서 받지 않으신다. 사람이 보고 기뻐하며 칭송하는 기준과 하나님께서 보시고 인정하시는 기준은 너무도 다르다.

우리는 거룩한 제사장이 되어야만 한다는 사실에 대해 다음과 같은 장면을 마음과 생각에 늘 품고 있어야 한다. 레위기 16장에서 아론이 속죄제를 드리기 위해 지성소를 들어가기 전에 준비하는 장면이다.

아론이 지성소에 들어가려면 수송아지를 속죄제물로 삼고 숫양을 번제물로 삼고 거룩한 세마포 속옷을 입으며 세마포 속바지를 몸에 입고 세마포 띠를 띠며 세마포 관을 써야 했다. 이를 위해 그의 몸을 씻어야 했다(레 16:3-4). "아론은 자기를 위한 속죄제의 수송아지를 드리되 자기와 집안을 위하여 속죄"(레 16:11)해야 했다.

이것은 오늘날 우리가 왕 같은 제사장의 직임을 어떻게 감당해야 하는지를 잘 보여준다. 우리를 제사장으로 부르신 하나님은 구약시대나 지금이나 앞으로도 영원히 거룩하신 하나님이시다.

"내가 거룩하니 너희도 거룩할지어다"(벧전 1:16).

지성소는 하나님의 임재가 있는 곳이다. 하나님과의 만남(교제)이 이루어지는 곳이다. 예수 그리스도께서 자기의 피로 영원한 속죄를 단번에 이루시고 성소와 지성소 사이의 휘장을 가르셨다. 이는 예수 그리스도 안에서 모두가 지성소에서 하나님과 친밀한 교제를 경험하게 하시기 위함이다. 예수 그리스도께서 성소(지성소)가 되셨다. 이제 지성소는 아무나 들어갈 수 있도록 열려졌다. 그러나 아무렇게나 들어갈 수는 없다. 지성소는 하나님께서 왕으로 계시는 곳이요, 예수 그리스도께서 주님으로 계시는 곳이다. 그곳에서는 그 누구도 자신을 높여서는 안 된다. 그것은 하나님(삼위일체)을 멸시하는 것이다.

하나님께서는 지성소에서 드려지는 예배와 기도를 받으신다. 그러므로 우리가 하나님께 예배와 기도를 드리기 위해서는 지성소로 들어가야 한다. 그러기 위해서는 대제사장이 속죄물로 자신을 거룩하게 하고, 물로 몸을 깨끗이 씻은 후 지성소에 들어간 것처럼, 우리도 예수님의 피로 깨끗이 씻고 회개하고 들어가야 한다. 오늘날 의식은 간단해졌으나 무게는 결코 줄지 않았다.

우리는 우리의 제사장 역할이 하나님께 인정되고 열매를 맺기 위해 거룩한 삶을 살아야 한다. 거룩한 삶은 하나님의 성품을 삶의 모습을 통해 드러내는 삶이다.

4. 거룩한 삶

하나님과의 관계(친밀도)가 우리가 얼마나 거룩한(경건한) 삶을 살게 되는가를 결정한다. 그리고 거룩한 삶의 정도가 하나님과 우리의 관계, 즉 친밀도를 나타내 준다. 거룩한 삶에는 개인적인(사적인) 영역에서의 거룩한 삶과 공동체적인(관계적인) 영역에서의 거룩한 삶이 있다. 이 두 영역은 동전의 양면처럼 불가분의 관계다. 즉, 개인적으로는 거룩하지만 관계적인 영역에서는 거룩하지 못하다거나, 관계적인 영역에서는 거룩하나 개인적으로는 거룩하지 못하는 경우는 없다. 우리가 보기에 이런 사람들이 주변에 많아 보이지만, 실제로는 그런 것이 아니다. 한 사람을 둘로 나눌 수 없듯이, 두 영역의 모습을 독립적으로 인정할 수는 없다.

많은 사람들은 자신의 거룩한 삶의 정도를 개인적인 영역에서만 이해하려고 한다. 그러나 성경은 개인적인 영역의 거룩한 삶은 기본이고, 오히려 관계적인 영역의 거룩한 삶을 더 많이 이야기한다. 다시 말씀드리지만, 개인적인 영역의 거룩한 삶은 관계적인 영역 즉, 다른 사람들과의 관계에서의 거룩한 삶과 매우 밀접하게 연결되어 있다. 거룩한 삶의 척도는 관계적인 영역에서 얼마나 거룩하게 사느냐이다.

영혼 구원은 그림과 같이 하나님과 일대일의 관계 즉, 개인적인 영역에서 이루어진다. 하나님께서 죄인인 나를 사랑하사 나를 구원하시기 위해 대속물을 보내사 나를 대신하여 예수 그리스도를 십자가에 못 박혀 죽게 하셨다가 다시 살리셨다. 그 예수 그리스도를 내가 나의 구주로 믿고 고백함으로 구원을 받는다.

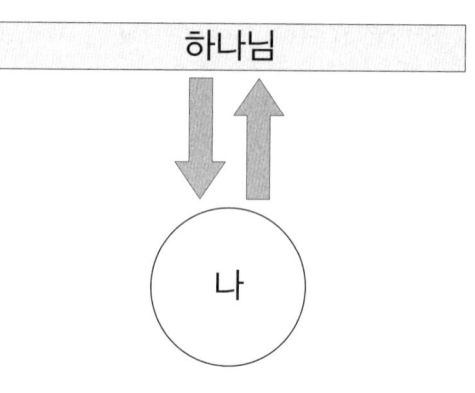

이것은 전적인 하나님의 은혜로 된다. 하나님께서 은혜로 내게 믿음을 주셔서 그 믿음으로 내가 예수님을 구주로 믿게 되기 때문이다(엡 2:8). 내가 믿고 고백하는 것이 나의 구원을 위한 나의 행위가 되어 하나님과 협력한 것이 아니다. 나 같은 죄인을 위하여 십자가에 못 박혀 죽으신 예수님이 나의 구주라는 사실이 믿어진다면, 그가 어찌 예수님을 구주로 고백하지 않을 수 있겠는가?

그런데 믿는 것과 고백하는 것 자체를 나의 구원을 위해 내가 행한 것으로 여긴다면 얼마나 우습고 불손한 일이겠는가? 나의 구원을 위해서 내가 할 수 있는 것, 내가 해야 하는 것은 아무것도 없다.

가정에서의 거룩한 삶

거룩한 삶은 개인적인 영역은 물론이고, 나와 관계된 사람들과의 관계에서 즉, 공동체적인 영역에서의 거룩한 삶을 말한다. 공동체적인 영역에서 작지만 가장 중요한 공동체는 가정이다. 가정은 사회의 모판이고 교회 공동체의 모판이다. 올바르고 성숙한 신앙을 가진 가정들이 모여서 성숙한 교회 공동체를 만든다. 가정에서 신앙의 대가 이어져야 교회 공동체의 신앙이 대를 이어갈 수 있다.

그러므로 교회는 무엇보다도 성도들의 가정을 신앙으로 굳건하게 세우는 일에 가장 힘써야 한다. 물론 교회와 가정은 불가분의 관계다. 그러나 교회 공동체의 영적 상태와 성숙함의 정도에 대한 평가는 교회 안에서 모였을 때의 모습이 아니라, 성도들이 각자의 가정에서 어떠한 삶의 모습으로 사는가를 통해 가장 정확하게 평가할 수 있다.

하지만 목회자를 포함해서 대부분의 사람들은 이렇게 평가하고 진단하기를 꺼려한다. 대부분의 사람들은 공적인 영역으로만, 신앙생활의 외적인 모습 즉, 주일이면 교회에 가서 예배드리고, 여러 모임에 잘 참석하고, 봉사, 전도 등의 외적인 모습들로만 평가를 받고 싶어 하고, 대부분 그렇게 평가한다. 이런 평가는 대부분의 사람들에게 안도감을 갖게 하고, 그들의 삶을 쉽게 포장할 수 있게 만든다.

그러나 하나님의 평가 기준은 다르다. 하나님과 우리의 관계는 일대일의 관계만이 아니다. 영혼 구원에 있어서는 일대일의 관계지만, 삶 속에서 하나님과 우리의 관계를 말할 때는 결코 일대일이 아니다.

우리는 하나님과 나와의 관계를 위의 그림과 같이 이해하는 경우가 많다. '나'라는 존재는 기본적으로 가정에서 여러 가족들과 관계를 맺으며 살고 있다(편의상 부부 중에 남편을 언급했으나, 남편은 아내로 이해

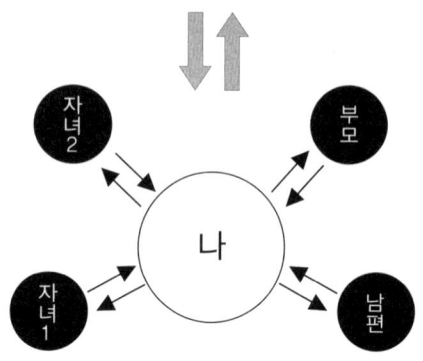

할 수 있다). 그런데도 우리는 하나님과의 관계에 대해 말할 때, 자신과 가족과의 관계는 생략하고 하나님과 자신과의 일대일 관계로만 생각하고 말한다. 이것은 매우 성경적이지 못하다.

하나님과 우리의 관계는 다음 그림과 같다. 하나님과 우리의 관계는 '나'를 중심으로 맺어진 가족들과의 모든 관계를 포함한다. 그러므로 하나님 앞에서 거룩한 삶은 '나'를 중심으로 부모와 남편 또는 아내, 자녀들과의 관계 속에서의 거룩한 삶이다. 내가 그들과의 관계에서 주거니 받거니 하는 모든 것을 포함한다. 이것은 가정에만 국한되는 것이 아니다.

교회 공동체 안에서의 관계들, 더 나아가서는 내가 살아가면서 관계하는 모든 사람들과의 관계를 포함한다. 그들과의 관계 속에서 내가 하는 일과 모습이 어떠한지가 하나님 앞에서 내가 얼마나 거룩한

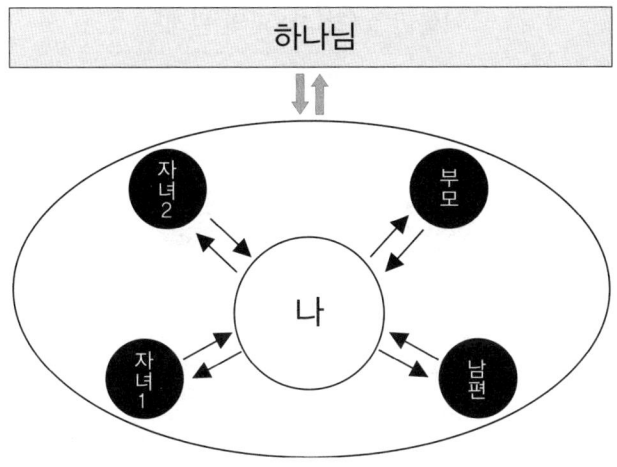

삶을 살고 있는가를 말해 준다.

그렇다면 나의 거룩한 삶(경건한 삶)을 점수로 매긴다면 몇 점일까? 어떤 방법으로 점수를 매길 수 있을까? 점수를 매기는 것은 내가 기준이 되어서도 안 되고, 상대방이 기준이 되어서도 안 된다. 나의 가족이 나에게 주는 점수가 아니라, 하나님께서 보실 때 내가 가족을 어떻게 대하는가에 대한 점수다. 그림에 있는 점수는 임의대로 매긴 것이다. 그리고 점수를 매기는 기준은 각 역할에 대해 성경에서 말씀하신 내용이다(그림은 1대 가족만을 기준으로 삼았다).

그림의 '나'가 남편이라면 다음과 같은 말씀에 자신을 비춰 보아 아내를 어떻게 대했는지를 점수로 매기된 된다. 이러한 말씀에 비춰 볼 때, 나는 아내를 어떻게 대했는지를 점수로 매기면 된다.

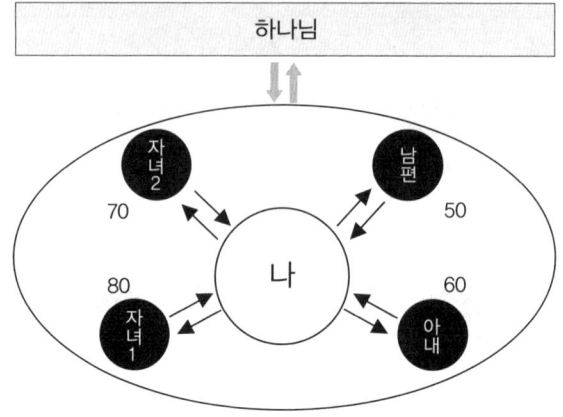

"남편들아 아내 사랑하기를 그리스도께서 교회를 사랑하시고 그 교회를 위하여 자신을 주심같이 하라"(엡 5:25).

"이와 같이 남편들도 자기 아내 사랑하기를 자기 자신과 같이 할지니"(엡 5:28a).

"남편들아 이와 같이 지식을 따라 너희 아내와 동거하고 그를 더 연약한 그릇이요 또 생명의 은혜를 함께 이어받을 자로 알아 귀히 여기라 이는 너희 기도가 막히지 아니하게 하려 함이라"(벧전 3:7).

그림의 '나'가 아내라면 다음과 같은 말씀에 자신을 비춰 볼 때, 남편을 어떻게 대했는지를 점수로 매기면 된다.

"아내들이여 자기 남편에게 복종하기를 주께 하듯 하라 이는 남편이 아내의 머리 됨이 그리스도께서 교회의 머리 됨과 같음이니 그가 바로 몸의 구주시니라 그러므로 교회가 그리스도에게 하듯 아내들도 범사에 자기 남편에게 복종할지니라"(엡 5:22~24).

"아내들아 이와 같이 자기 남편에게 순종하라 이는 혹 말씀을 순종하지 않는 자(남편)라도 말로 말미암지 않고 그 아내의 행실로 말미암아 구원을 받게 하려 함이니"(벧전 3:1).

그림의 '나'가 부모라면, "또 아비들아 너희 자녀를 노엽게 하지 말고 오직 주의 교훈과 훈계로 양육하라"(엡 6:4)는 말씀에 비춰서 점수를 매기면 된다.

자녀들은 "자녀들아 주 안에서 너희 부모에게 순종하라 이것이 옳으니라"(엡 6:1)는 말씀에 비춰서 점수를 매기면 된다. 자녀들의 경우는 특별히 부모를 존중히 여겨 예의를 갖추었는지, 부모에게 대들지는 않았는지를 살펴보아야 한다.

이제 관계들에 직접 점수를 매겨 보라. 여러분의 점수는 각각 몇 점인가? 하나님과의 관계에서 여러분이 얼마나 거룩한 삶(경건한 삶)을 살고 있는지를 점수를 내 보라. 몇 점인가? 그림의 경우 이 사람의 거룩한 삶의 점수는 몇 점인가? 평균점수인 65점인가? 아니다. 평균점수를 내는 것이 아니다. 그것은 자신을 속이는 것이다.

여러분의 점수는 여러분이 매긴 점수 중에서 가장 낮은 점수다. 그림과 같은 사람의 거룩한 삶의 점수는 50점이다. 여러분이 자녀에게는 100점에 가까울 정도로 잘하지만, 남편이나 아내에게는 30~40점 정도밖에 못 한다면 여러분의 거룩한(경건한) 삶의 점수는 30점이다.

왜 그런가? 그 이유는 똑같은 '나'라는 존재가 대상에 따라 각각 다르게 대하고 있을 뿐이기 때문이다. 내 안에 있는 사랑, 미움, 시기, 분노 등이 이해관계에 따라 각 대상들에게 다르게 흘러가고 있기 때문이다. 그러므로 가장 낮은 점수, 즉 남편이나 아내를 대하는 내 모습이 하나님 앞에서의 진짜 내 모습이다.

여러분은 가족(남편, 아내, 자녀들)과의 관계에서 그들에게 하나님의 성품을 얼마나 나타내고 있는가? 그것의 정도가 지금 여러분의 거룩한 삶의 정도다. 여러분의 주님은 오직 예수 그리스도 한 분이신가? 여러분은 거룩한 제사장인가? 가족들과의 관계는 하나님 앞에서 거룩한 삶의 모습인가? 하나님께서는 여러분이 하나님의 제사장으로서 거룩한 삶을 사는 자가 되기를 원하신다. 그 시작은 여러분의 가정에서부터다.

교회에서 예배드리는 것으로, 기도회에 참석하는 것으로, 봉사하는 것으로, 전도와 선교활동을 하는 것으로 가정을 세우는 것을 대신하려고 하지 말라. 여러분에게 지금 가정이 있다면, 가정에서 여러분이 감당해야 할 역할은 그 누구도 대신해 줄 수 없다. 하나님께서도 그 역할을 대신해 주시지 않는다. 하나님께서는 부모 역할을 잘하라고 여러분에게 자녀를 주셨고, 남편과 아내 역할을 잘하라고 아내와 남편을 주신 것이다.

'나는 하나님의 일 하고, 하나님은 내 일 하고'라는 식의 사고방식은 매우 위험한 발상이다. 거룩한 삶의 시작은 가정에서부터다. 그러나 어떤 사람은 자기들이 자칭 하나님의 일을 열심히 하는 데 있어서 남편이나 아내, 또는 자녀들이 때로는 방해가 된다고 말한다. 하나님을 열심히 섬기고, 하나님의 일에 열심히 봉사하고 싶은데 남편이나 자녀들 때문에 방해를 받고 못하게 된다고 불평하기도 한다.

   무엇이 하나님의 일인가? 지금 하나님께서 그에게 원하시는 일은 무엇인가? 이런 자들의 생각은 매우 악한 것이다. 혹 이런 생각을 한 적이 있다면 지금 회개하라. 내가 하나님을 열심히 섬기는데 남편이나 아내, 자녀들을 장애물이나 방해꾼으로 여겼던 악한 생각을 회개하라. 만약 여러분을 자칭 하나님의 일에만 전념하게 하려고 했다면 여러분에게 가정을 주시지 않았을 것이다.
   하나님께서 내게 주신 일과 역할이 하나님의 일이며, 그것을 충성되게 감당할 때 하나님의 뜻이 성취된다. 그러므로 우리는 교회와 가정, 직장, 사회에서 감당하라고 주신 일과 역할을 충성되게 감당해야 한다.

   하나님께서는 거룩한 제사장이 드리는 예배를 받으신다. 그리고 거룩한 제사장이 드리는 기도를 들으시고 하나님의 때에, 하나님의 방법대로 응답하신다.

하나님의 공의와 사랑

   우리는 은혜로우시고 자비로우시며 사랑이 한이 없으신 하나님의 은혜와 사랑을 입고, 그 은혜와 사랑 가운데서 거룩하신 하나님을 섬기는 자들이다. 그러므로 우리는 우리가 섬기는 하나님이 거룩하신 하나님이심을 항상 기억해야 한다. 하나님을 거룩하신 하나님으로 알지 않는 자는 하나님을 모르는 자다.

하나님의 거룩하심 때문에 죄가 죄인 것이다. 하나님의 거룩하심, 거룩하신 하나님이 아니면, 무엇으로, 누가 죄를 죄라고 말할 수 있겠는가? 거룩하신 하나님은 죄와 함께 거할 수가 없다. 그런데 거룩하신 하나님께서 죄인인 우리와 함께 거하시기를 원하셨다. 그래서 우리 죄의 대가로 독생하신 예수님을 십자가에 못 박으셨다.

그러므로 예수님의 십자가 앞에서 하나님의 거룩하심에 반하여 자신의 죄악 됨과 그 죄의 대가가 바로 십자가임을 깨닫지 못한 자는 하나님을 모르는 자다. 이것은 사랑의 하나님만 알고 거룩하시고 공의로우신 하나님을 모른다는 것과 같다. 이것은 하나님을 절반만 아는 것이 아니라, 하나님을 모르는 것이다. 예수님의 십자가 앞에서 하나님의 거룩하심과 공의로우심을 보고 그와 동시에, 본질상 진노의 자녀인 나를 무조건적으로 사랑해 주심을 깨달을 때 우리는 하나님의 사랑을 올바로 깨달은 것이다.

그냥 사랑이신 하나님, 모두를 무조건 사랑하시는 하나님, 그 누구도 정죄하지 않으시고 심판하지 않으시며 지옥에 보내지 않으시는 하나님이 나를 사랑하신다는 사실은 나를 그리 크게 감동시키지 못한다. 하나님을 이런 하나님으로 알고 사랑하는 자들의 신앙은 냄비 뚜껑 같을 수밖에 없다. 사실 그들의 신앙 여부도 확실하지 않다. 거룩하신 하나님을 알고, 예수님의 십자가를 통해 거룩하신 하나님이 자신을 사랑하신다는 것에 대한 감사와 감격을 맛보지 못했다면, 그는 아직 예수 그리스도를 믿는 신앙이 없는 자일 수 있다.

우리는 거룩하신 하나님, 공의로우신 하나님, 죄를 절대로 용납하지 못하시고, 반드시 그 죄에 대해서 심판하시고 대가를 치르게 하시는 하나님께서 본질상 진노의 자녀인 내게 예수님의 십자가를 통해 무조건적인 사랑을 베풀어 주신 것을 깨달아야 한다. 그럴 때 그 십자가의 사랑이 나의 마음과 생각, 영혼을 사로잡아 나로 하여금 평생토록 하나님께 순종하며 섬기게 하는 것이다.

거룩한 삶은 인간관계에서 하나님의 거룩함을 나타내는 것이다. 기본이면서도 가장 중요하고, 삶의 근간을 이루는 가정 안에 가족들과의 관계에서 먼저 거룩해야 한다. 그리할 때, 우리는 왕 같은 제사장으로서 하나님께서 받으시는 예배, 봉사 등의 역할을 충성되게 감당할 수 있다. 또한 우리는 성소(지성소)에서 하나님께서 들으시는 한 마디의 기도를 뱉어내기 위해 거룩한 삶을 살아야 한다.

"예수 그리스도로 말미암아 하나님이 기쁘게 받으실 신령한 제사를 드릴 거룩한 제사장이 될지니라"(벧전 2:5b).

II. 기도

누구에게 기도하는가?

거룩한 제사장으로 부르심을 받아 제사장의 역할을 감당한다는 것은 중보적인 역할을 감당한다는 것이다. 중보적인 역할에는 여러 가지가 있지만, 여기서는 기도에 대해서 살펴보고자 한다. 기도에 있어서 우리가 알아야 할 가장 중요한 것은 무엇인가? 바로 '우리는 누구에게 기도하는가?', '우리의 기도를 들으시는 분은 누구인가?'를 아는 것이다.

"또 이르시되 너희 중에 누가 벗이 있는데 밤중에 그에게 가서 말하기를 벗이여 떡 세 덩이를 내게 꾸어 달라 내 벗이 여행 중에 내게 왔으나 내가 먹일 것이 없노라 하면 그가 안에서 대답하여 이르되 나를 괴롭게 하지 말라 문이 이미 닫혔고 아이들이 나와 함께 침실에 누웠으니 일어나 네게 줄 수가 없노라 하겠느냐 내가 너희에게 말하노니 비록 벗 됨으로 인하여서는 일어나서 주지 아니할지라도 그 간청함을 인하여 일어나 그 요구대로 주리라 내가 또 너희에게 이르노니 구하라 그러면 너희에게 주실 것이요 찾으라 그러면 찾아낼 것이요 문을 두드리라 그러면 너희에게 열릴 것이니 구하는 이마다 받을 것이요 찾는 이는 찾아낼 것이요 두드리는 이에게는 열릴 것이니라 너희 중에 아버지 된 자로서 누가 아들이 생선을 달라 하는데 생선 대신에 뱀을 주며 알을 달라 하는데 전갈을 주겠느냐 너희가 악할지라도 좋은 것을 자식에게 줄 줄 알거든 하물며 너희 하늘 아버지께서 구하는 자에게 성령을 주시지 않겠느냐 하시니라"(눅 11:5-13).

예수님께서 본문의 비유를 통해 우리로 하여금 하나님 아버지께 간청(강청)하는 기도를 하라고 가르치고 계시는가? 떡 세 덩이를 빌리러 온 친구처럼 우리가 하나님 아버지께 간청(강청)하는 기도를 해야 응답하신다고 말씀하고 계시는가? 결코 아니다.

본문의 말씀은 크게 1절부터 13절의 문맥에서 이해해야 한다. 본문은 예수님께서 제자들의 요청으로 기도(주기도)를 가르쳐 주신 후, 주기도와 관련하여 기도에 대해 교훈하시기 위해 비유로 말씀하신 내용이다.

예수님께서는 제자들에게 "이렇게 기도하라"고 하시면서 그들이 아버지께 기도한다는 것과 기도할 내용을 가르쳐 주신다. 그러고 나서 기도를 들으시고 응답하시는 하나님 아버지는 어떤 분이신지를 비유로 말씀하신다.

1-13절의 중심은 2-4절로서 일명 '누가복음의 주기도'이다. 이것을 '마태복음의 주기도'라고 해도 무방하다. 비유의 말씀에 해당되는

5-13절은 9-10절의 "구하라 그러면 너희에게 주실 것이요 찾으라 그러면 찾아낼 것이요 문을 두드리라 그러면 너희에게 열릴 것이니 구하는 이마다 받을 것이요 찾는 이가 찾아낼 것이요 두드리는 이에게는 열릴 것이니라"는 말씀을 중심으로 대구를 이룬다. 이것은 "구하라……" 말씀이 중심이 아니라, 이 구절을 중심으로 대구를 이루는 두 대상을 대조하여 한 대상의 탁월함을 강조하고 있다. 그러므로 9-10절을 따로 해석하고 적용하는 것이 아니다.

예수님께서 본문을 통해 우리에게 하나님께 기도하는 방법, 응답받는 방법을 가르쳐 주고 계시는 것이 아니다. 또한 본문은 우리가 하나님께 간청(강청)하는 기도를 해야만 하나님께서 응답하신다는 것을 가르치기 위한 비유가 아니다. 떡을 빌리러 간 친구는 잠자리에 든 친구에게 간청하여 겨우 떡 세 덩이를 빌렸다. 그는 문을 두드리면서 간청하고 간청하여 친구에게 떡 세 덩이를 겨우 얻어냈다.

그러나 육신의 자녀는 아버지에게 생선과 알을 달라고 간청하지 않는다. 그냥 아버지에게 달라고(구하기)만 했다. 그럼에도 그의 아버지는 (간청이 아니라) 구하는 자녀에게 뱀과 전갈이 아닌, 생선과 알을 준 것이다. 그는 비록 악한 아버지일지라도 아들을 위해 이미 생선과 알을 주기 위해 준비하고 있었다. 그리고 자기 자식이 구하자 바로 내어 준 것이다.

예수님께서는 비유를 통해 우리가 '누구에게 구해야(간청이 아니라) 하는가?', '그분은 우리에게 어떤 분이신가?'를 가르쳐 주고자 하신다. 이것은 주기도에서 말씀하신 '아버지'에 대한 부연 설명이라고도 볼 수 있다.

비유로 말씀하신 본문에는 응답해 주는 사람이 두 명 등장하고, 하나님 아버지께서 등장하신다. 떡을 빌려 준 친구, 육신의 아버지, 그리고 하늘 아버지다. 응답해 주는 자를 두 부류로 구분하면, 하늘 아버지, 그리고 떡을 빌려 준 친구와 육신의 아버지로 나눌 수 있다. 비유에서 친구의 간청 때문에 어쩔 수 없이 떡을 빌려 준 친구는 가장 큰 부정적인 예로 등장한다. 본격적인 대조는 (악한) 아버지와 하늘 아버지다. 이것을 그림으로 나타내 보면 다음과 같다.

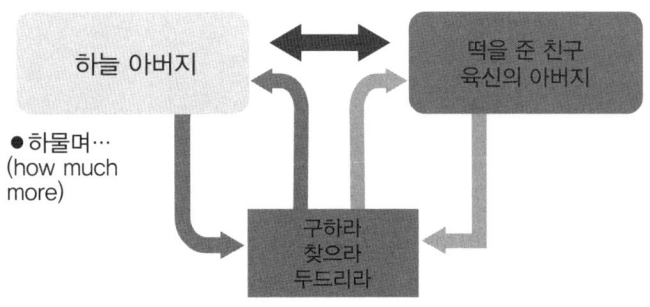

1) 떡을 빌려 준 친구

"비록 벗됨으로 인하여서는 일어나서 주지 아니할지라도"(8절)의 말씀은 떡을 빌려 달라는 친구에게 친구라는 이유만으로 떡을 준 것이 아니라는 것이다. 그는 자기에게 떡을 빌리러 온 이가 자기의 친구였지만, 친구라는 이유 때문에서가 아니라, 그 친구가 문을 두드리면서 매우 간절하고 끈질기게 요구하였기 때문에 떡을 빌려 준 것이다.

이것은 이 둘의 관계가 친구였다는 것을 무색하게 만드는 상황이 아닐 수 없다. 그러나 예수님께서는 제자들을 친구로 여기셔서 친구를 위해 목숨을 버리신다고 말씀하셨다(요 15:13~15). 그런데 예수님께서 지금 제자들에게 기도를 가르쳐 주시고 나서, 위와 같이 떡을 빌린 친구의 경우를 근거로 "예수님께서는 지금 우리가 간청하는 기도를 해야 응답받을 수 있다는 것을 교훈하고 계시는 것이다"라고 말하는 것이 과연 맞는가? 떡 세 덩어리를 빌려 준 친구는 비유에서 가장 부정적인 예로 제시된 것이다. 그는 친구의 우정조차도 저버린 자의 예일 뿐이다.

2) 육신의 아버지

아주 못되고 악한 사람("너희가 악할지라도")이 있었다. 그에게는 아들이 하나 있었는데, 어느 날, 아들이 생선이 먹고 싶어서 자기 아버지에게 생선을 달라고 한다. 그리고 알이 먹고 싶어서, 달걀이 먹고 싶어서 달걀 좀 달라고 아버지에게 부탁한다(간청한 것이 아니다).

아들의 말을 들은 그 악한 아버지가 자기 아들에게 어떻게 응답했는가? 다른 사람들에게는 아주 못됐고 악한 사람일지는 모르지만, 자기 자식이 구하는 것만큼은 결코 못되게 굴지 않고 구하는 대로 다 주지 않겠느냐는 것이다. 아니, 그보다 더한 것도 자기 자식에게는 주지 않겠느냐는 것이다.

그리고 바로 이어서 예수님께서는 이렇게 말씀하신다. "하물며 너희 하늘 아버지께서 구하는 자에게 성령을 주시지 않겠느냐?" '하물며'는 영어로 'how much more'인데 이는 '~보다 훨씬, 한층 더'라는 뜻이다.

3) 하늘 아버지

세례 요한이 기도를 가르칠 때, 그는 제자들에게 그들이 여호와 하나님께, 감히 가까이할 수 없고 높이 계신 하나님께 기도하는 것으로 가르쳤다. 당시 유대인들의 기도가 다 그러했듯이 말이다. 그러나 예수님께서는 제자들에게 기도를 가르치실 때, 기도는 하나님 아버지께 하는 것이라고 가르쳤다.

제자들의 기도를 들으시고 응답하시는 하나님은 아버지이셨다. 그들은 하늘 아버지, 즉 하나님 아버지께 구하는 것이었다. 그리고 하늘 아버지는 자기에게 구하는 자(자녀)에게 성령을 주시는 분이시다.

예수님께서는 본문을 통해 우리에게 이렇게 말씀하신 것이다. "너희는 이렇게 기도해라. 너희는 간청하는 친구에게 마지못해 떡을 빌려 준 친구보다 훨씬, 비교할 수 없을 정도로 더 나은 너희 하늘 아버지께 기도하는 것이다. 비록 악한 자일지라도 자기 자녀가 구하는 것에는 좋은 것을 줄 줄 아는 육신의 아버지보다 훨씬, 비교할 수 없을 정도로 더 나은 너희 하늘 아버지께 기도하는 것이다. 너희 아버지는 자녀인 너희가 구하면 너희에게 성령을 주시는 분이시다."

하나님 아버지를 찬양합니다! 할렐루야!

이것은 히브리서에서 예수님을 천사들과 비교하고, 모세와 비교하면서 그들과는 비교할 수 없을 정도로 예수님께서 얼마나 탁월하시고 우월하신가를 강조하고, 모든 것의 중심이 예수님이심을 증거하는 것과 같은 맥락이다.

 예수님께서는 본문 말씀을 통해 제자들은 물론, 오늘 우리가 누구에게 기도하는지와 우리의 기도를 들으시고 응답하시는 하나님이 어떤 분이신지를 알기를 원하신다. 우리는 먼저, 기도하는 방법이나 기도의 응답을 받는 방법을 배워야 하는 것이 아니다. 우리의 기도를 들으시고 응답하시는 하나님 아버지가 어떤 분이신지를 바르게 알아야 한다.
 하나님을 올바로 아는 것이 하나님을 믿는 우리의 믿음과 순종의 정도를 결정한다. 하나님을 올바로 아는 것이 우리로 아버지께 참되게 예배드리게 하고, 우리가 무엇을 기도해야 하는지와 기도하는 우리의 마음가짐과 태도를 올바르게 해 준다.

 하나님께서는 그 누구보다도 훨씬 더 우리를 사랑하시는 아버지이시다. 그들의 사랑과는 비교할 수 없을 정도로 차원 높은 사랑으로 우리를 사랑하시는 아버지이시다. 하나님께서는 우리를 먼저 사랑하심으로 우리의 아버지가 되셨다.
 우리의 기도를 들으시고 응답하시는 하나님은 우리가 가까이하지 못할 높은 보좌에 앉으셔서 엄한 얼굴로 우리를 노려보시는 하나님이 아니다. 우리의 기도를 들으시고 응답하시는 하나님은 예수 그리스도 안에서, 예수 그리스도로 말미암아 임마누엘 즉, 우리와 항상 함께 하시는 하나님 아버지이시다.
 또한 에벤에셀 즉, 항상 가까이에서 우리를 도우시는 하나님 아버지이시다. 육신의 아버지와는 차원이 다른 전능하신 능력으로 아버지의 역할과 책임을 끝까지 다해 주시는 분이시다. 우리는 하나님 아버지께 기도한다.

1. 하나님의 뜻에 동의

기도는 하나님의 뜻에 동의하는 것이다. 하나님의 본심, 다시 말해 하나님의 본래적인 뜻에 '아멘'으로 동의하는 것이다. 동의한다는 것은 하나님의 본래적인 뜻, 본래 작정하신 일을 이루시도록 하나님께 아뢰는 것이다.

금송아지 사건 때문에 모세가 하나님께 기도한 내용이 이것을 잘 나타내 준다.

"여호와께서 모세에게 이르시되 너는 내려가라 네가 애굽 땅에서 인도하여 낸 네 백성이 부패하였도다 그들이 내가 그들에게 명령한 길을 속히 떠나 자기를 위하여 송아지를 부어 만들고 그것을 예배하며 그것에게 제물을 드리며 말하기를 이스라엘아 이는 너희를 애굽 땅에서 인도하여 낸 너희 신이라 하였도다 여호와께서 또 모세에게 이르시되 내가 이 백성을 보니 목이 뻣뻣한 백성이로다 그런즉 내가 하는 대로 두라 내가 그들에게 진노하여 그들을 진멸하고 너를 큰 나라가 되게 하리라 모세가 그의 하나님 여호와께 구하여 이르되 여호와여 어찌하여 그 큰 권능과 강한 손으로 애굽 땅에서 인도하여 내신 주의 백성에게 진노하시나이까 어찌하여 애굽 사람들이 이르기를 여호와가 자기의 백성을 산에서 죽이고 지면에서 진멸하려는 악한 의도로 인도해 내었다고 말하게 하시려 하나이까 주의 맹렬한 노를 그치시고 뜻을 돌이키사 주의 백성에게 이 화를 내리지 마옵소서 주의 종 아브라함과 이삭과 이스라엘을 기억하소서 주께서 그들을 위하여 주를 가리켜 맹세하여 이르시기를 내가 너희의 자손을 하늘의 별처럼 많게 하고 내가 허락한 이 온 땅을 너희의 자손에게 주어 영원한 기업이 되게 하리라 하셨나이다 여호와께서 뜻을 돌이키사 말씀하신 화를 그 백성에게 내리지 아니하시니라"(출 32:7~14).

본문에서 문자적으로 나타난 하나님의 뜻은 무엇인가? "내가 그들에게 진노하여 그들을 진멸하고 너를 큰 나라가 되게 하리라" 하는 것이다. 그것도 하나님께서 모세에게 "이 백성은 목이 뻣뻣한 백성이구나. 그래서 나는 내가 원하는 대로 할 것이니 너는 가만히 있어라"고 단단히 주의를 주고 난 후 말씀하신 뜻이다.

만약 기도가 하나님의 표면적인 뜻에 동의하고 그 뜻대로 하시기를 아뢰는 것이라면, 그래서 모세가 "예, 하나님, 그렇게 하십시오"라고 한다면 본문의 경우에는 어떻게 되겠는가? 이렇게 기도하는 것은 올바른 기도가 아니다. 하나님의 본심을 몰라도 너무 모르는 것이다.

하나님께서 이스라엘 백성을 출애굽 시키신 본래적인 뜻은 무엇인가? 모세의 기도 속에 그 뜻이 드러나 있다.

"주의 종 아브라함과 이삭과 이스라엘을 기억하소서 주께서 그들을 위하여 주를 가리켜 맹세하여 이르시기를 내가 너희의 자손을 하늘의 별처럼 많게 하고 내가 허락한 이 온 땅을 너희의 자손에게 주어 영원한 기업이 되게 하리라 하셨나이다"(출 32:13).

지금(출애굽 당시)의 이스라엘은 아브라함에게 하신 약속이 이삭을 거쳐 야곱(이스라엘)에 이르면서 성취되는 과정에서 형성된 민족이다. 그리고 그들을 향한 하나님의 본래 계획은 그들을 젖과 꿀이 흐르는 가나안 땅으로 데리고 들어가 하나님의 백성으로 살게 하시는 것이다.

이것을 너무도 잘 알고 있는 모세는, 지금 격노하고 계시는 하나님께서 자기에게 하신 말씀에 동의할 수가 없었다. 그는 하나님의 본래적인 뜻(본심)을 분명히 알고 있었다(모세는 이미 알고 있었고, 출애굽을 위해 보냄을 받을 때 하나님께서 주신 말씀을 통해서 더욱 분명하게 알았다. 출애굽기 3장 참조).

그래서 모세는 하나님께 이스라엘 백성을 향하신 본래적인 뜻대로 행하시기를 기도하고 있다. 그것도 "주의 맹렬한 노를 그치시고 뜻을 돌이키사 주의 백성에게 이 화를 내리지 마옵소서"(출 32:12b)라고 담대히 요구하며 기도하였다.

모세의 기도를 들으신 하나님께서 어떻게 하시는가? "여호와께서 뜻을 돌이키사 말씀하신 화를 그 백성에게 내리지 아니하시니라"(출 32:14)고 기록되어 있다. 이것은 하나님께서 변덕을 부리신 것이 아니라, 본래적인 뜻대로 행하시기로 하셨다는 것이다. 모세는 하나님의 본심을 잘 알았다. 하나님을 알았다. 그러기에 모세는 위대한 지도자가 될 수 있었다.

하나님을 알아야 한다

그러면 하나님의 본심을 알아 그 뜻에 동의하는 기도를 하려면 어떻게 해야 하는가? 하나님을 알아야 한다. 하나님을 아는 것보다 더 중요한 것은 없다. 하나님을 아는 것은 이론적인 지식이 아니다.

성경에서 '안다'는 것은 체험적으로 안다는 것이다. 천사 가브리엘이 요셉과 정혼한 마리아에게 나타나 "보라 네가 잉태하여 아들을 낳으리니 그 이름을 예수라 하라"(눅 1:31)고 말하면서 예수님의 나심을 예고했을 때, 마리아가 이렇게 대답한다. "나는 남자를 알지 못하니 어찌 이 일이 있으리이까." 이 말은 문자적으로 남자를 모른다는 것이 아니다. 마리아가 남자와 여자를 구분할 줄 모르거나 남자 여자의 신체적, 성격적 특징을 모른다는 것이 아니다. 그렇다고 마리아가 남자를 알지 못한다는 것을 남자와 성(性)적인 관계를 맺지 않았다는 것으로 바로 건너뛰어서도 안 된다. 물론 그 본문의 문맥상으로는 남자를 성(性)적인 관계로 알지 못한다는 것을 의미한다.

여기에 나오는 '안다'는 의미를 '하나님을 안다'는 것에 적용할 수 있다. 우리는 한 남자와 여자가 부부가 되어 관계를 맺는 데에 이르기까지의 사귐의 과정을 생략해서는 안 된다. 관계를 맺는 것은 두 사람의 친밀함의 절정이기 때문이다. 다시 말해서 그것은 서로를 안다는 것의 절정에 다다른 친밀함의 표현이다. '하나님을 안다'는 것은 이와 같이 하나님을 지식적으로만이 아니라, 친밀하게 안다는 것이요, 체험적으로 안다는 것이다.

하나님의 자기 계시

하나님을 아는 것은 하나님의 자기 계시를 통해서만 알 수 있다.

하나님께서 자기를 계시해 주시는 만큼 우리는 하나님을 알 수 있다. 그런데 하나님의 자기 계시가 독립적으로 '하나님은 이러이러한 분이시다'는 식으로 설명되어 있지는 않다.

하나님의 자기 계시는 거의 대부분 인물이나 사건을 통해 주어진다(하나님이 누구신가에 대해 직접적이고 명제적으로 언급된 부분들은 모두 인물과 사건 속에서 계시된 것이다. 그러므로 계시된 하나님을 따로 떼어내지 않고, 해당된 인물과 사건의 흐름 속에서 이해해야 하나님을 더 깊고 풍성하게 알게 된다). 또한 하나님의 자기 계시는 택하신 인물들과 맺으신 언약을 통해 주어진다.

창조 사건을 통해 하나님이 창조주이심을 나타내신다. 또한 하나님의 형상대로 최초로 지음 받은 아담과 하와, 그리고 그들의 범죄와 그 결과를 통해, 그들과 맺은 언약을 통해(창 3:15) 공의로우신 하나님과 자비로우신 하나님을 알게 된다.

홍수 사건과 노아와의 언약, 아브라함의 부르심과 그와 맺으신 언약, 그리고 야곱, 요셉, 모세와 다윗 등의 인물과 그들의 삶의 여정 속에 일어난 사건을 통해 하나님은 자신을 계시하신다. 특별히 그들과 맺으신 언약을 통해 하나님은 자신을 점점 더 깊고 온전하게 계시하신다(점진적인 계시).

마침내 하나님의 자기 계시는 예수 그리스도 안에서 완전하게 주어졌다. 하나님의 자기 계시가 한 번에 다 주어지지 않고 여러 세대에 걸쳐서 점진적으로 주어졌듯이, 하나님을 아는 것은 점진적으로 이루어진다.

그러므로 하나님의 속성(공유적 속성, 비공유적 속성)을 이론적으로 잘 안다고 하나님을 아는 것은 아니다. 앞서 언급한 것처럼, 하나님을 아는 지식은 항상 성경의 인물과 그 인물이 겪은 사건, 그리고 그가 하나님과 맺은 언약을 통해 입체적으로 주어져야 한다.

사실 성경에 계시된 하나님은 오늘날 우리에게는 간접적인 체험일 뿐이다. 그러나 이것은 매우 객관적인 앎이요, 객관적인 체험이다. 이것이 오늘날 우리의 주관적인 체험의 옳고 그름을 분별하게 해 주는 기준이 된다. 성경에 기록된 하나님을 아는 지식에서 벗어난 하나님 체험은 성경의 하나님이 아니라, 자기의 하나님일 뿐이다.

다윗이 아는 하나님이 아브라함이 아는 하나님이었다. 다윗이 아는 하나님이 노아가 아는 하나님이었다. 예수 그리스도를 통해 완전하게 계시된 하나님이 구약의 하나님이었다. 구약의 하나님이라는 미완성의 계시가 예수 그리스도를 통해 하나님의 충만하심이 드러남으로 하나님이 완전하게 계시된 것이다.

그렇다고 우리가 하나님이 어떤 분이신지를 알기 위해 인물과 사건과 언약을 부지런히 연구해서 '하나님은 이런 분이시다'라고 정리하고 학자처럼 가르칠 수 있다고 해서 하나님을 잘 아는 것은 아니다. 성경의 인물들은 그들이 당면한 사건과 인생 문제들 속에 하나님이 개입하셔서 해결해 주시고 그것을 통해 하나님을 체험적으로 알았다. 그리고 오늘날 우리는 그 기록을 읽고 있는 것이다.

그런데 중요한 것은 오늘날 우리가 읽는 것을 통해 하나님을 간접적으로 아는 것이 직접적인 것이 되려면, 당시와 같은 하나님의 자기 계시는 아니더라도 우리에게도 하나님의 자기 계시가 있어야 된다.

이것은 우리가 하나님께서 자기를 계시한 인물과 사건, 언약의 말씀을 읽을 때, 하나님께서 우리에게 자기를 계시해 주시면 우리도 그들과 같이 체험적으로 하나님을 아는 자가 된다는 것이다. 이것을 신학적으로 '성령님의 조명', 또는 '성령님의 감동하심'이라고 한다.

비록 구약 인물들과 같은 직접적인 체험은 아니지만, 그들의 체험이 성령의 조명과 감동하심을 통해 오늘 우리가 직접 체험한 것과 같이 되어 하나님을 알게 되는 것이다.

물론 우리는 오늘날의 삶 가운데서도 여러 모양으로 하나님을 체험하기도 한다. 이것을 일명 '간증'이라고 한다. 그러나 오늘날 우리가 하나님을 체험하는 것은 간접적으로 체험한 하나님의 범주(성경이 계시하신 하나님)를 벗어나서는 절대로 안 된다. 이 범주를 벗어난 하나님 체험은 성경의 하나님을 체험한 것이 아니다. 그 하나님은 성경의 하나님이 아니다.

> "우리 주 예수 그리스도의 하나님, 영광의 아버지께서 지혜와 계시의 영을 너희에게 주사 하나님을 알게 하시고"(엡 1:17).

사도 바울은 본인이 알고 언급한 삼위일체 하나님, 그리고 하나님께서 성도들을 위해 행하신 일들을 성도들이 읽는 것을 통해 아는 것을 원하지 않았다. 그는 하나님께서 지혜와 계시의 영을 주어서 성도들이 체험적으로 알게 되기를 간구하고 있다.

하나님께서 성령으로 조명해 주시고 감동해 주셔야 성경을 통해 읽는 하나님의 자기 계시 즉, 하나님의 속성, 창조, 주권, 구원하심과 목적, 섭리 등을 체험적으로 알게 되는 것처럼 알게 된다. 그래야만 우리의 믿음이 하나님의 능력에 있게 된다(고전 2:5).

신앙의 삶(신앙생활)은 우리가 원하는 것을 하나님께 간구하고 떼를 써서 얻어낸 것을 누리며 사는 삶이 아니다. 모든 상황, 환경, 관계들에서 내가 아는 하나님을 믿는 믿음으로 반응하고 하나님께 순종하며 사는 것이다.

신앙의 삶은 하나님을 아는 것에 있어서 자라가는 삶이요, 아는 만큼 성숙한 반응과 순종을 하며 사는 삶이다. 하나님을 얼마만큼 알고, 어떤 분으로 알고 있는지가 우리의 믿음과 삶을 결정한다. 하나님을 아는 지식이 우리가 참된 기도를 하는지, 아니면 내 뜻을 하나님의 뜻으로 그럴듯하게 포장해서 요구하는지를 결정한다.

기도는 하나님께서 하나님의 본래적인 뜻대로, 약속하신 말씀대로 행하시도록 아뢰는 것이다. 그러므로 기도는 하나님께 아부하듯이 구하는 것이 아니라, 감히 담대하게 요구하는 것이다. 기도는 내가 원하는 것을 구하는 것이 아니라, 하나님께서 원하시는 것을 하나님을 위해 하시도록, 하나님의 뜻을 이루시도록 하나님 아버지께 아뢰는 것이기 때문이다.

"나라가 임하시오며 뜻이 하늘에서 이루어진 것같이 땅에서도 이루어지이다"(마 6:10).

성경을 통해서

성경을 통해 하나님을 알지 않고서는 하나님을 안다거나, 하나님의 뜻을 안다고 말할 수 없다. 성경이 모든 것에 대해 최종적인 권위를 가지고 있다. 우리가 성경을 대할 때 주의해야 할 점 두 가지를 언급하고 넘어가겠다.

첫째는, 성경은 구약과 신약으로 이루어졌는데, 계시와 권위에 있어서 구약과 신약이 동등하지 않다. 구약은 그림자요, 모형이다. 반면에 신약은 실체이고, 실체이신 예수 그리스도께서 오셨다. 구약은 불완전한 계시이고, 신약에서 그 계시가 완전해졌다.

그러므로 우리는 성경을 읽을 때, 신약에 두 다리를 딛고 신약의 창문을 통해 구약을 보아야 한다. 구약을 구약 안에서만 해석하고 적용하면 안 된다. 신약으로 구약을 해석하고 보충하여 오늘날의 삶에 적용해야 한다. 구약과 신약은 똑같은 높이의 평면이 아니다.

계시와 언약이 입체적이고 단계적으로 확장되고 완성되어 가는 것이다. 따라서 구약의 어느 부분만을 부각시키거나 또는 구약은 구약대로, 신약은 신약대로 절대적이고 전부인 것처럼 이해하고 적용해서는 안 된다. 그것은 어느 한 부분에 대해서만 절대적이고 사실일 뿐이다.

성경이 모든 것에 최종적인 권위를 갖는다. 그리고 구약에 대해서는 신약이 최종적인 권위를 갖는다.

둘째는, 모든 책은 독자들을 염두에 두고 쓰여진다. 그렇다고 하더라도 책은 독자 중심이 아니라, 저자 중심으로 해석되고 적용되어야 한다. 만약 세상의 모든 책이 독자 중심으로 해석되고 적용되며, 심지어 독자들에 의해 내용이 개정된다 하더라도, 성경만큼은 철저하게 하나님 중심으로 읽혀져야 하고, 하나님 중심의 해석과 적용이 이루어져야 한다.

성경이 신, 불신을 초월해서 여러 사람들에게 여러 모양으로 유익을 주는 것은 사실이지만, 성경을 읽는 가장 중요한 이유와 목적은 하나님을 알고 섬기기 위함이다. 우리는 성경을 통해 하나님을 만난다. 성경이 아니고서는 하나님을 하나님으로 알 수 있는 방법은 없다.

성경의 주인공은?

성경의 주인공은 누구인가? 삼위일체 하나님이시다. 특별히 성부 하나님이요, 성자 예수 그리스도다. 성경을 하나님 중심으로 보고, 읽고, 이해하지 않으면 아무리 많이 읽고 연구한다 해도 하나님을 바르게 알지 못한다.

성경의 인물들은 하나님께서 자신을(궁극적으로는 예수 그리스도를) 계시하시기 위해 사용하신 자들이다. 하나님께서는 그들을 주권적인 은혜로 택하시고, 여러 사건과 시행착오를 통해 하나님을 경험하게 하심으로 그들로 하여금 하나님을 알고 믿게 하셨다. 이를 통해 그들의 믿음을 성장시키셨고 그 믿음으로 하나님께 반응하며 순종하게 하셨다. 그들로 믿고 순종하게 하심으로 그들을 통해 뜻을 이루어가셨고, 이런 과정을 통해 하나님께서는 자기를 계시하셨다.

아브라함, 이삭, 야곱, 요셉, 다윗 등 거의 모든 인물들이 그러하지만, 아브라함의 경우를 예로 살펴보자. 많은 사람들은 창세기 22장에서 아브라함이 독자 이삭을 하나님께 번제로 드린(실제로 각을 뜨지 않았지만 번제로 드린 것과 마찬가지다) 사건을 대할 때마다 아브라함이 얼마나 하나님을 경외하고 사랑했는지, 그리고 그의 헌신이 얼마나 크고 완전했는지를 말하면서 그를 칭찬한다.

그러나 아브라함을 통해 가장 크게 칭찬을 받으시고, 높이 찬양과 영광을 받으셔야 할 분은 하나님이시다. 왜 그런가? 아브라함을 모리아 산까지 이끌고 가신 분이 하나님이시기 때문이다. 여러분은 하나님께서 아브라함에게 "네 아들 네 사랑하는 독자 이삭을 데리고 모리아 땅으로 가서 내가 네게 일러 준 한 산 거기서 그를 번제로 드리라"(창 22:2)고 말씀하셨을 때, 아브라함의 반응이 어떠했을 것이라고 생각하는가? 그가 심각하게 고민하고 괴로워했겠는가? 아니다. 그는 그렇게 많이 고민하지도, 많이 괴로워하지도 않았다.

아브라함이 독자 이삭을, 그것도 기다리고 기다리다가 25년 만에 얻은 아들을 번제로 바치기 위해서는 그만큼의 믿음, 그 정도 분량만큼의 하나님을 알고 믿는 믿음이 있어야 했다. 그에게 그 정도의 믿음이 있었는가? 있었다. 수월하게(기쁘게) 감당할 만큼의 믿음이 있었다기보다는 감당하기에는 약간 버거운 상태의 믿음이지만, 충분히 자발적으로 감당할 만큼의 믿음이 있었다.

이것은 그림과 같다. 창세기 12장에서 하나님의 부르심과 약속을 받음으로 아브라함의 신앙의 삶이 출발한다. 그 후 애굽으로 내려간

사건(12장), 멜기세덱의 축복(14장), 15장에서 하나님께서 아브람에게 "나는 네 방패요 너의 지극히 큰 상급이니라"(1절)고 하시면서 시청각 교육 (하늘의 뭇별)을 통해 그로 하여금 믿게 하신 사건과 언약식, 사래의 여종과 동침하여 이스마엘을 얻은 사건과 처리가 이어진다. 그리고 아브람이 구십구 세 때에 그에게 나타나셔서 "나는 전능한 하나님이라 너는 내 앞에서 행하여 완전하라 내가 내 언약을 나와 너 사이에 두어 너를 크게 번성하게 하리라"(창 17:1-2)는 말씀과 함께 그의 이름을 아브라함으로, 사래를 사라로 바꾸어 주신 일, 그리고 언약의 증표로 할례를 행한 것, 마지막으로 20장에서 그랄 땅 아비멜렉이 아브라함의 아내 사라를 데려간 사건 가운데 개입하신 하나님의 역사와 자기가 하나님께 기도했을 때, 하나님께서 아비멜렉 집의 태를 다시 열어 주시는 것을 통해서 아브라함의 믿음은 점점 더 자랐던 것이다. 그리고 백 세에 이삭이 태어나면서 하나님을 믿는 아브라함의 믿음은 절정에 이르렀다.

하나님께서는 믿음이 없는 아브라함을 불러내셔서 믿음을 주셨고,

그의 연약함과 실수, 또는 의도적으로 죄를 짓는 상황에서도 그에게 긍휼과 은혜를 베푸셨다. 그리고 정기적으로 그를 찾아오셔서 그의 믿음을 성장시켜 주셨다. 그는 25년 동안의 여러 사건과 하나님 체험을 통해서 하나님을 하나님으로 믿게 되었고, 무엇보다도 하나님은 약속을 반드시 지키시는 하나님이요, 전능하신 하나님이라는 것을 확신하게 되었다. 이제 아브라함은 하나님을 이삭을 통해 민족을 이루시겠다는 약속을 반드시 지키실 하나님으로 믿는 자가 되었다.

하나님께서 이삭을 번제로 바치라고 말씀하시기 위해 아브라함을 찾아오셨을 때 이삭의 나이가 대략 15세 정도였다고 가정한다면, 아브라함이 부르심을 받은 지 약 40년이 지났을 때가 된다. 40년 동안 믿음의 훈련을 받은 아브라함은 모리아 산에 올라갈 만큼의 충분한 믿음을 가지고 있었다. 하나님께서는 아브라함으로 하여금 이삭을 데리고 모리아 산에 올라갈 만큼의 믿음을 가지게 해 놓으시고(믿음이 자라게 해 놓으시고) 최종적으로 그를 테스트하신 것이다. "이삭을 번제로 바쳐라."

하나님께서 여러분에게도 아브라함과 같은 테스트를 하시지는 않을까 염려하거나 두려워할 필요는 없다. 여러분의 믿음의 분량이 모리아 산을 오를 만큼이 아니라면, 하나님께서는 절대로 여러분에게 모리아 산을 올라가 번제를 드리라는 요구를 하시지 않는다.
  만약 하나님께서 여러분에게 이런 요구를 하신다면 여러분의 믿음의 분량이 그만큼 되게 하실 것이다. 하나님께서 우리에게 주신 믿음의 분량은 다 다르다.

"내게 주신 은혜로 말미암아 너희 각 사람에게 말하노니 마땅히 생각할 그 이상의 생각을 품지 말고 오직 하나님께서 각 사람에게 나누어 주신 믿음의 분량대로 지혜롭게 생각하라"(롬 12:3).

그러므로 아무에게나 모리아 산에서 이삭을 바친 것만큼의 헌신을 하도록 요구해서는 안 된다. 이 말씀을 받을 만한 성도들은 실제로 그리 많지 않다.

아브라함이 이삭을 데리고 모리아 산에 올라간 것은 마치 하나님께서 아브라함을 마지막 계단 하나를 남겨 놓은 곳까지 데려다 놓으시고 그에게 마지막 한 계단을 올라가라고 요구하신 것과 같다. 열 계단이나 남아 있는 자에게 바로 계단 끝에 오르라고 요구하진 않으신다. 하나님은 무자비한 하나님이 아니시다.

하나님께서는 여러 사건과 약속의 재확인, 실제 경험을 통해 하나님을 알게 하심으로 아브라함의 믿음을 성장시켜 주셨으며 믿음대로 순종하게 하셨다. 그리고 나서는 "자, 보라. 믿음의 조상이요, 열국의 아비다"라고 세상에 말씀(공포)하신 것이다.

하나님의 긍휼과 오래 참으심, 하나님의 열심과 능력이 아브람을 아브라함으로 만들었다. 이제 누가 보아도 아브라함은 열국의 아비요, 믿음의 조상이며, 복의 근원이었다. 모든 찬송과 영광이 하나님께만 영원토록 있을지어다! 아멘.

예수 그리스도를 통해서만

 오늘 우리는 구약시대에 살지 않고 신약시대, 성령시대, 교회시대에 살고 있다. 이것은 오늘날 그 누구도 예수 그리스도와 예수 그리스도의 십자가를 통하지 않고서는 하나님을 바르게 알 수 없다는 것이다. 십자가의 예수 그리스도를 통해서 알지 않는 하나님은 성경의 하나님이 아니다. 또한 성육신하신 예수님, 십자가에 못 박혀 죽으시고 부활하신 예수님을 주님으로 믿는 것이 아니라면, 그는 다른 예수를 믿고 있는 것이다. 십자가의 예수님을 하나님으로 알지 않고, 십자가의 예수님을 통해 알지 않는 하나님은 다른 하나님이다. 십자가의 예수 그리스도 중심의 복음이 아니라면, 그것은 다른 복음이다.

 신, 불신을 떠나 모든 사람은 영적인 존재요, 종교성이 있는 존재이다. 원한다면 여러 종류의 수양을 통해 얼마든지 신적 존재를 체험할 수 있다. 그들 중에 어떤 이들은 자기들이 만난 신적 존재가 하나님이요, 예수님이었다고 말한다.
 그러나 그들이 예수 그리스도의 십자가를 체험하지 않고, 그 만남을 통해 믿음과 회개가 없으며 예수님을 주님으로 고백한 자가 아니라면, 그가 만났다는 하나님, 그가 만났다는 예수는 성경의 하나님도 아니요, 하나님의 독생자이신 예수님도 아니다. 성령님은 하나님께서 택하신 자들을 반드시 십자가의 예수 그리스도께로 인도해 가신다.

 기도는 하나님의 본래적인 뜻에 '아멘'으로 동의하며 그 뜻이 이루어지기를 아뢰는 것이다. 기도는 하나님의 본심에 동의하는 것이다. 그러므로 우리는 하나님의 본심, 본래적인 뜻을 알기 위해, 하나님을 알기 위해 하나님의 말씀을 통해, 예수 그리스도를 통해 하나님 알기를 힘써야 한다. 하나님을 아는 만큼 하나님께서 원하시는 기도를 할 수 있기 때문이다. 이것은 말씀으로 기도해야 한다는 것으로 이어진다.

2. 말씀으로 기도

약속이 이루어지기를

말씀으로 기도한다는 것은 성경에 기록된 문자적인 말씀을 단순히 인용해서 기도하는 것이 아니다. 성경에서 한두 구절을 쏙 빼내어 하나님께 들이밀면서 그 말씀대로 해 달라고 구하는 것이 아니다. 내가 원하는 것의 정당성을 입증하기 위해 말씀을 인용해서 구하는 것이 아니다.

'하나님의 본래적인 뜻'은 하나님께서 택하신 백성들을 향하신 본심이요, 본래적인 뜻이다. 이것은 하나님께서 택하신 백성들에게 주신 '약속'이다. 그러므로 말씀으로 기도한다는 것은 하나님께서 약속하신 말씀에 동의하며 약속대로 이루어 주시기를 아뢰는 것이다. 하나님의 약속(뜻)이 땅에서, 오늘날 우리의 삶에 이루어지기를 구하는 것이다.

성경은 첫장(창세기)부터 마지막 장(요한계시록)까지 하나님의 약속으로 가득 차 있다. 하나님의 약속은 대부분 인물과 그 인물을 중심으로 벌어진 사건 속에서 주어졌다. 구약의 예로는 노아, 아브라함, 야곱, 이스라엘 백성들과 그들이 겪는 사건(출애굽에서 가나안 땅까지의 여정, 바벨론 포로기 전후 등) 속에서 주어진 약속들이 있다. 신약의 예로는 영혼 구원, 성령 강림, 재림, 그 외에 교회 공동체에 주신 약속들이 있다.

구약에 나타난 약속의 특징은 주로 땅의 복에 중점을 두고 있다. 하나님께서 택하신 백성들이 땅에서 독립된 국가를 세우되 세계적으로 위대한 민족이 되고, 그들이 잘되고 풍성한 복, 물질적인 복을 누림으로 하나님이 하나님이심을 나타내시겠다는 것이 주류를 이룬다.

반면에 신약에 나타난 약속의 특징은 땅의 복이 없는 것은 아니나 주로 영적인 복, 하나님 나라에서 받을 상급, 면류관에 초점이 맞추어져 있다.

약속에는 조건이 있다

여기서 중요한 한 가지는, 하나님께서 하신 대부분의 약속에는 조건이 붙어 있다는 것이다. 그 조건이 충족되어야만 약속의 내용이 이루어진다. 조건이 충족된다는 것은 약속과 함께 주어진 말씀(명령)에 순종해야 한다는 것이다. 조건이 있는 약속은 약속을 받은 대상이 순종해야만 이루어진다.

이스라엘 백성들이 가나안 땅에서 복을 누리고, 모든 민족 위에 뛰어난 민족이 되어 제사장 나라로서의 역할을 감당하는 것은 그냥 되는 것이 아니었다. 그들이 받은 약속의 말씀을 붙잡고 금식하며 기도한다고 이루어지는 것이 아니다. 기도가 필요 없다는 것이 아니라, 그 약속은 그들이 가나안 땅에서 우상을 부수고 우상숭배를 하지 않으며, 이방인들과의 결혼을 금하고, 율법의 규례와 법도대로 살아야만 이루어지는 것이었다.

우리가 예수님을 믿고 구원받아 하나님의 자녀가 되어 하나님 나라를 유업으로 받는 것은 전적인 하나님의 은혜로 된다. 그러나 하나님 나라에서 부르심을 따라 칭찬과 상급을 받는 것은 땅에서의 삶의 결과로 주어지는 것이다. 땅에서 우리는 복음에 합당하게 살아야만 한다.

올바른 기도는 말씀으로 기도하는 것이고, 말씀대로 이루어지기를 아뢰는 것이다. 이것은 하나님께서 약속하신 내용대로 하나님께서 행하시기를 구하는 것이다. 이렇게 기도할 때 주의할 점은 하나님께서 당사자의 순종 여부와 상관없이 이루겠다고 하신 약속은 약속하신 바대로 이루어 주시기를 구할 수 있다.

그러나 당사자의 순종을 요구하는 조건이 붙어 있는 약속을 가지고 기도할 때는 약속의 내용대로 이루어지기를 간절히 구하기보다, 당사자가 조건대로 순종하는 자가 되기를 간구해야 한다. 그가 순종하지 않는 한, 그 약속은 이루지지 않기 때문이다. 만약 하나님께서 그 약속을 그에게 이루시기로 하셨다면, 하나님께서는 그로 하여금 순종하게 하심으로 약속의 내용대로 이루어 주시는 것이다.

하나님께서 아브라함에게 약속하신 말씀이 무엇이었는가?

"내가 너로 큰 민족을 이루고 네게 복을 주어 네 이름을 창대하게 하리니 너는 복이 될지라 너를 축복하는 자에게 내가 복을 내리고 너를 저주하는 자에게는 내가 저주하리니 땅의 모든 족속이 너로 말미암아 복을 얻을 것이라"(창 12:2-3).

이 약속의 성취는 이삭을 지나 야곱에서인가? 아니다. 일차적인 성취는 출애굽(민족 형성)을 지나 가나안 땅에 들어갔을 때이고, 다윗 왕 때에 절정에 이른다. 궁극적인 성취는 예수 그리스도를 통해서다.

이와 같은 일이 하나님의 일방적인 은혜로 되었는가? 아브라함의 삶을 초월해서 이루어진 것인가? 결코 그렇지 않다. 이 약속의 성취를 위해서 아브라함은 가나안 땅으로 가야 했고, 믿음의 조상이 되어야만 했다. 이를 위해 그는 여러 우여곡절과 시행착오를 거치면서 그의 믿음이 자라야 했고, 하나님께서 원하시는 순종을 해야만 했다. 그런데 그 모든 과정과 결과가 하나님의 은혜로 되었다는 것이다. 하나님께서 여러 상황과 사건, 아브라함의 실수 등을 통해, 그리고 시기 적절한 말씀으로 가르쳐서 아브라함의 믿음을 키워가셨다. 그랬더니 아브라함은 믿음이 자란 만큼 하나님의 요구대로 순종하게 되었다는 것이다. 하나님의 약속이 아브라함의 순종을 통해 성취된 것이다.

그러므로 약속의 성취를 하나님의 관점에서 보면, 일방적인 약속이든지, 조건이 붙어 있는 약속이든지 모든 약속의 성취는 하나님의 은혜로 되는 것이다. 할렐루야!

조건이 충족되면 약속은 자동적으로 성취된다. 하나님께서는 조건이 있는 약속을 우리 삶에서 이루어지게 하실 때는, 반드시 우리로 하여금 조건대로 순종하게 하신다. 조건대로 순종함이 없는 약속의 성취는 없다. 이것은 모든 사람에게 적용되며 예외가 없다.

여기서 한 가지 주의할 점은 이스라엘을 오늘날 어느 민족, 어느 나라, 예를 들어 미국, 또는 대한민국으로 적용하면 안 된다. 구약의 이스라엘과 같이 선택받은 민족은 이스라엘 외에는 없다. 그러면 이스라엘이 신약시대에는 무엇인가? 기독교가 전파된 민족이나 나라인가? 아니다.

구약의 이스라엘은 오늘날의 '교회'다. 그러므로 유일신 하나님을 섬기는 것과 관련하여 하나님의 백성인 이스라엘에게 주신 종교적인 말씀(예-우상숭배)과 구별된 거룩한 삶을 살라는 말씀은 오늘날 교회 공동체 (가정 공동체 포함)에만 적용해야 한다. 이스라엘에게 주신 종교적인 규례를 오늘날 자기 민족, 자기 나라에 적용하는 것은 그 말씀을 오해한 결과다. 이것은 많은 사회적 문제를 일으키고 복음 전도를 방해하는 결과를 가져온다.

그리고 이스라엘 백성들이 단회적으로 경험한 사건을 오늘날에도 동일한 의미를 부여하여 그대로 행하고 선포하는 것은 올바르지 않다. 이스라엘은 여호수아 시대 이후로도 여리고 성과 같은 상황을 수없이 맞이했지만, 그때와 같이 행하지는 않았다.

어떤 이는 하나님께서 그렇게 하라고 말씀하시지 않았기 때문이라고 말할지 모르지만(오늘날에는 자기들에게 말씀하시기 때문에 그렇게 한다고 말하면서) 하나님께서는 그렇게 하라고 말씀하실 이유가 없었다. 여호수아 시대에만 필요했던 것이다. 가나안 땅에 들어가서는 주신 말씀대로 순종하는 삶이 필요했던 것이지, 대적자들이 모여 있는 곳을 도는 것이 필요한 게 아니었다. 오늘날에는 두 말할 것도 없다.

또 한 가지는, 개인(야곱, 요셉, 다윗 등)이나 이스라엘 백성들이 경험한 징계나 연단(훈련)의 기간을 문자적으로 가져와서는 안 된다. 개인마다 기간이 다를 뿐만 아니라(당연히 다를 수밖에 없다), 이스라엘이 공동체적으로 경험한 것도 시대에 따라 다르다. 민족을 형성하여 출애굽을 하기까지는 약 430년, 광야에서의 징계 겸 훈련은 약 40년, 사사시대의 징계는 제각각, 바벨론 포로기한은 약 70년, 말라기 이후 예수 그리스도의 오심까지는 400년, 그 이후 유대 민족은 약 1940년 동안 세계 속에서 흩어져 살았다. 여러분의 모든 기대를 박살내기 위해 열거한 것이 아니다.

오늘날은 민족적, 나라적인 것도 중요하지만 가장 중요한 것은 믿는 개개인과 교회, 그리고 가정의 거룩함과 성결함, 즉 우리가 삶의 모든 영역에서 그 영역에 대한 말씀대로 순종하는 삶을 사는 것이 중요하다. 어느 나라, 어느 민족 중에서나 믿는 자들 모두에게 자유와 배부름이 주어지면 좋겠지만, 더 중요한 것은 그들이 그 땅에서 거룩하고 복음에 합당하게 사는 것이다. 이스라엘이 바벨론에서, 초대교회 성도들이 로마의 압제 속에서 그랬던 것처럼 말이다. 모든 민족과 나라에 대한 경영은 하나님의 손 안에서 이루어져 오고 있었고 이루어질 것이다. 할렐루야!

조건대로 순종하기를 기도

우리가 자신을 위해서, 다른 지체를 위해서, 교회를 위해서, 우리의 가정을 위해서 기도할 때, 하나님께서 약속하신 대로 우리 가운데 이루어지기를 구해야 한다. 그런데 그 약속은 거의 대부분 순종해야 할 조건이 있다. 그러므로 그들의 삶에 하나님의 약속이 이루어지기를 구하되, 약속과 관련된 조건의 말씀대로 순종하게 되기를, 순종할 수밖에 없는 은혜를 베풀어 주시기를 구해야 한다.

예를 들면, 자녀가 하나님의 복을 받아 잘되고 하나님께 귀하게 쓰임 받는 자가 되기를 원한다면 자녀를 위해 어떻게 기도해야 하는가? 에베소서 6장 3절에 기록된 "네가 잘되고 땅에서 장수하리라"는 약속의 말씀이나 구약의 약속들을 가져다가 "하나님, 우리 자녀가 잘되고 땅에서 장수하게 해 주십시오. 머리가 되게 하시고 모든 민족 위에 뛰어난 자가 되게 해 주십시오. 다니엘과 같이 지혜와 총명, 학문을 익히는 능력을 주십시오"라고 기도해야 하는가? 아니다.

우리 자녀가 그 약속대로 복을 받으려면 어떤 조건을 충족해야 하는가? 우리 자녀가 주 안에서 부모에게 순종하고, 부모를 공경해야 한다. 하나님의 말씀(신명기)대로 순종하고, 다니엘처럼 어려서부터 뜻을 정하여 하나님만을 온전히 섬겨야 한다(그럴지라도 결정은 전적으로 하나님께 달려 있다. 다니엘 같은 자는 백 년에 한 명, 천 년에 한 명 나올까 말까 하다).

그러므로 약속대로 되기를 구하기보다, 자녀가 부모에게 순종하고 공경하는 자가 되게 해달라는 기도를 더 힘써서 해야 한다.

가정과 가족에게 하나님께서 복을 주시기를 구할 때도 마찬가지다. 기도를 많이 해야 복을 주시는 것이 아니라, 남편과 아내들에게 주신 말씀, 부모들에게 주신 말씀대로 순종해야 하나님께서 복을 주신다. 이것은 '기도의 장애물'에서 더 자세히 다룰 것이다.

3. 하나님의 영광을 위해

예수님의 삶의 목적

"아버지여, 아버지의 이름을 영광스럽게 하옵소서"(요 12:28a).
"아버지여 때가 이르렀사오니 아들을 영화롭게 하사 아들로 아버지를 영화롭게 하게 하옵소서"(요 17:1b).

예수님의 삶은 모두 하나님 아버지를 영광스럽게 하는 데 초점이 맞추어져 있었고, 실제로 그러한 삶이었다. 그러므로 예수 그리스도를 주님으로 믿는 우리도 삶의 목적이 당연히 '하나님을 영광스럽게' 하는 것이어야 한다. 우리의 삶의 목적이 그러할진대, 기도는 말할 것도 없다. 우리가 하나님께 드리는 기도는 반드시 하나님의 영광을 위해, 하나님께서 영광스럽게 되는 것을 위한 기도여야 한다.

사실, 기도는 하나님께 하나님의 뜻(본래적인 뜻)대로 행하시기를 아뢰는 것이기에, 모든 기도(성경적인 기도)는 하나님의 영광을 위한 기도다. 하나님의 뜻이 이루어지면 당연히 하나님께서 영광을 받으시기 때문이다. 그러나 우리는 얼마나 많이 우리의 뜻을 이루어 달라고 기도하면서 하나님께서 영광스럽게 되기를 구하는가? 우리의 모든 기도와 간구는 기도의 대상을 위해서가 아니라, 하나님의 영광을 위한 것이어야 한다. 기도의 대상을 통해 하나님께서 영광스럽게 되고 영광을 받으시기를 구해야 한다.

하나님께서 가장 사랑하시는 것

하나님께서 가장 사랑하고 아끼시는 것은 무엇인가? 하나님께서는 바벨론의 포로들 가운데 있는 에스겔에게 이렇게 말씀하신다.

> "그러나 이스라엘 족속이 들어간 그 여러 나라에서 더럽힌 내 거룩한 이름을 내가 아꼈노라"(겔 36:21).

이스라엘이 하나님의 이름을 더럽혔다는 것은 이스라엘 땅에 있을 때 우상숭배를 비롯하여 거룩하지 못한 삶을 살았다는 것이요, 그 죄의 대가로 바벨론에게 멸망당하여 포로로 끌려감으로 하나님의 명성을 땅에 떨어지게 한 것(바벨론의 신 마르둑보다 못한 신으로 낙인 찍힘)으로 하나님의 이름을 더럽혔다는 것이다. 그래서 이제 하나님께서는 자신의 이름을 아끼시기에 그 이름의 거룩함을 나타내시기 위해 이스라엘 백성들을 고국 땅으로 데리고 가시겠다는 것이다(겔 36:23-24).

하나님께서는 하나님의 영광을 위해 천지를 창조하셨다. 하나님의 영광을 위해 사람들을 택하셨고 그들과 언약을 맺으셨다. 모든 언약은 언약이 성취되면 하나님께서 가장 크게 영광을 받으시게 되어 있다. 하나님께서는 하나님의 영광을 위해 예수님을 사람의 모양으로 보내셨고, 예수 그리스도로 말미암아 우리를 구원하셨다. 또한 하나님의 영광을 위해 우리의 삶을 지키시고 인도하시며 우리를 천국으로 인도해 가신다.

하나님께서 어떤 결핍이 있기 때문에 천지와 그 가운데 모든 것을 창조하신 것이 아니다. 섬김을 받으시는 것에 있어서 부족함이 있기 때문에 우리를 택하여 부르셔서 예배를 통해 섬기게 하신 것이 아니다. 하나님께서는 우리로 하여금 하나님의 영광에 동참하게 하시기 위해(이것은 피조물에게 무한한 영광이다) 창조하셨고 구원하셔서 섬기게 하신 것이다. 할렐루야!

그러므로 이제부터 우리의 모든 기도는 하나님께서 영광스럽게 되기를 위한 기도여야 한다. 우리 자신을 통해, 자녀를 통해, 가정을 통해, 교회를 통해, 나라와 민족을 통해, 다른 지체를 통해, 우리의 모든 기도 대상자들을 통해 하나님의 이름과 명성이 드높아지고 영광스럽게 되도록 기도해야 한다. 그러면 하나님께서는 하나님의 이름이 영광스럽게 되고 그들을 통해 영광을 받으시는 길로 그들을 이끌어 가심(다루어 가심)으로 응답하신다.

하나님께서 그들을 어떻게 이끌어 가실지는 많은 경우에 예측 불가능하기도 하다. 그러나 그 결과는 분명하게 알 수 있다. 하나님께서는 택하신 자들을 결국 거룩한 삶으로 회복시키시고 그들을 복되게 하신다. 하나님께서는 우리의 복지보다 거룩한 삶을 더 중요하게 생각하신다. 하나님께서는 우리의 거룩한 삶을 통해 영광을 받으시기 때문이다.

또한 우리의 거룩한 삶은 이생에서나 하나님 나라에서 우리가 받을 영원한 복을 결정한다. 우리가 받을 복은 땅에서 우리의 명성이나 업적, 사역이 아니다.

우리가 기도하는 대상을 놓고 그들을 통해 하나님께서 영광을 받으시도록 기도할 때, 하나님께서는 어떤 사람에게는 시련과 연단을, 어떤 사람에게는 징계를, 어떤 사람에게는 죄 사함의 은혜 체험을, 어떤 사람에게는 영광의 자리를 얻게 함을, 어떤 사람에게는 잘되는 복을 주신다. 이 모든 결정은 하나님이 하신다. 우리가 결정한 것을 때를 써서 얻어낸 것(하나님께서는 이것도 허용하신다)은 결과적으로 우리에게나 당사자에게 복이 되지 않는다. 그것이 그를 정결한 신부의 삶이나 거룩한 열매를 맺는 삶으로 이끌지 못하기 때문에 결과적으로 복이 되지 못한다.

4. 하나님의 주권을 인정

절대적 주권과 상대적 주권

'하나님의 주권'은 절대적인 주권과 상대적인 주권으로 나누어진다. 절대적인 주권은 하나님께서 어떤 사람, 어떤 조건에 구애됨이 없이 하나님께서 주도적으로 뜻을 이루어 가신다. 영혼 구원의 문제에 있어서 우리는 하나님의 절대 주권적인 은혜로 구원을 받는다. 그러나 구원받은 이후의 삶은 대부분 믿음으로만이 아니라, 우리의 순종을 통해 하나님의 도우심과 보호, 인도하심과 복을 받는다. 그런데 이것

또한 궁극적으로는 하나님의 은혜로 된다.

하나님께서 복을 주셔서 우리를 통해 뜻을 이루시고 영광을 받으시고자 하신다면 하나님께서는 우리로 하여금 그에 걸맞은 믿음의 분량에까지 자라게 하셔서 순종하게 하신다.

그러므로 절대적 주권으로 베푸시는 은혜든지, 상대적 주권으로(우리의 순종을 받으시고) 베푸시는 은혜든지 우리는 하나님의 주권적인 은혜로 사는 자들이다. 하나님께서 예수 그리스도로 말미암아 우리를 택하여 부르신 것은 우리 삶의 주도권을 하나님이 가지시고 우리를 통해 뜻을 이루셔서 영광을 받고자 하심이다.

여러분의 삶을 통해 하나님께서 영광스럽게 되시기를 원하는가? 그렇다면 여러분은 삶의 모든 주도권을 하나님께 내어드려야 한다. 모든 주도권을 내어드릴 때, 하나님께 온전히 순종하게 된다. 주도권을 내어드린다는 것은 다스림을 받는 것이다. 하나님께서 우리를 다스리시면, 하나님의 영이 우리의 마음과 생각과 몸을 주관하셔서 우리로 하여금 하나님의 말씀대로, 뜻대로 순종하게 하는 것이다. 이것은 신비다.

사실 하나님께 우리의 주도권을 내드리든지, 내드리지 않든지 우리 삶의 모든 주도권은 하나님이 쥐고 계신다. 그리고 주도권을 내놓지 않는 자녀는 주도권을 내놓고 항복하는 자리까지 이끌고 가신다. 덜 맞고 가는 자가 있고, 많이 맞아야 가는 자들도 있다. 반면에, 늘 자기의 주도권을 내놓고 하나님의 주권을 인정하고 다스림을 구하며 사는 자녀는 그가 하나님을 영광스럽게 하는 자가 되도록 복되게 이끌어 가신다.

태초에 천지를 창조하신 하나님께서 노아와 맺은 언약처럼(창 8:21-22) 그 모든 것을 지키고 보존하시며, 창조하신 모든 것을 통해 궁극적으로 하나님의 선하신 목적을 이루시기 위해 주권적으로 다스리고 계신다. 신학적으로 이것을 '하나님의 섭리'라고 한다.

하나님께서는 해를 악인과 선인에게 비취시며 비를 의로운 자와 불의한 자들에게 내리신다(마 5:45). 참새 두 마리가 땅에 떨어지는 것도 하나님의 허락하심 하에서 이루어진다(마 10:29). 사탄의 모든 활동(유혹, 환난, 재난, 파괴 등)도 하나님의 허락 가운데서 이루어진다(욥 2장).

하나님께서 허락하지 않으시면 사탄 마귀는 우리를 유혹하여 넘어지게 만들거나 재난을 가져다주지 못한다. 세상의 모든 권세는 위로부터 나지 않은 것이 없다(롬 13:1). 또한 하나님께서는 권세자들을 세워 세상을 다스리신다. 우리는 하나님의 절대 주권적인 은혜로 구원을 받았다(엡 2장). 그리고 하나님의 주권적인 은혜와 사랑으로 돌보심을 받는다. 그 사랑에서 우리를 끊을 자는 아무도 없다(롬 8:31-39). 또한 우리의 삶에서는 모든 것(일)이 합력하여 선을 이룬다(롬 8:28).

그러므로 우리는 삶의 모든 것에 대해 하나님의 주권을 인정해야 한다. 하나님께 기도할 때도 하나님의 주권을 인정해야 한다. 특히 기도의 응답에 대해서 하나님께서 하나님의 때에 하나님의 방법대로 응답하실 것을 인정해야 한다. 기도가 하나님의 본래적인 뜻이 이루어지기를 구하는 것이라면, 그 뜻은 반드시 이루어질 것이기에 우리는 기도하면서 기다릴 수 있어야 한다.

하나님께서는 하나님이 영광을 받으시고야 마는 방법과 결과로 응답하실 것이다. 우리가 저녁에 눕고 아침에 일어나는 것부터 시작해서 모든 삶의 영역에 대해, 모든 사건과 상황, 모든 인간관계와 그 안에서 일어나는 일, 건강, 경제력, 사회적 위치, 가정의 형편과 자녀들이 하나님의 섭리 가운데 있다는 것과 그 모든 것에 대해, 가장 우선적으로 하나님의 주권을 인정할 때, 우리는 비로소 올바른 기도를 할 수 있다.

Ⅲ. 중보적인 기도

1. 중보기도

예수님만이 중보기도자다

'중보기도'는 누가 하는 기도인가? 중보자가 하는 기도가 중보기도다. 그러면 중보자는 누구인가? 예수 그리스도이시다. 그러므로 예수님께서 하시는 기도가 중보기도다.

> "누가 정죄하리요 죽으실 뿐 아니라 다시 살아나신 이는 그리스도 예수시니 그는 하나님 우편에 계신 자요 우리를 위하여 간구하시는 자시니라"(롬 8:34).

예수님께서는 십자가에서 죽으시고 부활하심으로 우리를 위해 중보 사역을 완성하셨고, 승천하신 후에는 하나님 우편에서 우리를 위해 하나님께 중보기도를 하고 계신다.

그리고 우리를 위해 기도하는 분이 또 한 분 계신다.

"이와 같이 성령도 우리의 연약함을 도우시나니 우리는 마땅히 기도할 바를 알지 못하나 오직 성령이 말할 수 없는 탄식으로 우리를 위하여 친히 간구하시느니라 마음을 살피시는 이가 성령의 생각을 아시나니 이는 성령이 하나님의 뜻대로 성도를 위하여 간구하심이니라"(롬 8:26-27).

성령님은 하나님의 영이요, 그리스도의 영이다. 그러므로 엄밀히 말해서, 예수님(성령님) 외에는 중보기도를 할 자가 없다.

앞에서 살펴본 것처럼, 예수님의 중보기도는 항상 하나님의 본심, 하나님의 본래적인 뜻이 우리의 삶에 이루어지기를 아뢰는 기도이고, 하나님의 약속의 말씀으로 기도하는 기도이며, 우리를 통해 하나님께서 영광을 받으시기 원하는 기도이다. 그리고 우리의 삶과 기도의 응답에 대해 하나님의 주권을 철저하게 인정하는 기도이다.

2. 중보적인 기도

기도는 대부분 중보적인 기도이다

그러므로 중요한 것은 우리의 기도가 예수님의 중보기도와 같아야 한다는 것이다. 그리할 때 그 기도는 중보적인 기도가 된다. 어떤 사람들은 "기도가 있고, 중보기도가 따로 있다"라고 말한다. 기도는 일반적인 수준이고, 더 높은 차원에 중보기도가 있다는 것이다. 그러면서 자칭 중보기도를 한다고 하는 자신들을 은근히 높이고 신령한 자처럼 보이게 한다. 그러나 이제까지 기도에 대해 나눈 말씀을 기준으로 표현하자면, 기도에는 자기중심적이고 자기의 필요를 구하는 초보적인 단계의 기도(정확하게는 '간구')가 있고, 그보다 훨씬 높은 단계이자 성숙한 단계인 하나님의 뜻이 이루어지기를 구하는 기도가 있다.

이런 의미에서 '기도' 속에 '중보적인 기도'가 있는 것이다. 자신의 필요를 구하는 간구를 제외한 모든 기도는 중보적인 기도다. 또한 우리가 다른 사람을 위해 기도한다면 우리는 중보적인 기도를 하는 것이다.

우리가 중보적인 기도를 한다는 것은 중보적인 기도가 우리 안에서 시작된 자의적 기도가 아니라, 예수님의 중보기도여야 한다는 것을 전제한다. 다른 사람을 위해서 하는 기도가 무조건 중보적인 기도가 되는 것은 아니다. 다른 누군가를 위해 중보적인 기도를 한다면서 그에 대해 내 중심과 내 기준으로 그를 보고 판단하여 그를 위해 필요하다고 생각되는 바를 예수님의 이름으로 기도하는 것은 중보적인 기도가 아니다. 그것은 올바른 기도가 아니다.

다른 사람을 위해 하는 중보적인 기도는 예수님께서 다른 누군가를 위해 하시는 기도가 내 안에서, 나를 통해 하나님께 올려지는 것이다.

기도의 대부분은 중보적인 기도이다. 공생애 기간에 예수님이 하신 기도, 그리고 사도들에게 가르치셨던 기도, 사도들이 성도들에게 가르친 기도가 개인을 위한 기도들이었는가? 아니다. 개인을 위한 기도보다는 대부분 다른 사람들을 위한 기도, 개인을 포함한 공동체를 위한 기도였다. 즉 중보적인 기도를 하라고 가르치신 것이었다.

예수 그리스도 안에 있는 자들은 모두 제사장이라고 했다. 우리가 거룩한 제사장이 되어 하나님의 뜻이 이루어지를 기도할 때, 우리의 기도는 모두 중보적인 기도가 된다. 제사장은 중보적인 일을 위해 세움을 받은 사람이기 때문에 그가 하는 모든 일은 중보적인 일이 되고, 그가 하는 기도 가운데 거의 대부분의 기도는 중보적인 기도가 된다. 제사장은 하나님과 사람 사이에서 자신은 물론이고 다른 사람들을 하나님과 화목하게 하는 자로서 중보적인 역할을 감당하는 자이기 때문이다.

그리고 제사장은 하나님께서 사람들에게 구원의 은혜와 사랑을 베푸셔서 그들이 하나님과 화목한 삶을 살게 되기를, 그들을 통해 하나님께서 영광 받으시기를 기도한다. 이 기도가 중보적인 기도이다.

예수님 안에서 하는 기도

예수님께서 가르쳐 주신 주기도는 개인적으로, 개인을 위해 하는 기도가 아니라, 공동체를 위한 공동체적인 기도다. 다시 말해, 주기도를 예수님이 하시면 중보기도고, 예수님 안에서 우리가 하면 중보적인 기도가 된다. 주기도는 제자들의 요청 때문에 예수님께서 즉석에서 가르쳐 주신 기도가 아니다. 주기도는 예수님께서 공생애를 사시는 동안 매 순간 하나님 아버지께 기도하셨던 기도의 축소판(요약)이다.

그러므로 우리가 예수님 안에서 주기도로 기도할 때, 우리는 하나님께 가장 모범적이고 완전한 기도를 하는 것이고, 예수님의 중보기도가 우리를 통해 하나님께 올려지는 중보적인 기도를 하는 것이다.

여러분은 중보적인 기도를 하는 자가 되기 원하는가? 하나님께서 들으시고 응답하시는 중보적인 기도자가 되기를 원하는가? 그렇다면 우리의 연약함을 도우시고 하나님의 뜻대로 우리를 위하여 간구하시는 성령으로 충만해야 한다. 성령으로 충만하다는 것은 예수 그리스도로 충만하다는 것이다. 왜냐하면 성령은 하나님의 영이요, 그리스도의 영이시기 때문이다.

성령 충만한 사람에게서는 여러 가지 은사와 능력도 나타나지만, 가장 중요한 열매는 예수님의 인격(성품)이 나타나고 예수님의 말씀대로 순종하며 살게 되는 것이다. 그는 예수님으로 충만하기 때문이다.

성령 충만한 사람에게 은사와 능력은 나타나지만 예수님의 성품이나 인격이 나타나지 않는다면, 그는 어린아이 상태에서 그냥 성령의 은사와 능력만 받은 사람이다. 은사와 능력을 받는 것은 그 사람의 됨됨이(인격)와는 별개다.

사울 왕은 왕의 직임을 수행하기 위해 은사와 능력을 받은 자였다. 그러나 다윗 왕은 하나님의 영으로, 성령으로 충만한 왕이었다. 그들의 삶의 모습과 열매, 삶의 결과가 어떠했는가?

성령으로 충만한 사람, 즉 예수님으로 충만한 사람에게서는 예수님의 인격이 성숙하게 나타나며, 예수님의 뜻에 따라 은사와 능력이 나타난다. 성령님은 결코 자기를 드러내거나 증거하지 않는다. 성령님은 오직 예수 그리스도만을 증거하고, 예수 그리스도만을 나타내며, 사람들로 하여금 예수님만이 그리스도시요 주님이심을 믿고 고백하게 한다. 그리고 예수 그리스도께 온전히 복종하도록 도우신다.

성령님은 우리를 신랑 되신 예수님의 신부로 단장시키는 분이시다

(요 14-16장 참조). 성령으로 충만하다는 것은 예수님이 그 사람의 주인으로 계셔서 그의 삶을 주도해 가신다는 의미이다. 그를 통해 예수님의 삶이 나타난다. 사람들은 그의 삶의 자리(모습)에서 예수님의 성육신적인 삶을 보게 된다. 그리고 그가 하는 일들이 중보적인 일이 되고, 그가 하는 기도가 바로 예수님께서 그를 통해 기도하시는 중보적인 기도가 된다. 예수님의 중보기도와 그가 하는 중보적인 기도가 다르지 않게 되는 것이다.

정리하면, 우리가 중보적인 기도를 하려면 성령으로 충만하여 예수 그리스도께서 내 안에 주님으로 계시게 하여 나를 통해 하나님 아버지께 기도하시게 해야 한다. 예수 그리스도의 중보기도가 나를 통해 하나님께로 올려지게 해야 한다. 이것을 그림으로 나타내면 다음과 같다.

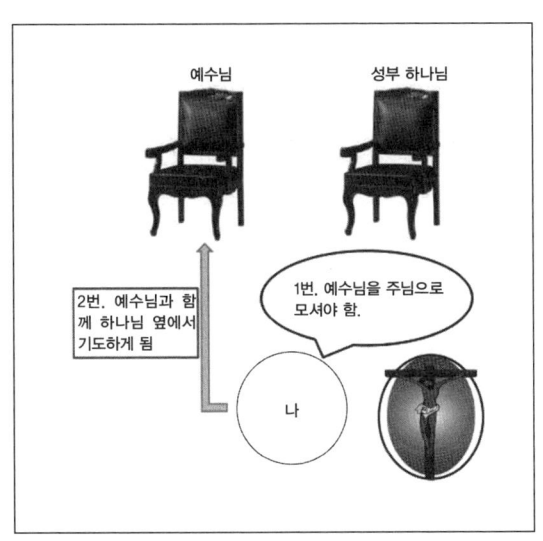

Ⅲ. 중보적인 기도 79

예수님께서는 성부 하나님의 보좌 우편에 계시고 우리를 위해 성부 하나님께 중보기도하신다. 이런 상황에서 내가 중보적인 기도를 하려면 어떻게 해야 하는가? 먼저 예수님을 나의 주님으로 모셔야 한다. 예수님을 내 안에 주님으로 모심으로 예수님께서 내 안에서 나를 통해 하나님께 기도하신다면(내가 예수님 안에서 기도한다면) 나는 어디서 기도하는 것과 같은가? 나는 땅에서 기도하는 것이지만, 실제로는 2번과 같이 성부 하나님 보좌 우편에서 예수님과 함께 바로 옆에 계시는 하나님 아버지께 기도하는 것과 같다. 이것은 기도의 내용이 예수님의 중보기도와 같다는 것이요, 공간적으로 하나님 보좌 바로 옆에서 기도하게 된다는 것이다.

"너희가 내 안에 거하고 내 말이 너희 안에 거하면 무엇이든지 원하는 대로 구하라 그리하면 이루리라"(요 15:7)는 말씀은 "너희가 나를 주인으로 모시고 나의 말에 온전히 순종하면서 무엇이든지 원하는 대로 구하면 그대로 이루어질 것이다"라는 뜻이다. 아주 놀라운 약속의 말씀이다. 구하는 것이 반드시 이루어진다는 것이다. 그렇다면 이러한 표현이 얼른 떠오르지 않는가? "하나님의 뜻은 반드시 이루어진다."

예수님을 주님으로 모시고 예수님의 말씀대로 순종하며 사는 사람이 무언가를 구한다면 그가 구하는 것은 모두 주님이 원하시는 것일 수밖에 없다. 자기 주인의 뜻대로 구하는 것일 수밖에 없다. 그러므로 주님은 그가 구하는 모든 것을 이루어 주실 것이다. 왜냐하면 그가 구하는 것이 곧 주인이신 주님이 원하시는 것이기 때문이다.

"그를 향하여 우리가 가진 바 담대함이 이것이니 그의 뜻대로 무엇을 구하면 들으심이라 우리가 무엇이든지 (그의 뜻대로) 구하는 바를 들으시는 줄을 안즉 우리가 그에게 구한 그것을 얻은 줄을 또한 아느니라"(요일 5:14-15).

또한 이것은 우리가 예수님의 이름으로 구한다는 의미이기도 하다. 예수님의 이름은 꼬리표의 기능만 하는 것이 아니다. 예수님의 이름은 첫째로, 예수님과 우리의 관계, 그리고 하나님과 우리의 관계를 말해 준다. 둘째로, 우리가 예수님의 이름으로 하나님 앞에 기도하러 나아갈 때, 하나님께 대한 우리의 마음가짐과 태도를 올바르게 한다. 셋째로, 예수님의 이름은 우리의 모든 기도 내용을 결정하는 기준이 된다. 예를 들어, 대통령의 사인이 들어가야 하는 문서라면, 대통령의 권위와 권세에 걸맞은 문서 내용이어야 하고, 그 문서를 다루는 태도도 그 권위에 합당해야 한다. 아버지의 사인이 들어가야 하는 문서라면 아버지의 권위에 맞는 내용과 태도여야 한다. 누구의 이름으로, 누구의 사인을 받아야 하는가에 따라 문서 내용, 일의 경중, 누구를 위한 것이냐 등이 결정된다.

우리는 예수님께서 우리 안에 주님으로 계셔서 예수님의 중보기도가 우리를 통해 중보적인 기도로 하나님께 드려지기를 힘써야 한다.

Ⅳ. 중보적인 삶

　우리는 앞에서 중보적인 기도에 대하여 살펴보았다. 그러면 중보적인 것은 기도만 있는가? 그렇지 않다. 제사장의 역할, 곧 중보적인 역할에는 여러 가지가 있다. 제사장이 성소에서 하나님과 사람 사이에서 행하는 모든 것(제사, 성전 관리, 율법 교육 등)이 중보적인 역할이다. 오늘날에는 교회에서 하나님께 드리는 모든 것, 예배, 봉사, 전도, 선교 등이 중보적인 역할이다. 세부적으로는 교회 공동체 안에서 직임(목사, 교사, 전도자, 기타 직분들)에 따른 역할이다. 그리고 세상 속에서 우리가 감당해야 할 여러 영역(가정, 직장, 사회 구성원으로서)에서의 역할이다.

　모든 그리스도인들은 중보적인 삶을 살라고 부르심을 받았다. 이 모든 역할 중에서도 가장 중요한 것은 무엇인가? 예배다. 예배에 실패한 자는 중보적인 역할을 올바르게 감당할 수 없다. 중보적인 역할을 맡은 자라는 가장 확실한 증거는 그가 하나님께 참되게 예배를 드리고 있는가 하는 것이다. 우리는 예수 그리스도 안에서, 예수님이 우리의 주님으로 계심으로 예수 그리스도와 함께 예배, 기도, 봉사,

전도와 선교 등의 교회 안에서의 중보적인 역할을 감당하고, 교회 밖에서도 중보적인 삶을 살아야 한다.

우리가 중보적인 역할을 잘 감당하려면 어떻게 해야 하는가? 우리의 삶이 중보적인 삶이 되려면 어떻게 해야 하는가? 거룩한 제사장이 되어 그 역할을 감당하되, 가장 완벽하게 제사장의 역할을 감당하신 예수님이 내 안에 주님으로 계셔서 나를 통해 하시게 해야 한다. 이를 위해 우리는 어떻게 해야 하는가?

1. 자기 부인, 자기 십자가

빌립보 가이사랴에서

예수님은 제자들에게 "너희는 나를 누구라 하느냐?"라고 물으신다(마 16:15). 그때 베드로가 "주는 그리스도시요 살아 계신 하나님의 아들이시니이다"라고 하자 예수님께서 "바요나 시몬아 네가 복이 있도다 이를 네게 알게 한 이는 혈육이 아니요 하늘에 계신 내 아버지시니라"(마 16:17)고 말씀하신다.

이어서 예수님은 제자들에게 자신이 예루살렘에 올라가 장로들과 대제사장들과 서기관들에게 많은 고난을 받고 죽임을 당하고 삼 일 만에 살아나야 할 것을 알리신다(마 16:21). 그러자 베드로가 예수님을 붙들고 항변하면서 말하기를 "주여 그리 마옵소서 이 일이 결코 주께 미치지 아니하리이다"(마 16:22)라고 한다. 이것은 베드로가 예수님 가슴의 옷자락을 움켜잡고 예수님을 꾸짖으면서 이렇게 말한 것이다.

"우리가 당신을 믿고 우리의 모든 것을 버리고, 배와 그물을 버리고 아버지도 버리고 당신을 따랐는데, 이제 와서 당신이 죽어 버리면 우리는 어쩌란 말입니까? 우리 꼴이 뭐가 되겠습니까? 우리는 낙동강 오리알 신세가 될 것이며, 닭 쫓던 개가 지붕 쳐다보는 꼴이 될 것입니다. 그러므로 당신은 죽으면 안 됩니다. 당신이 죽는 일은 절대로 일어나서는 안 됩니다."

이것은 제자가 스승을 위하는 순수한 마음에서 나온 것이 아니다. 베드로의 말과 태도는 자기의 앞날을 걱정한 데서 나오는 혈기였고, 분노였다. 혹 예수님을 위한 순수한 요소가 있었다고 하더라도 그것은 공생애 초기 광야에서의 마귀처럼 예수님을 유혹하여 넘어지게 하려는 것에 불과했다.

그래서 예수님께서 베드로를 꾸짖으시며 "사탄아 내 뒤로 물러가라 너는 나를 넘어지게 하는 자로다 네가 하나님의 일을 생각하지 아니하고 도리어 사람의 일을 생각하는도다"(마 16:23)라고 말씀하셨다. 베드로가 사탄이라는 것이 아니라, 사탄이 베드로의 욕구와 욕망을 충동질하여 예수님께서 가시는 길을 막아서게 한 것이다.

예수님께서는 베드로를 책망하신 후, 매우 진지하고 단호하게 베드로를 비롯해서 제자들에게 말씀하신다.

"누구든지 나를 따라오려거든 자기를 부인하고 자기 십자가를 지고 나를 따를 것이니라"(마 16:24).

베드로와 제자들은 지금 어떤 상태에 있는가? 그들은 예수님께서 택하여 부르신 순간부터 이미 구원받은 상태에 있다(가룟 유다는 예외로 한다). 그들은 예수님의 부르심에 그물과 배와 부친을 버려두고 예수님을 따라 나선 자들이다(마 4:18~22).

예수님께서는 지금 예수님을 따르고 있는 제자들에게 "나를 따라오려거든 자기를 부인하고 자기 십자가를 지고 나를 따르라"고 말씀하고 계신다.

제자들은 구원을 받았지만, 예수님을 온전히 따르고 있지는 않았다. 마태복음, 마가복음, 누가복음의 기록이 이것을 공통적으로 말해 준다. 심지어 예수님께서 십자가에 못 박혀 죽으셨다가 삼 일 만에 부활하신 직후에도 그들은 예수님을 따르지 못했다. 예수님의 부활에 대해서도 처음에는 믿지 못하다가 부활하신 예수님께서 약 40일 동안 제자들에 여러 번 나타나셔서 그들에게 말씀을 풀어 가르치시면서 확신을 주시고 갈릴리에서 그들을 만나셔서 다시 사도의 사명을 부여해 주셨을 때에야 비로소 예수님의 부활을 믿었다. 그 이전까지 그들은 '정말로 그들이 예수님과 함께하던 자들이 맞는가?'라는 의구심을 가질 만한 모습들뿐이었다.

그동안 그들은 예수님을 믿었고, 그들의 몸은 예수님과 함께 있었지만 예수님을 따르고 있었던 것이 아니었다. 그들은 자신들의 욕구, 욕망, 야망, 자신들의 꿈을 좇고 있었다. 그들은 예수님을 따르고 있다고 생각했을 것이다. 그러나 몸만 예수님과 함께 있었지, 마음과 생각은 자기들의 야망으로 가득 차 있었다. 예수님을 통해 자기들의 야망을 펼칠 날만을 손꼽아 기다린 것이다.

만약 제자들이 예수님이 죽으실 때 함께 죽었다면, 그들은 구원만 겨우 받은 자들이 되었을 것이다. 제자들은 예수님과 함께 같은 시간과 같은 공간에 있었지만, 정작 예수님을 따르고 있지는 않았다. 이것은 인간관계에서도 흔히 있는 일이다.

복음서 기자들은 제자들에게 결코 후한 점수를 주지 않는다. 특히 누가는 복음서와 사도행전에서 제자들의 모습을 오순절 성령의 임하심을 기준으로 극명하게 대조시키고 있다. 아마도 초대 교회(마태 공동체, 마가 공동체, 누가 공동체 등) 안에 오순절 이전의 제자들과 같이 구원은 받았으나, 자신들의 욕심, 육체의 욕심을 좇는 자들이나 불순한 동기(육신적인 동기)로 교회에 나온 이들이 있었을 것이다. 그래서 그들에게 경계와 권면과 깨우침을 주고자 본문의 사건을 특별히 기록했을 수도 있다.

복음서 기자들은 본인들의 기록을 읽을 사람들이 누구인지를 염두에 두고 분명하고도 일관된 주제와 목적을 가지고 예수님의 이야기를 기록하였다. 그러므로 우리는 복음서를 비롯해서 신약성경을 읽을 때, 예수님과 제자들의 상황 속(A.D.30년 전후)에 들어가 본문의 메시지를 이해해야 한다. 그러나 이보다 더 중요한 것은 기록된 신약성경을 받아 읽는 초대 성도들의 상황 속(A.D.45-90년)으로 들어가서 그들의 입장에서 메시지를 해석하고 이해해야 한다.

자기를 부인하지 않고 자기 십자가를 지지 않는 자는 그의 몸이 예수님과 같은 공간(오늘날은 교회)에 있다고 할지라도 결코 예수님을 따르는 자가 아니다. 예수님을 따르려면 반드시 자기를 부인하고 자기 십자가를 지고 예수님을 따라야 한다. 예수님을 따르지 않는 자는 예수님의 증인으로서의 삶, 즉 중보적인 삶을 살 수 없다.

우리의 삶이 모든 영역에서 전인적으로 예수님을 증거하는 증인의 삶(중보적인 삶)이 아니라면, 우리의 삶의 의미와 보람은 무엇인가? 우리가 중보적인 삶을 살지 않는다면, 우리가 중보적인 삶으로 부르심을 받지 않았다면, 우리에게는 구원의 은혜 이후의 은혜가 필요하지 않다. 속된 말로 천국행 티켓만 따면 그만이다.

하나님께서 우리를 택하시고 은혜로 믿음을 주사 예수 그리스도를 주님으로 믿게 하셔서 우리를 자녀로 삼으신 목적이 무엇인가? 예수 그리스도 안에서 거저 주시는 하나님의 은혜의 영광을 찬송하게 하고 영광의 찬송이 되게 하시기 위함이다(엡 1:6,14).

이것은 어떤 분의 표현처럼, 우리로 하여금 '송영'이 되라고 부르신 것이다. 우리가 하나님의 은혜와 영광을 찬송하는(송영을 부르는) 차원을 넘어, 우리로 '송영' 그 자체가 되라는 부르심이다. '송영이 되라는 부르심', '영광의 찬송, 그 자체가 되라는 부르심'은 증인의 삶, 중보적인 삶을 살라는 부르심이다. 이를 위해 우리는 반드시 자기를 부인하고 자기 십자가를 지고 주님을 따라야 한다.

"우리를 창세전에 예정하사 예수 그리스도 안에서 영광의 찬송이 되도록 부르신 하나님을 찬양합니다! 할렐루야!"

자기를 부인한다는 것

자기를 부인한다는 것은 무엇인가? 자기 부인은 자기의 욕구, 야망, 꿈, 권리(당연한 권리까지도), 명예, 자존심, 그리고 다른 사람에게 대접받고자 하고, 존중받고자 하는 것 등 자기와 관련된 모든 것들을 부인하고 포기하는 것이다. 이것은 어떤 이의 말처럼, 자기를 비우는 것이 아니다. 자기 부인은 자기의 모든 권리를 포기하고 하나님의 뜻에 자신을 복종시키는 것이다.

하나님의 주권과 통치(다스림), 그리고 하나님의 뜻에 자신을 복종시키는(내어 드리는) 것이다. 내 뜻이 하나님의 뜻같이 되기를 바라는 것이 아니라, 하나님의 뜻이 나를 온전히 사로잡아 그 뜻대로만 살아지기를 바라는 것이다.

자기 십자가를 진다는 것

자기 십자가를 진다는 것은 무엇인가? 흔히 말하듯이 나에게 못살게 굴고 힘들게 하는 남편이나 아내, 자식, 시어머니가 십자가인가? 아니다. 그러면 나를 힘들게 하는 다른 어떤 사람인가? 아니다. 그러면 내가 처한 힘든 상황이나 환경인가? 아니다. 그러면 우리가 감당해야 할 어떤 사명이나 져야 할 짐인가? 아니다. 그러면 무엇인가?

예수님께 십자가는 무엇이었는가? 예수님께서 십자가를 지신다는 것은 우리를 위해 대속의 죽음을 죽는 것이었다. 십자가는 죽음이다. 그러므로 우리가 십자가를 진다는 것 역시 죽는다는 것이다.

그러나 우리의 죽음은 다른 누군가를 위한 대속의 죽음이 아니다. 우리는 그 누구를 위해서도, 자기 자신을 위해서도 대속의 죽음을 죽을 수 없다. 그러면 우리가 자기의 십자가를 져야 한다는 것은 어떻게 하라는 것인가?

"누구든지 제 목숨을 구원하고자 하면 잃을 것이요 누구든지 나를 위하여 제 목숨을 잃으면 찾으리라"(마 16: 25).

마가복음에서는 "누구든지 나와 복음을 위하여 자기 목숨을 잃으면 구원하리라"(막 8:35b)고 하였다. 이 말씀은 자기 십자가를 지고 예수님을 따르라는 것이 예수님을 위하여, 복음을 위하여 자기 목숨을 바치라는 것임을 말해 준다. 나의 목숨을 예수님께 바치고(죽을 각오로, 자기는 죽었다고 여기고) 예수님을 따르라는 것이다. 각자에게 주어진 사역은 그 다음이다.

자기를 부인하고 자기 십자가를 지고 감당한 사역이 아니라면, 그것을 통해 맺어진 열매는 하나님께서 받으시는 열매가 되지 못한다.

자기를 부인한 자만이 자기 십자가를 질 수 있다

자기를 부인하지 않으면 절대로 자기 십자가를 질 수 없다. 자기를 부인하지 않고서는 예수님과 복음을 위해 죽기를 각오하고 예수님을 따를 수 없다. 그러나 안타깝게도 자기가 부인되지 않는 충성이 난무하다. 자기가 부인되지 않았다는 것은 여전히 자신을 더 소중히 여기고 있다는 것이다. 자기를 더 소중히 여기는 자가 어떻게 예수님과 복음을 위해 자기 목숨을 바칠 수 있겠는가?

이것은 결단으로 되는 것이 아니다. 오직 자기가 부인되어질 때, 자기의 욕구, 야망, 꿈, 권리(당연한 권리까지도), 명예, 자존심, 그리고 다른 사람에게 대접받고자 하고, 존중받고자 하는 것들이 완전히 포기될 때, 예수님을 위해 자기의 목숨까지도 바칠 수 있게 된다. 자기를 부인한 자만이 자기 십자가를 지고 예수님을 따를 수 있다. 그러나 자기를 부인하지 않고 십자가를 지겠다는 사람들, 십자가를 지고 있는 사람들이 많다.

예수님의 모범(1)

예수님의 모든 가르침은 예수님께서 하나님 아버지와의 관계에서 친히 모범을 보이신 것이다. 이것은 예수님의 공생애 동안에 제자들에게 모범을 보이신 말씀일 뿐만 아니라, 초대 교회 성도들에게도 본을 보이신 말씀이다. 초대 교회 성도들에게 있어서 모든 말씀은 성육신부터 십자가에서의 죽음과 부활까지의 삶으로 가장 완전한 본을 보이신 예수님께서 하신 말씀이었다. 자기를 부인하고 자기 십자가를 지고 예수님을 따르라는 말씀도 마찬가지다. 예수님의 공생애는 하나님 아버지와의 관계에서 철저히 자기를 부인하고 아버지를 따르는 삶이었다.

또한 자기가 지셔야 할 십자가를 지고 하나님 아버지를 따르는 삶이었고, 실제로 하나님 아버지께서 사랑하시는 자들을 위해 십자가를 지시고 대속의 죽음을 죽으셨다. 예수님은 자신의 모든 것을 버리시고, 아버지의 뜻에 자신을 복종시키고, 자기는 죽고 하나님이 자기 안에 살게 하심으로 하나님을 따르는 삶을 사셨다.

이것을 좀 더 자세히 살펴보면 다음과 같다.

1) 예수님의 성육신은 동화책 이야기처럼 궁궐에서 나고 자라던 왕

자가 어느 날 갑자기 다리 밑 거지가 되어 거지들과 같이 산다는 것과는 비교도 되지 않을 만큼 비천한 자리에 오신 것이다. 예수님은 하나님의 본체시고 하나님과 동일한 영광과 권위를 가지신 분이셨다(빌 2:6). 예수님은 태초에 하나님께서 만물을 창조하실 때 함께 참여하셨다. "만물이 그로 말미암아 지은 바 되었으니 지은 것이 하나도 그가 없이는 된 것이 없느니라"(요 1:3)고 기록되어 있다.

그런데 예수님께서 피조물인 인간의 몸, 그것도 죄인들의 몸을 입고 이 땅에 오신 것이다. 이것은 결코 쉬운 일이 아니다. 죄인들의 구원을 계획하고 이루기 원하시는 성부 하나님 앞에서 성자 하나님이신 예수님께서 자신을 부인하지 않으셨다면(성부의 뜻에 복종시키지 않으셨다면), 예수님은 결코 인간의 몸을 입고 이 땅에 오시지 않았을 것이다.

그러나 예수님은 하나님 아버지 앞에서 자신을 철저하게 부인하심으로 자기를 비어 종의 형체 즉, 인간의 몸을 입고 이 땅에 오신 것이다(빌 2:7).

"인간의 몸을 입고 이 땅에 오신 예수 그리스도 우리 주님을 찬양합니다!"

2) 예수님께서 자기를 부인하고 성육신을 하셨지만, 계속해서 자기를 부인하는 삶을 살지 않으셨다면 우리가 아는 공생애를 사실 수 있었을까? 자기 부인은 한 번으로 끝나는 것이 아니다. 자기 부인은 지속되어야 한다. 예수님의 공생애에서 겟세마네 동산으로 건너뛰어 가보자(광야에서의 시험은 '영적 싸움'에서 자세히 다루고자 한다).

예수님께서 지속적으로 자기를 부인하지 않으셨다면, 아마도 그곳에서 예수님은 하나님 아버지께 "나는 죽기 싫습니다. 죄 없는 내가 왜, 무엇 때문에 죄인들을 위해 죽어야 합니까? 죄는 저들이 지었지 않습니까? 아버지, 이 고통스러운 잔을 내게서 옮겨 주십시오. 저는 죽기 싫습니다"라고 하나님께 항변했을 것이다.

그리고 자신을 체포하러 온 군병들에게도 순순히 체포당하지 않으시고, 마태복음 26장 53절 말씀과 같이 아버지께 구하여 열두 군단이 더 되는 천사를 보내어 자신을 보호하게 하셨을 것이다. 만약 그랬다면 저와 여러분의 구원은 어찌 되었겠는가?

그러나 예수님은 겟세마네 동산에서도 자신을 부인하고 아버지의 뜻에 자신을 복종시키심으로 잔을 거부하지 않으셨고 순순히 체포당하셨다. 예수님의 겟세마네 기도는 하나님의 뜻을 묻고 확인하는 기도가 아니라, 이미 분명한 하나님의 뜻에 자기를 쳐서 복종시키는 기도였다.

3) 예수님께서 자신을 부인하지 않으셨다면 사람들로부터 침 뱉음과 주먹질, 조롱을 받지 않으셨을 것이다. 그리고 순순히 가시면류관을 머리에 쓰지 않으셨을 것이다. 그러나 예수님께서는 이 모든 것을 당하기 위해 이 땅에 오셨다. 그것은 자기 십자가를 지는 것을 포함하고 있다. 예수님께서는 대속의 십자가를 지기 위해 가는 과정에서 당연히 당해야만 하는 것으로 아셨기에 묵묵히 침 뱉음과 주먹질, 조롱을 당하셨다. 하나님 아버지 앞에서 자기를 부인하셨기에 기꺼이 감당하실 수 있었다.

4) 예수님께서 자신을 부인하지 않으셨다면 살점이 떨어져 나가는 채찍을 맞지 않으셨을 것이고, 십자가도 지지 않으셨을 것이며, 못 박

힘과 창에 찔림도 당하지 않으셨을 것이다. 예수님께서는 원하면 내려오실 수도 있었다. 만약 그랬다면 저와 여러분의 구원은 어찌 되었겠는가?

그러나 예수님은 하나님 아버지 앞에서 자기를 부인하셨고 아버지의 뜻에 자신을 철저하게 복종시키셨다. 그리고 저와 여러분의 구원을 위해 도살장으로 끌려가는 양과 같이 그 어떤 반항과 저항도 하지 않으시고 묵묵히 십자가를 지고 골고다 언덕을 올라가셨다. 그리고 자신을 못 박고자 하는 자들에게 기꺼이 자신의 손을 내주셨다. 그리고 우리가 구원받을 때, 하나님 아버지께서 기뻐하시는 얼굴을 눈앞에 떠올리시면서 자발적으로 십자가에 못 박혀 죽으셨다.

예수님께서는 자기를 부인하셨기에 대속의 십자가를 지실 수 있었고, 죽기까지 복종하실 수 있었다. 성육신부터 십자가에서 죽으실 때까지 모든 순간이 하나님 아버지를 따르는 삶이었다.

자기를 부인하고 자기 십자가를 지고 하나님 아버지를 따르셨던 예수님께서 오늘 우리에게 말씀하신다. "너희가 진정 나를 따르기를 원하느냐? 너희 몸만이 아니라, 너희 마음과 생각까지 나를 따르기를 원하느냐? 너희가 정말로 나를 너희의 주님으로 믿고 따르기를 원하느냐? 그렇다면 내가 아버지 앞에서 나를 부인하고 나의 십자가를 지고 아버지를 따랐던 것처럼, 너희도 자기를 부인하고 자기 십자가를 지고, 나와 복음을 위하여 너희 목숨을 바치고(잃을 각오를 하고) 나를 좇아라."

신앙생활의 첫 관문

이것은 신앙생활이 몇 년 이상 된 자들에게 요구되는 것이 아니다. 기초반, 성장반을 거쳐 제자반에 들어온 사람들에게 요구되는 것이 아니다. 이것은 예수님을 믿고 따르기로 하는 자가 먼저 통과해야 할 첫 관문이요, 신앙생활의 출발점이다. 예수님을 믿고 따르고자 하는 모든 자들에게 동일하게 요구된다.

예수님께서 베드로를 비롯해 제자들을 선택하신 것(구원하신 것)은 오늘 본문의 말씀을 염두에 둔 선택이었다. 제자들로 하여금 자기를 부인하고 자기 십자가를 지고 예수님을 따르는 자가 되도록 하기 위해 택하여 부르신 것이다. 그러므로 이렇게 말할 수 있다. 이 말씀(첫 관문)을 통과한 자만이 천국 문을 통과할 수 있다(첫 관문을 통과한 자가 지속적으로 자기 부인의 삶을 사느냐는 것은 그 다음 문제다). 첫 관문을 통과한 이후의 삶은 끊임없이 자기를 부인하고 자기 십자가를 지는 삶의 연속이다.

이 관문을 통과하지 않는 자, 즉 예수님 앞에서 한 번도 자기를 부인해 본 적이 없는 사람은 아직 예수님을 믿는 자가 아니며, 예수님을 따르는 자는 더욱 아니다. "자기를 부인하고 자기 십자가를 지고 나를 좇으라"는 말씀은 예수님을 믿고 따르고자 하는 모든 자들에게 동일하게 처음부터 요구되는 말씀이다. 그리고 예수님께서 다시 오실 때까지 힘써야 할 말씀이다.

이 말씀에 대한 경험이 한 번도 없는 자(지속적인 자기 부인은 다음 문제다)는 그의 이름이 교회 교적부에는 기록되어 있을지 모르지만, 생명책에는 없을 수 있다(예수님께 직접 택함을 받아 구원을 받은 제자들과 오순절 이후 교회 시대에 성령으로 말미암아 예수를 주라 시인함으로 구원을 받은 성도들의 경우가 똑같지 않다는 전제에서).

예수님의 모범(2)

예수님의 삶은 하나님 앞에서 철저하게 자신을 부인한 삶이었다. 그리고 예수님의 삶은 하나님 아버지와 하나 된 삶이었다. 이것은 요한복음에 아주 잘 나타나있다. 요한복음은 예수님께서 공생애 동안 하신 말씀과 일들을 가지고 예수님의 신성, 곧 예수님이 하나님이심을 증거하기 위해 기록한 복음서다.

예수님께서는 "나와 아버지는 하나이니라"(요 10:30)는 말씀을 비롯해 여러 곳에서 자신의 신성을 직접 증거하고 있다. 이는 하나님 아버지와 하나가 되어 공생애를 살았다는 것을 증거하는 것이기도 하다.

"만일 내가 내 아버지의 일을 행하지 아니하거든 나를 믿지 말려니와 내가 행하거든 나를 믿지 아니할지라도 그 일은 믿으라 그러면 너희가 아버지께서 내 안에 계시고 내가 아버지 안에 있음을 깨달아 알리라 하시니"(요 10:37-38).

"예수께서 이르시되 빌립아 내가 이렇게 오래 너희와 함께 있으되 네가 나를 알지 못하느냐 나를 본 자는 아버지를 보았거늘 어찌하여 아버지를 보이라 하느냐 내가 아버지 안에 거하고 아버지는 내 안에 계신 것을 네가 믿지 아니하느냐 내가 너희에게 이르는 말은 스스로 하는 것이 아니라 아버지께서 내 안에 계셔서 그의 일을 하시는 것이라 내가 아버지 안에 거하고 아버지께서 내 안에 계심을 믿으라 그렇지 못하겠거든 행하는 그 일로 말미암아 나를 믿으라"(요 14:9-11).

요한복음은 성육신하신 예수님께서 하나님 아버지와 하나 되어 사셨다는 것을 매우 강조하고 있다. 이는 예수님이 본래 하나님이시기도 했지만, 성육신하신 예수님께서 자기를 부인함으로 아버지와 하나가 된 것이다. 이를 통해 예수님은 하나님께서 말씀하시고자 하는 것을 말씀하셨고, 하나님께서 하시고자 하는 일을 하셨다.

하나님께서 만나기 원하시는 자를 만났고, 고치기 원하시는 자를 고쳤고, 하나님께서 구원하기 원하시는 자를 구원한 것이다. 하나님 아버지께서 예수님 안에서 계셔서 예수님을 통해 아버지의 일을 행하시고 원하시는 뜻을 이루신 것이다. 이는 동시에 예수님이 하신 일이기도 하다. 이것은 신비다.

예수님이 내 안에, 내가 예수님 안에

하나님 아버지와 하나 된 삶을 사신 예수님께서 오늘 우리에게 말씀하신다.

"나는 포도나무요 너희는 가지라 그가 내 안에, 내가 그 안에 거하면 사람이 열매를 많이 맺나니 나를 떠나서는 너희가 아무 것도 할 수 없음이라"(요 15:5).

"내가 아버지의 계명을 지켜 그의 사랑 안에 거하는 것같이 너희도 내

계명을 지키면 내 사랑 안에 거하리라"(요 15:10).

우리가 예수님과 하나 됨(연합)을 이루는 것은 영적인 차원에서만, 우리가 전혀 알 수 없는 방법으로 신비롭게 이루어지는 것이 아니다. 그것은 우리가 자기를 부인하고 예수님만을 내 안에 주님으로 계시게 하는 것을 통해서 이루어지고 경험된다. 예수님의 경우처럼(요 14:10), 예수님께서 내 안에 주님으로 계셔서 나를 통해 말씀하시고 행하시게 하는 것이다.

예수님께서 내 안에, 내가 예수님 안에 거한다는 것(요 15:5)은 그림과 같이 되는 것이다. 죄로 가득한 내가, 예수님의 보혈로 죄 용서함을 받고 예수님을 주님으로 영접한다. 그런데 이것은 예수님을 내 안에 담는 것이 아니라, 내가 예수님께 완전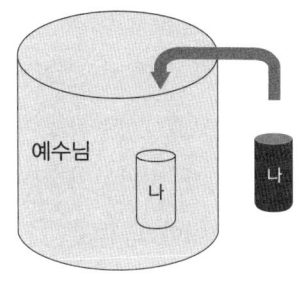히 속하게 되는 것이다. 이렇게 되어야만 예수님 안에서 하나님이 받으실 열매를 맺게 된다.

그래서 예수님께서는 우리를 위해 이렇게 기도하셨다. 그리고 지금도 이렇게 기도하고 계신다.

"아버지여, 아버지께서 내 안에, 내가 아버지 안에 있는 것같이 그들도 다 하나가 되어 우리 안에 있게 하사 세상으로 아버지께서 나를 보내신 것을 믿게 하옵소서"(요 17:21).

Ⅳ. 중보적인 삶

왜 이렇게 기도하시는가? 예수님께서 하나님 아버지와 하나 되어 사심으로 예수님을 통해 하나님이 증거되었듯이, 우리를 통해 예수님이 증거되고 하나님 아버지께서 영광을 받게 하시기 위함이다. 우리는 우리의 능력으로, 여러 기술과 방법을 터득하고 사용하여 예수님을 증거해야 하는 것이 아니다(이것들은 부수적으로 필요한 것이다).

예수님께서 우리 안에 계심으로 예수님과 하나 되어 사는 우리의 삶이 예수님을 증거한다. 이것은 자동으로 우리들을 예수님 안에서 하나 되게 하여 예수님이 하나님께서 보내신 유일한 구세주이심을 증거하게 된다(요 17:21). 우리 각자가 예수님과 연합하여 하나가 될 때, 자동으로 우리는 서로 하나를 이루게 된다.

그러므로 "성령이 하나 되게 하신 것을 힘써 지키라"(엡 4:3)는 말씀은 우리가 머리이신 예수 그리스도에게까지 자라가면 당연히 이루어지는 것이다(엡 4:15).

이와 같은 일은 어떻게 이루어지는가? 자기를 부인하고자 다짐하고 애쓰는 것을 통해서인가? 아니다.

"그날(진리의 영이 오는 날)에는 내가 아버지 안에, 너희가 내 안에, 내가 너희 안에 있는 것을 너희가 알리라"(요 14:20).

하나님의 영이요, 그리스도의 영이신 성령께서 우리 안에 오셔서 충만하게 거하실 때, 우리가 삼위일체 하나님과 하나가 되어(연합) 살아가는 삶이 펼쳐진다. 그러므로 날마다 예수 그리스도를 나의 주님으로 모시는 기도를 하고, 하나님 아버지의 다스리심을 구하며 성령 충만함을 구해야 한다.

자기를 부인하고 자기 십자가를 지고 예수님을 따르는 자가 아니면, 그는 중보적인 역할을 감당할 수 없다. 그는 예배, 기도, 전도, 선교, 봉사, 구제 등과 예배 중에 기도 인도자, 예배 인도자, 설교자, 찬양팀, 찬양대(성가대) 등의 직분은 맡을 수 있을지 몰라도, 하나님께서 받으시고 역사하시는 중보적인 역할은 할 수 없다. 자기를 부인하고 자기 십자가를 지고 예수님을 따르는 자, 예수님이 그 안에 있고 그가 예수님 안에 있는 자만이 참된 중보적인 역할을 할 수 있다.

자기를 부인하려면

자기 부인은 어떻게 하는가? 나의 욕구, 야망, 꿈, 자기의 권리(당연한 권리까지도), 명예, 자존심, 그리고 다른 사람에게 대접을 받고자 하고, 존중받고자 하는 것 등 나와 관련된 모든 것들을 부인하고 포기한다고 선언하고 결단하면 되는가? 아니다. 선언과 결단으로만 된다면 얼마나 좋겠는가. 자기 부인은 결코 우리의 결단과 의지로 되는 것이 아니다.

자기를 부인하는 것은 우리가 처음 예수님을 만났을 때, 예수님의 십자가를 체험했을 때의 고백과 같다. 우리를 찾아오신 예수님과 그분의 십자가 앞에서 비로소 내가 죄인임을 깨닫고 회개하면서 예수님만을 붙잡고 믿음을 고백하며 주님의 다스림을 구하고 헌신했던 체험과 같다.

다음의 내용은 필자가 처음 십자가를 체험했을 때의 고백과 그 체험이 반복되면서 깊어진 고백들을 정리한 것이다.

예수님께서 나를 대신하여 못 박히신 십자가 밑, 그 자리에서 나는 나 자신을 혐오하고 증오했습니다. 나는 나의 죄로 인해 온통 더럽고 찢긴 누더기를 입은 자와 같았고, 십자가에 못 박혀 죽으신 예수님만이 그런 나의 유일한 구원자임이 뼛속 깊이, 영혼 깊숙이 새겨지는 순간이었습니다. 나는 없어지고 오직 예수님만 있기를 간절히 원했던 순간이었습니다. 나는 그곳에서 예수님의 십자가 끝이라도 만지면 구원받을 것같이 느꼈습니다. 그래서 나는 마치 부자가 나사로의 손끝으로 물 한 방울을 적셔 입에 떨어뜨려 주기를 원했던 것처럼, 아니 그보다 더 간절히, 십자가에서 흘리신 예수님의 피 한 방울만 내게 적셔지면 나의 죄가 씻겨지고 구원받을 것 같은 심정으로 엎드려 회개하며 매달렸습니다.
그리고 예수님 앞에서 회개의 눈물과 동시에 죄 사함의 기쁨, 구원의 감격으로 뜨거운 눈물을 흘렸으며, 이제는 나의 모든 삶, 나의 생명도 주님의 것임을 고백하였습니다. 또한 하루, 아니 한 시간만이라도 진정으로 하나님을 기쁘게, 영광스럽게 하는 삶을 살고 싶다고 고백하였습니다. 높은 지위, 권세, 부요함이 아니라, 하나님의 집에 문지기로만 써 주셔도 황송하다고 고백하였습니다. 그리고 이제 나도 예수님처럼 다른 사람들의 발을 씻기고 주님의 발자취를 따르며 예수님만이 주님이심을 증거하며 살겠다고 고백하였습니다.

이와 같은 것이 자기 부인이며, 자기 십자가를 지고 예수님을 좇는 것이다. 이런 자기 부인은 날마다, 지속적으로 이루어져야 한다. 그러기 위해서 우리는 날마다 예수님의 십자가 앞에, 나를 대신하여 십자가를 지신 예수님 앞에 서야 한다. 왜냐하면 예수님의 십자가 앞이 아니고서는, 십자가를 지신 예수님 앞이 아니고서는 결코 자기 부인이 되지 않기 때문이다.

예수님의 십자가만이 우리로 하여금 자기를 부인하게 할 수 있다. 예수님의 십자가를 통해 매우 강력하게 우리의 심령을 파고드는 하나님의 공의와 사랑만이 우리로 하여금 자기를 부인하게 할 수 있다.

그러므로 우리는 하나님께 우리를 예수님의 십자가로 이끌어 달라고, 그 앞에 서게 해 달라고, 그 밑에서 나 같은 죄인을 살리신 하나님의 은혜와 사랑을 더욱 깊이 깨닫게 해 달라고, 그 사랑이 나를 온전히 사로잡게 해 달라고 기도해야 한다.

하나님께서 우리를 예수님의 십자가로 이끄시면 우리는 그 앞에서 자동으로 자기를 부인하게 된다. 믿음의 주요 또 온전하게 하시는 이인 예수, 나를 대신하여 십자가를 지신 예수를 바라보게 될 때, 자기를 부인하게 된다. 자기 부인은 십자가 밑에, 예수님 앞에 나아가는 자에게 성령님이 역사할 때 이루어진다.

이와 같이 자기 부인은 은혜로 되는 것이다. 자기 십자가를 지는 것도 은혜로 된다. 그러므로 우리는 무엇보다도 이 은혜를 베풀어 달라고 기도하며 십자가 밑으로, 예수님 앞으로 나아가야 한다.

여러분은 중보적인 기도를 하는 자가 되기 원하는가? 중보자는 오직 한 분 예수 그리스도뿐이시다. 그러므로 하나님 보좌 우편에서 믿는 자들을 위해 중보기도를 하고 계시는 예수 그리스도만이 유일한 중보기도자이시다. 그러므로 우리가 중보적인 기도를 하는 자가 되는 유일한 길은 내 자아를 철저히 부인하고, 나의 정과 욕심을 십자가에 못 박고, 오직 예수 그리스도만이 내 안에 주님이자 내 모든 것의 주권자가 되시도록 하는 것이다.

자기를 부인하지 않은 자의 기도, 예수 그리스도께서 주인으로 계시지 않는 자의 기도는 기도가 아니고, 중보적인 기도는 더더욱 아니다. 자기를 부인하지 않은 자의 기도는 예수님 중심, 하나님 중심의 기도가 아니라, 자기중심의 기도일 뿐이다.

그러한 자는 다른 사람을 위한 기도도 자기중심적으로 하게 된다. 기도의 대상과 내용이 중보적인 기도의 유무를 결정하는 것이 아니다. 중보적인 기도는 내 안에 주님으로 계시는 예수님의 중보기도가 나를 통해 하나님 아버지께 올려지는 것이기 때문이다.

자기를 부인하고 자기 십자가를 지고 예수님을 따르는 자, 예수님이 내 안에 있고 내가 예수님 안에 있어 하나 됨을 이루어 중보적인 역할을 감당하는 자의 모습은 어떠한가?

"그날(진리의 영이 오는 날)에는 내가 아버지 안에, 너희가 내 안에, 내

가 너희 안에 있는 것을 너희가 알리라"(요 14:20)고 하신 말씀과 같이 삼위일체 하나님께서 그 사람 안에 주님으로 계시면서 그를 다스리신다. 그리고 하나님의 필요와 뜻을 따라 하나님의 능력과 은사들이 그 사람을 통해 흘러 나가게 된다.

그러므로 내가 지금 어떤 은사를 받았느냐가 어떤 경우에는 평생을 결정하기도 하지만, 성경적으로 보면 내가 만나는 사람에 따라, 맞닥뜨린 상황에 따라, 내가 보냄을 받아 가는 곳에 따라 내 안에 계신 하나님의 뜻대로 나를 통해 여러 은사와 능력들이 나타나는 것이다.

이것은 자기를 부인하고 자기 십자가를 지고 예수님을 따르는 자에게만 가능한 삶이다. 이런 자의 삶이 바로 거룩한 제사장으로서 중보적인 삶이다. 이들이 하는 기도가 바로 중보적인 기도다. 하나님께서는 이들의 기도에 응답하심으로 이 땅에 하나님의 뜻을 이루고 계신다.

하나님께서는 이렇게 중보적인 기도를 하는 사람의 수를 정하신 적이 없으시다. 몇 명이 중보적인 기도를 해야 한다는 식의 논리가 없다. 그러므로 우리는 사람의 수가 아니라, 나부터 중보적인 삶을 살고, 중보적인 기도를 하는 자가 되기를 힘써야 한다. 이런 맥락에서 기도 응답은 기도의 물리적인 분량이 차야 하는 것이 아니라, 예수님이 내 안에, 내가 예수님 안에 있는 정도에 따라 결정된다. 그 한 사람의 여부가 하나님의 나라가 임하고 하나님의 뜻이 땅에서도 이루어지는 것을 결정한다.

2. 깨끗한 그릇

깨끗한 그릇을 쓰신다

"큰 집에는 금 그릇과 은 그릇뿐 아니라 나무 그릇과 질그릇도 있어 귀하게 쓰는 것도 있고 천하게 쓰는 것도 있나니 그러므로 누구든지 이런 것에서 자기를 깨끗하게 하면 귀히 쓰는 그릇이 되어 거룩하고 주인의 쓰심에 합당하며 모든 선한 일에 준비함이 되리라"(딤후 2:20-21).

우리가 예수 그리스도 안에서 중보적인 삶을 살고, 중보적인 역할을 감당하기 위해서는 자기를 부인하고 자기 십자가를 지고 예수님을 좇아야 한다. 이것은 예수님이 내 안에, 내가 예수님 안에 계심으로 예수님과 하나 됨을 이루는 삶으로 이어진다.

이와 같이 온전한 연합, 하나 됨을 이룰 때, 우리는 비로소 하나님께서 원하시는 중보적인 역할을 하고, 중보적인 기도를 할 수 있다. 그리고 이것은 이번 장의 제목과 같이 깨끗한 그릇이 되어야 한다는 것으로 이어진다.

거룩한 삶은 개인적으로 거룩하게 사는 것만이 아니라, 공동체 안의 인간관계에서 거룩함과 경건함을 나타내는 것이다. 특별히 작지만 가장 중요한 공동체인 가족들과의 관계에서 거룩함을 나타내야 한다. 이것에 대해 앞에서 각 관계들에 대한 점수를 매겨보도록 했다. 그 점수 중에서 평균이 아니라, 가장 낮은 점수가 나의 거룩(경건)함의 점수다. 그것이 하나님 보시기에 나의 진짜 모습이기 때문이다. 이번 장의 깨끗한 그릇에 대한 내용은 거룩한 삶의 연장선에 있다.

오늘 본문의 핵심은 무엇인가? 하나님께서는 "깨끗한 그릇을 귀하게 쓰신다"는 것이다. 일반 가정에서는 금 그릇과 은 그릇은 귀하게 쓰고, 나무 그릇과 질그릇은 천하게 쓴다. 이와 같이 하나님께서도 귀하게 쓰시거나 천하게 쓰시는 그릇이 있는데, 하나님께서는 재질에 따라 그렇게 하시지 않고, 깨끗한 그릇이냐를 기준으로 삼아 구분하신다.

지금 사도 바울은 사람들 중에 금이나 은 그릇 같은 사람이 있고, 나무와 질그릇 같은 사람이 있다고 말하는 것이 아니다. 우리 모두는 질그릇이다.

"우리가 이 보배를 질그릇에 가졌으니 이는 심히 큰 능력은 하나님께 있고 우리에게 있지 아니함을 알게 하려 함이라"(고후 4:7).

그런데 그 질그릇이 금이나 은 그릇처럼 귀하게 쓰임 받으려면 깨끗한 그릇이 되어야 한다. 그리고 귀하고 깨끗한 그릇이 되는 첫걸음은 질그릇에 보배를 가져야(담아야) 한다. 보배는 누구인가? 예수 그리스도다. 예수 그리스도께서 질그릇인 우리 안에, 우리가 예수님 안에 있을 때 비로소 우리는 보배롭고 귀한 자가 된다.

높은 학문과 많은 지식, 높은 지위와 능력, 그리고 많은 물질을 가진 자일지라도 그가 하나님 보시기에 깨끗하지 않으면 하나님께 귀하게 쓰임 받지 못한다. 그는 자기가 가진 것으로 수많은 일들을 할 수 있다. 자타가 칭송하는 업적을 이룰 수도 있다.

그러나 그가 깨끗한 그릇이 아니기에 그가 이룬 업적을 통해서는 하나님께서 영광을 받지 않으신다. 그가 하나님께 칭찬 받을 만한 것은 없다. 이것은 불신자인 세계적인 부자가 아프리카의 수많은 사람들을 살린 것과 같다. 이런 일은 하나님께서 영혼 구원과 상관없는 일반적인 은혜 차원에서 하게 하시는 일이다.

반대로 지식이 적고, 지위도 낮고, 능력도 별로 없고, 부요하지 못하지만 그가 깨끗한 그릇이면 하나님께서는 하나님의 영광을 위해 그를 귀하게 쓰신다.

중요하고도 기쁜 사실은 하나님께서는 하나님의 뜻을 이루시기 위해 쓰실 그릇을 주권적인 은혜로 선택하시고 택하신 그릇을 귀하게 쓰시기 위해 깨끗하게 하신다는 것이다. 이것은 아담 이래, 하나님께서 택하여 쓰신 모든 성경의 위인들이 증명한다. 하나님께서는 가능성이나 조건 등을 보시고 사람을 택하시는 것이 아니다. 어떤 사람들은 이렇게 말하고 가르치는데, 이는 불경죄를 짓는 것이다.

하나님께서는 오히려 가장 약한 자, 하나님을 떠나 있는 자, 보잘것없이 약한 나라와 약한 민족을 택하셔서 그들을 주도적으로 이끌어 가시며 그들을 빚으셨다. 그래서 그들을 믿음의 조상으로, 구속의 언약을 성취해 가는 가문으로, 하나님의 거룩한 백성, 거룩한 나라, 제사장의 나라로 세워가셨다. 그리고 그들을 통해 하나님이 하나님이심을, 하나님의 주권과 영광을 나타내 보이셨다. "하나님을 찬양합니다!"

오늘날 우리는 노아, 아브라함, 이삭, 야곱, 요셉, 다윗에 대해 참으로 많은 말들을 하며 그들을 칭송하고 그들의 모범을 이야기한다.

그러나 그들이 오늘날 우리에게 와서 간증한다면 아마도 자신들에 대해서는 거의 할 말이 없고, 오히려 하나님만을 자랑하고 하나님께서 자기들에게 하신 일들을 칭송할 것이다. 그리고 그들의 위대함과 강점을 말하고 있는 우리에게 이렇게 말할 것이다.

"내가 하나님께 선택받을 만한 무언가를 가지고 있었기 때문에 하나님께서 나를 선택하셨다고 말하지 마십시오. 내가 위대한 사람이 될 가능성이나 장점, 강점을 가지고 있었기에 선택 받았고, 그렇게 되었다고 말하지 마십시오. 나에게서 그것들을 찾아내려고 하지 마십시오. 나의 나 된 것은 하나님의 전적인 은혜로 된 것입니다. 내가 하나님을 믿은 것도, 하나님께 순종할 수 있었던 것도 모두 그분의 은혜였습니다. 하나님께 과분한 은혜를 받은 자로서 어찌 그 정도도 순종하지 않을 수 있겠습니까? 나의 순종은 한없는 은혜를 받은 저에게는 선택의 여지가 없는 것이었습니다. 그냥 순종할 수밖에 없었습니다."

하나님께서는 깨끗한 그릇을 귀하게 쓰신다. 우리는 예수 그리스도로 말미암아 제사장이 된 자들이다. 우리가 제사장으로서 중보적인 역할과 중보적인 기도를 하려면 깨끗한 그릇이 되어야만 한다. 깨끗한 그릇이 되는 것은 죄를 회개하고 죄를 짓지 않는 차원에 머무는 것이 아니다. 예수님만이 내 안에 주님으로 계심으로 예수님과 온전한 연합을 이룸(하나 됨)으로 우리가 깨끗한 그릇이 된다는 차원이다. 결론부터 말씀드리면, 깨끗한 그릇과 같이 된 자는 예수님과 같이 반응하며 살아간다.

나에게 날아오는 화살들

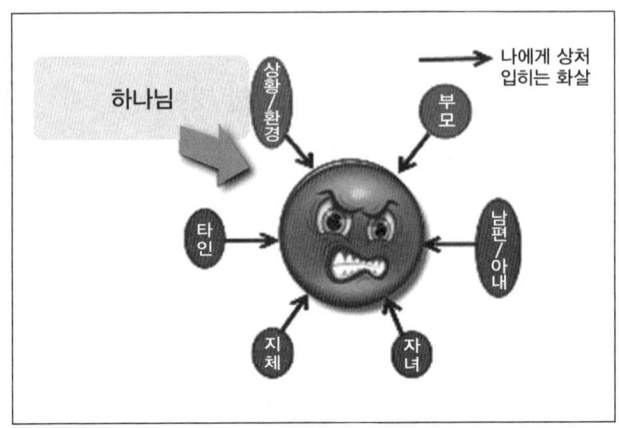

그림에서 가운데 원은 '나'를 의미한다. 나를 중심으로 나와 관계된 부모, 남편/아내, 자녀들, 지체들, 다른 사람들, 그리고 내가 처한 환경과 상황들이 있다. 우리는 살아가면서 이러한 관계들 속에서 그들로부터 날아오는 수많은 화살들을 맞는다.

그 화살들은 나에게 날아와 나에게 상처를 입힌다. 화살들은 여러 형태로 우리에게 날아오는데, 나를 미워하는 마음, 나를 부정적으로 여기는 생각, 나쁜 감정으로 날아온다. 더 나아가 그것들이 말과 행동으로 나에게 날아온다.

이와 같은 것들이 부모로부터, 남편이나 아내로부터, 자녀들로부터, 그리고 교회 안의 지체들로부터 날아와 나를 힘들게 하고 마음을 상하게 하고 괴롭게 한다. 또한 교회와 가정 밖에서 관계된 사람들(직장, 이웃, 모임 등)로부터 화살이 날아온다. 그리고 내가 처한 상황과 환경이 나로 하여금 부정적인 생각과 마음을 갖게 하고 불평과 원망을 하게 한다.

'너는 이것밖에 안 되는 놈이다', '네가 무엇을 할 수 있겠어?', '너의 능력으로는 이 상황과 환경을 벗어날 수 없을 거야', '이렇게 사느니 차라리……' 등의 소리가 들려온다. 내가 처한 상황과 환경은 나로 하여금 열등감을 갖고 낙심하고 절망하게 만들기도 한다.

이런 경우에 우리는 하나님 앞에 나와서 다른 사람들이 자신을 얼마나 힘들게 하는지, 그리고 그것 때문에 자신이 얼마나 힘들고 아픈지를 알아 달라고 간구한다. 그러면서 도와달라고, 어떻게 좀 해달라고, 좀 더 나은 환경을 달라고 간구한다.

이것은 결코 잘못된 것이 아니다. 우리 하나님 아버지는 우리의 아픔과 고통을 외면하시는 분이 아니다. 엄격한 아버지처럼 우리를 유약하다고 꾸짖기만 하시는 분이 아니다. 우리 하나님 아버지는 우리의 모든 것을 아시고 보듬어 안으시고 우리를 위로하고 고치시며 복 주시기를 원하시는 분이다. 아빠 아버지이시다.

그러나 우리가 항상 이렇다면(우리가 받은 상처만을 붙들고 있다면) 우리는 젖을 먹는 자요, 육신에 속한 자에 머물러 있는 것이다(고전 3:2-3). 이런 사람은 구원은 받았지만, 그의 몸만 예수님께 속해 있다. 그는 아직 자기를 부인하지 못한 자요, 자기 십자가를 지고 예수님을 따르고 있는 자가 아니다. 아직 자기가 부인되지 않았기에 자기가 받은 상처를 부여잡고 하나님께 하소연만 하고 있다.

나의 반응

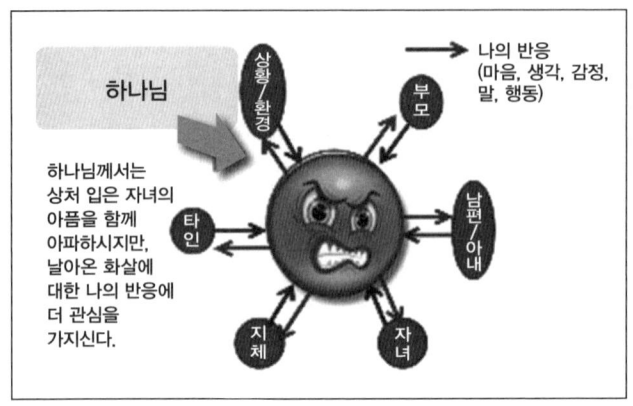

그림을 살펴보면 우리는 화살을 맞는 것으로 끝나지 않는다. 외부로부터 날아온 화살을 맞은 '나'도 나에게 화살을 쏘아 대는 사람들과 상황과 환경에 반응을 한다. 나도 그들에게 화살을 쏘는 것이다. 마음과 생각으로, 감정으로, 그리고 말과 행동으로도 반응하며 화살을 쏘게 된다. 이때 나의 반응은 마음이 상하고 자존심이 상한 자(상처 받은 자)의 반응으로서, 상대방에 대한 시기와 미움, 상황과 환경에 대해 원망과 불평, 불만 등이 섞여 있는 반응이다. 이것은 죄악된 반응이다.

하나님께서는 자녀인 우리가 당하는 아픔과 고난과 어려움을 보시고 아신다. 그리고 우리와 함께 아파하시고 우리를 위로하시고 복 주시기를 원하신다. 그러나 하나님께서는 우리가 화살을 맞고 그 상처 때문에 울고 아파하는 모습보다, 우리에게 화살을 쏘는 사람들과 우리가 처한 환경과 상황 속에서 우리가 어떻게 반응하고 있는지를 더 크고 중요하게 보신다.

　우리의 반응은 단지 상대방에게만 반응한 것이 아니다. 우리가 부모, 남편/아내, 자녀들에게 반응한 것과 우리가 처한 상황과 환경 속에서 반응한 것은 궁극적으로 하나님께 반응한 것이다. 하나님께서 우리를 그와 같은 인간관계와 환경 가운데 두셨기 때문이다. 그러므로 우리가 반응한 정도가 우리 믿음의 정도이며 거룩한 삶과 경건한 삶의 정도이다.

　여러분은 여러분에게 화살을 쏘아 대는 사람들에게 어떻게 반응하고 있는가? 여러분은 여러분이 처한 환경과 상황에서 어떻게 반응하고 있는가? 하나님을 믿는 믿음으로 산다는 것은 하나님의 주권과 섭리하심을 인정하는 것이다. 모든 것을 합력하여 선을 이루신다는 것을 믿는 것이다(롬 8:28).

　그러므로 우리가 믿음으로 산다는 것은 우리에게 주어진 상황과 환경, 인간관계와 그 속에서 일어나는 모든 일이 하나님의 주권과 섭리 가운데서 이루어지고 있음을 인정하는 것이다. 바로 범사에 하나님과 그분의 주권을 인정하는 것이다.

　이 믿음을 가진 자는 모든 일에 대해 하나님 앞에서 믿음으로 반응하며 산다. 예수 그리스도로 말미암아 하나님의 자녀 된 자들의 삶은 자기에게 주어진 것을 가지고 개척자의 삶을 산다고 하기보다, 모든 일을 그의 뜻의 결정대로 일하시는 하나님께(엡 1:11) 믿음으로 반응하며 부르심을 따라 사는 것이다.

출애굽 이후, 광야에서 이스라엘 백성들이 구름과 바다에서 세례를 받고, 신령한 음식을 먹고, 신령한 반석(곧 그리스도)으로부터 신령한 음료를 마셨음에도(고전 10:1-5) 불구하고 멸망당한 이유가 무엇인가? 그들의 다수를 하나님이 기뻐하지 아니하셨기 때문이다(5절). 왜 기뻐하지 아니하셨는가? 그들은 우상 숭배와 음행, 그리고 하나님을 시험하다가 멸망하였다(7-9절). 또 그들이 멸망당한 큰 이유는 원망(불평)이었다(10절). 이스라엘 백성들은 광야에서 그들을 구원하시고 인도하시는 하나님께서 이끄신 상황과 환경에서 우상숭배와 음행, 하나님을 시험함, 그리고 원망과 불평으로 반응했다. 그 결과 광야에서 다 멸망을 당한 것이다.

광야에서 이스라엘 백성들을 인도하셨던 하나님은 어떤 하나님이셨는가? 자기 백성이 감당할 시험만 당하게 하시는 하나님이셨다. 하나님은 미쁘셔서 자기 백성이 감당하지 못할 시험을 당하게 하지 않으시고, 시험 당할 즈음에 또한 피할 길을 내사 능히 감당하게 하시는 분이셨다(13절).

이스라엘 백성들은 광야에서 여러 가지 시험을 당했다. 홍해를 건너야만 살 수 있었고, 마실 물과 먹을 양식이 있어야 했고, 난공불락의 여리고 성을 지나 여리고의 일곱 족속을 몰아내야 했다. 그러나 그들은 이 모든 시험을 능히 감당할 수 있었다. 그들에게 이것을 이겨낼 능력이 있었다는 것이 아니라, 하나님께서 그들과 함께 계셔서 능히 감당하게 하심으로 감당할 수 있었다.

하나님께서는 광야의 여정 속에 모든 계획, 즉 코스, 일정, 식단, 전쟁을 위한 전술, 전략 등을 이미 가지고 계셨다(가나안 정탐 사건을 기준으로 전, 후로 나눠 광야 생활에 대한 세부적인 설명이 필요하지만 여기서는 생략하기로 한다).

그러므로 그들은 시험의 상황이 벌어질 때마다 믿음으로 기다려야 했다. 믿음으로, 감사함으로 자기들의 필요를 구해야 했다. 믿음으로 구한다는 것은 하나님께서 예비하신 것을 믿고 원하시면 지금, 또는 하나님의 때에 하나님의 방법대로 주시기를 구하고 기다리는 것이다.

"아무것도 염려하지 말고 다만 모든 일에 기도와 간구로, 너희 구할 것을 감사함으로 하나님께 아뢰라"(빌 4:6).

그런데 이스라엘 백성들은 하나님을 믿지 못했다. 그래서 당연히 원망하고 불평하면서 하나님께 구한 것이다. 하나님께서는 그들에게 이미 모세를 통해 그들을 애굽에서 구원해 내서 젖과 꿀이 흐르는 가나안 땅으로 인도해 가겠다고 분명하게 말씀하셨다. 그리고 그들로 홍해를 건너게 하고 광야로 이끄셨다. 그렇다면 그들은 하나님과 하나님께서 하신 약속을 믿어야 했다. 비록 지금 광야에 왔지만 '하나님께서 어련히 알아서 인도하지 않으시겠는가'라고 믿어야 했다. 그리고 자기들에게 닥친 상황들에 대해 하나님을 믿는 믿음으로 반응해야 했다.

그러나 그들의 반응은 어떠했는가? 원망과 불평이었다. 누구에 대한 반응이었는가? 모세와 아론에게 보인 반응이었는가? 환경과 상황, 대적자들에 대해 보인 반응이었는가? 그렇기도 하지만, 결과적으로는 하나님께 반응한 것이다. 이스라엘 백성들의 문제는 하나님께 원망과 불평의 반응을 한 것만이 아니었다. 우상 숭배와 음행과 하나님을 시험한 것도 문제였다. 이것은 별개가 아니다. 하나님의 주권과 섭리를 믿지 못하는 자는 모든 관계와 상황에 대해 원망과 불평을 할 수밖에 없다. 그러기에 그의 삶에는 여러 죄들(우상, 부도덕함 등)이 자리를 잡게 된다.

하나님께서는 그들을(출애굽 1세대) 광야에서 멸망시키실 수밖에 없었다. 그들을 그 상태로 가나안 땅에 데리고 들어갈 수는 없었다. 이는 그들이 구원을 받지 못했다는 것이 아니라, 하나님의 거룩한 나라, 제사장의 나라로 쓰임 받는 근처에도 가 보지 못했다는 것이다. 대신에, 하나님께서는 그들의 자녀들을 가나안 정탐 이후, 약 40년 동안 훈련시켜서 가나안 땅으로 인도하신다. 광야 40년은 부모 세대(출애굽 1세대)에게는 징계를 받는 기간이었고, 자녀 세대(출애굽 2세대)에게는 훈련과 연단의 시간이었다.

하나님께서는 이스라엘에 대한 모든 것을 주관하시고 섭리하셨다. 그러므로 이스라엘은 하나님을 믿는 믿음으로 모든 사람, 모든 상황에 대해 믿음으로 반응해야 했다. 하나님께서는 그들이 당한 일보다, 그들의 반응을 보신 것이다.

이것은 오늘날 우리에게도 동일하다. 우리를 예수 그리스도와 십자가에서의 죽으심을 통해 자녀로 삼으신 하나님 아버지께서 우리를 '오늘'에 두셨다. 우리의 오늘은 영원한 하나님 나라로 인도되는 과정 속의 오늘이요, 하나님의 뜻이 이루어지는 과정 속의 오늘이다. 우리 하나님 아버지께서는 우리가 아버지의 나라로 들어갈 때까지 우리의 목자로서 우리를 인도하시고 자기 이름을 위하여 의의 길로 인도하신다(시 23:1-3).

우리 하나님 아버지께서는 결코 우리를 버리지 아니하시고 우리를 떠나지 아니하신다(히 13:5). 또한 우리를 위해 예비해 두신 것을 우리가 믿음으로 구하며 아버지의 뜻대로 되기를 구할 때, 하나님의 위대하신 지혜와 능력으로 우리에게 응답하신다(요일 5:14-15).

우리가 우리와 관계된 사람들, 상황, 환경에 대해서나 그들이 쏘아 대는 화살(우리가 잘못한 것에 대한 화살이 아니라)에 대해 하나님의 주권과 섭리를 인정하지 못할 때, 우리는 상처 받은 자의 반응을 나타내는 것이다. 그리고 우리도 동일하게 그들에게 화살을 쏘아 댄다.

이러한 우리의 반응은 상대방에게 상처를 줄 뿐만 아니라, 광야에서의 이스라엘(출애굽 1세대)처럼 우리를 망하게 한다. 다시 말해서 구원만 받았을 뿐, 제사장으로서 중보적인 역할 근처에도 가 보지 못한 사람이 된다.

하나님께서 원하시는 반응

하나님께서는 모든 인간관계, 모든 상황과 환경 가운데서 우리가 어떻게 반응하는가를 보신다. 그리고 동시에 하나님께서는 우리에게 기대하시는 반응이 있다. 필자는 이것을 '예수님의 반응'이라고 말할 것이다. 하나님께서는 우리를 예수 그리스도 안에서 택하시고 부르셔서 자녀 삼으셨다. 그리고 우리를 '오늘'에 두시고, 오늘 우리와 관계된 사람들과 우리가 처한 환경과 상황 속에 있는 우리에게 이렇게 물으신다.

"너는 내 아들 예수처럼 반응할 수 없니?"
"너는 내 아들 예수처럼 그들을 대할 수 없니?"

이것은 아주 정상적인 기대이고 정당한 요구이다. 예수님을 믿는 것은 예수님을 통해 나의 삶을 사는 것이 아니라, 예수님께서 나를 통해 예수님의 삶을 사시는 것이기 때문이다. 이것이 바로 의와 진리의 거룩함으로 지으심을 받은 새 사람을 입고 사는 삶(엡 4:24)이며 복음에 합당하게 사는 삶이요, 복음을 살아내는 삶이다.

이와 같은 삶을 통해 예수 그리스도 안에서 하나님 아버지의 뜻이 온전히 이루어진다. 중보적인 삶, 중보적인 역할은 예수님처럼 반응하는 삶을 통해 완전하게 행해진다.

예수님의 반응

우리의 마음과 생각과 감정, 말과 행동으로 우리가 예수님처럼 반응하려면 어떻게 해야 하는가?

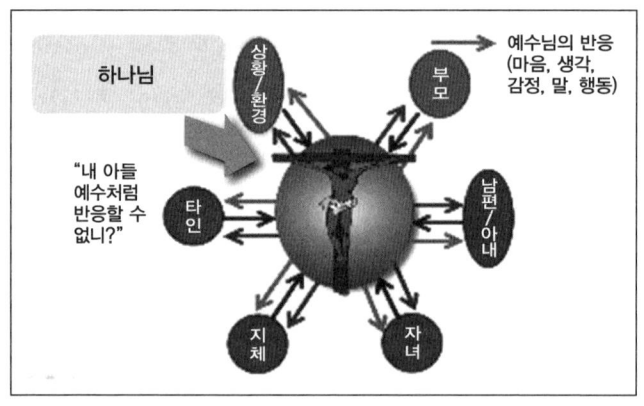

그림에서와 같이 내 안에 '나'가 아니라, 나를 사랑하사 나를 대신해서 십자가에 못 박혀 죽으신 예수 그리스도, 삼 일 만에 다시 살아나사 "임금과 구주"(행 5:31)가 되신 예수 그리스도께서 내 중심에 주님으로 계셔야 한다. 이 외에는 다른 방법이 없다.

왜 그런가? 예수님께서 성육신부터 십자가에서 못 박혀 죽으실 때까지 모든 사람에 대해, 모든 순간, 모든 상황 속에서 하나님이 원하시는 완벽한 반응을 하셨기 때문이다. 완벽하게 반응하신 예수님께서 내 안에 주님으로 계셔야만 나를 통해 하나님께서 원하시는 반응이 이루어진다.

예수님께서 이와 같이 반응하실 수 있었던 비결 중 하나는, 자기를 보내신 아버지의 뜻을 분명히 아셨고, 그 뜻을 이루실 아버지를 믿으셨기 때문이다. 또 하나는, 예수님께서 하나님 아버지와 하나가 되셨기 때문이다. 하나님 아버지께서 예수님 안에서 아버지의 일을 행하셨기 때문에 예수님을 통해 나타나는 반응은 모두 아버지께서 반응하신 것이었고, 그것은 당연히 하나님의 마음에 쏙 드는 반응일 수밖에 없다.

예수님의 모범

예수님의 반응은 어떠했는가? 예수님을 향해 날아온 화살들은 매우 엄청난 화살들이었다. 하나님이신 예수님, 죄가 없으신 예수님을 죄인들이 함부로 대했다는 의미에서 엄청난 것이었다. 그리고 만일 예수님을 그냥 한 인간으로 여겼다고 하더라도 그것은 엄청난 화살이었다. 그 중에서 몇 가지를 살펴본다.

1) 겟세마네 동산에서 체포당하실 때, 예수님은 어떠한 대항도 하지 않으셨다. 예수님께서는 제자 중 하나가 칼로 대제사장의 종의 귀를 쳐서 떨어지게 하였을 때, 그를 꾸짖으시면서 "내가 만일 그렇게 하면 이런 일이 있으리라 한 성경이 어떻게 이루어지겠느냐"(마 26:54)라고 말씀하셨다. 예수님께서는 하나님의 말씀대로 이루어지게 하시기 위해 순종하신다.

2) 예수님께서는 자기에게 침을 뱉고 주먹으로 치며 손바닥으로 때리면서 "선지자 노릇 해 보아라. 누가 너를 때렸는지 맞추어 보라"고 하는 사람들의 비웃음과 조롱에 대해 침묵하신다(마 26;67-68, 27:29-30). 그리고 예수님은 그들이 누구인지를 확인하려고 하지 않으시고 묵묵히 다 받으셨다.

3) 예수님께서는 살점이 떨어져 나가는 채찍을 맞으시면서도 채찍을 때리는 사람이 누구인지를 확인하려고 하지 않으시고, 그들에 대해서 어떠한 죄악된 반응도 하지 않으셨다. 상처 받은 자의 반응이 전혀 없었다.

4) 예수님께서는 자기를 십자가에 못 박는 자들의 얼굴을 확인하려고 하지 않으시고, 오히려 양팔을 벌려 못 박은 자들에게 자기의 손을 내어 주신다. 그리고 그곳에 모여 지금 십자가에서 내려오면 믿어 주겠다고 비웃는 그들을(마 27:39-43) 양팔을 벌려 품으셨다. 예수

님께서 자발적으로 팔을 벌리신 것이다. 그래서 그들이 못을 박은 것이다. 그리고 그들의 죄 용서를 위해 하나님 아버지께 기도하셨다(눅 23:34).

예수님은 철저하게 믿음으로 반응하셨다. 믿음으로 반응하였다는 것은 날아오는 화살들을 다 맞으셨지만 그에 대해 어떠한 죄도 짓지 않으셨다는 것이다. 믿음의 반응이 아닌 모든 반응 즉, 나에게 날아온 화살 때문에 상처를 받아서 나타내는 모든 반응은 죄를 짓는 것이다. 상처를 받았다고 느끼는 순간이 죄를 짓는 순간이다. 예수님께서는 어떠한 경우(화살)에도 상처를 받지 않으셨다.

예수님께서는 자신에게 엄청난 화살을 쏘아 대는 자들을 마음과 생각과 감정, 그리고 말과 행동으로 정죄하거나 비난하지 않으셨다. 원망과 불평도 하지 않으셨다. 오히려 그들을 불쌍히 여기셨고 사랑하셨다. 그러했기에 그들을 위해 대신 지신 예수님의 십자가와 죽으심이 그들을 정죄하였고 그들로 하여금 회개하게 만들었다.

> "그런즉 이스라엘 온 집은 확실히 알지니 너희가 십자가에 못 박은 이 예수를 하나님이 주와 그리스도가 되게 하셨느니라 하니라 그들이 이 말을 듣고 마음에 찔려 베드로와 다른 사도들에게 물어 이르되 형제들아 우리가 어찌할꼬 하거늘"(행 2:36-37).

예수님께서는 자기를 낮추시고 죽기까지 복종하셨다(빌 2:8). 여기서 '낮추심'은 땅위에 올라와 있는 지렁이를 건드려도 꿈틀거리지 않는 상태, 즉 완전히 죽은 상태를 말한다. 예수님께서는 자신을 완전히 죽이고(부인하고) 하나님 아버지께서 자기 안에 사시게 하신 것이다. 그러므로 우리가 예수님처럼 반응하는 삶을 살기 위해서는 나는 죽고 예수님께서 내 안에 주님으로 계시도록 하고 예수님으로 충만해져야 한다.

그렇게 할 때 위에서 언급했던 엄청난 화살들에 대해 어떠한 죄악된 반응도 하지 않으신 예수님, 그 모든 것들에 대해 사랑과 긍휼로 대하셨던 예수님의 반응이 나를 통해 흘러 나가는 것이다. 이것이 믿음의 비밀이요, 믿음의 능력이다.

사도 바울의 반응

예수님을 가장 많이 닮은 사람, 예수님처럼 반응하며 산 한 사람을 소개한다. 그는 사도 바울이다. 사도 바울이 예수님을 가장 많이 닮은 삶을 살고, 예수님의 흔적을 가장 많이 가질 수 있었던 비결은 무엇이었는가? 사도 바울의 고백 속에 그 비결을 발견할 수 있다.

> "내가 그리스도와 함께 십자가에 못 박혔나니 그런즉 이제는 내가 사는 것이 아니요 오직 내 안에 그리스도께서 사시는 것이라 이제 내가 육체 가운데 사는 것은 나를 사랑하사 나를 위하여 자기 자신을 버리신 하나님의 아들을 믿는 믿음 안에서 사는 것이라"(갈 2:20).

자기는 예수님과 함께 십자가에 못 박혀 죽었고, 자기 안에 살아 있는 분은 예수님뿐이라는 것이다. 그러기에 그는 지금 예수님을 믿는 믿음으로 예수님만을 따르는 삶을 산다는 것이다.

그리고 사도 바울은 "그리스도 예수의 사람들은 육체와 함께 그 정욕과 탐심을 십자가에 못 박았느니라"(갈 5:24)고 고백한다. 이것은 앞의 말씀에 대한 구체적인 설명이다. 그리스도 예수의 사람들은 자기를 부인한 사람들이다. 갈라디아서의 두 말씀은 예수님을 처음 만났을 때, 예수님의 십자가를 처음 체험했을 때 경험하는 정죄와 용서, 그로 인한 고백이라고 말할 수 있다.

그 후 사도 바울은 부활의 확실성을 강조하면서 자신은 주님과 복음 전파를 위해, 부활에 참여하기 위해 "나는 날마다 죽노라"(고전 15:31)고 고백한다. 그리고 "내가 내 몸을 쳐 복종하게 함은 내가 남에게 전파한 후에 자신이 도리어 버림을 당할까 두려워함이로다"(고전 9:27)라고 한다. 이 두 말씀은 십자가 체험 이후, 성화의 과정에서 일어나고 고백되는 것으로 볼 수 있다.

예수님께서는 부활의 영광과 기쁨을 위하여 십자가를 참으사 부끄러움을 개의치 않으시더니 하나님 보좌 우편에 앉으셨다(히 12:2). 이와 같이 사도 바울도 부활의 영광을 바라고 매일매일 주를 위하여 죽기를 무서워하지 않고 복음을 전한다. 그리고 자신이 받은 계시의 말씀, 곧 교회와 성도들에게 전파한 복음에 합당한 삶을 살기 위해 자신의 몸(육신)을 쳐서 복종시켰다.

그리고 자신의 생애 마지막쯤에는 이렇게 고백한다.

"지금도 전과 같이 온전히 담대하여 살든지 죽든지 내 몸에서 그리스도가 존귀하게 되게 하려 하나니 이는 내게 사는 것이 그리스도니 죽는 것도 유익함이니라"(빌 1:20-21).

이는 그동안 자신의 삶의 이유와 목적이 어찌하든지 오직 예수 그리스도께서 존귀하게 되는 것이었다고 말하고 있다.

사도 바울은 자신의 삶이 오직 예수 그리스도를 위한 삶이기를 원했고, 자신이 어떻게 되든지 예수 그리스도께서 존귀하게 되고 높임을 받으면 된다는 분명한 삶의 목적을 가지고 살았다.

바로 이것이 사도 바울이 말하는 경건이요, 경건 훈련의 기초이며 핵심이다(딤전 4:7 이하). 예수 그리스도와 함께 십자가에 못 박히고 예수님만 자기 안에 살게 하는 것, 예수님의 십자가에 자기의 정욕과 탐심을 못 박아 버리는 것(자기 부인), 매일매일 죽으며(자기 십자가를 지고) 자신을 쳐서 말씀에 복종하게 하는 것(예수님을 따르는 삶), 그리고 살든지 죽든지 내 안에서 예수 그리스도만 존귀케 되기를 원하는 것이 경건 훈련의 핵심이다.

이것이 없이는 그 어떠한 경건 훈련도 무의미하며 아무런 유익이 없다. 이것이 없는 경건 훈련이나 제자 훈련은 사람들로 하여금 자기의 의를 세우게 하고 종교적으로 교만하게 만들 뿐이다. 경건의 모양(종교적인 겉모습)만 아주 그럴듯하게 장식해 줄 뿐이다.

그러므로 내가 예수님처럼 반응하며 살기 위해서는 나는 날마다 죽고, 자기를 낮추시고 죽기까지 복종하신 예수 그리스도께서 내 안에 주님으로 사시게 하되 나를 완전히 정복하여 다스리시게 해야 한다. 이를 위해 우리는 날마다 자기를 부인하는 기도와 예수 그리스도를 나의 주님으로 모시는 기도(처음 예수님을 영접할 때와 같이), 하나님의 주권을 인정하는 고백과 하나님의 다스림을 구하는 기도들을 해야 한다. 그리고 그분의 말씀으로 나를 채워가야 한다.

이러한 과정 가운데 진리의 영이요, 그리스도의 영이신 성령님께서 나에게 충만하게 역사하심으로 비로소 예수님이 내 안에, 내가 예수님 안에 있으면서 삼위일체 하나님과 하나가 되는 삶을 살게 된다. 이렇게 될 때 나를 통해 예수님의 반응이 나타난다. 그리고 하나님의 필요와 뜻을 따라 나에게서 하나님의 은사와 능력들이 필요 적절하게 흘러 나가게 된다.

과거 청산

이러한 삶을 위해서 우리는 하나님 앞에서 반드시 우리의 과거를 청산해야만 한다. 과거 청산은 인류의 역사 속에서도 반드시 필요한 일이다. 더욱이 하나님과 우리의 관계에서는 절대적으로 필요한 일이다.

과거 청산은 회개를 통해서만 이루어진다. 회개는 죄를 인정하고, 고백하고, 돌이키는 것이다. 돌이키는 것은 죄를 끊는 것이고, 인간 관계에서의 죄라면 상대방에게 용서를 구하거나 용서를 해 주는 것이다. 그러면 우리는 어떤 과거를 청산해야 하는가?

첫 번째, 우리는 이제까지 내가 나의 주인이었으며, 나를 하나님께 온전히 드리지 않고 하나님의 다스림을 기뻐하지 않았음을 회개해야 한다. 이것이 가장 큰 죄다.

두 번째로, 나에게 화살을 쏘는 사람들에게 예수님처럼 반응하지 않고, 그 화살들에 상처를 받아 그들에게 상처 받은 자의 반응(상한 마음으로 반응)을 보인 모습들을 회개해야 한다. 반응은 마음, 생각, 감정, 말과 행동으로 나타난다. 그 가운데에서 나에게 화살을 쏜 사람들에게 마음과 생각과 감정으로 반응한 것은 하나님께만 개인적으로 회개하면 된다. 이것을 굳이 상대방에게 알려서 용서를 구할 필요는 없다. 그러나 상대방에 대한 나의 반응이 말과 행동으로 표현된 것이고, 특히 상대방의 면전에서 직접적으로 표현된 반응이라면, 먼저는 하나님께 철저히 회개하고 난 후, 반드시 상대방에게 직접 용서를 구해야 한다(최소한 편지를 통해서라도 용서를 구해야 한다).

가족들과의 관계(부모, 남편, 아내, 자녀)에서, 그리고 교회 안에서 목회자와 지체들과의 관계에서, 더 나아가 이웃들과의 관계에서 상처 받은 자로서 반응했던 것들을 회개해야 한다. 그들에게 말과 행동으로 반응한 것에 대해서는 직접 용서를 구해야 한다. 또한 나에게 상황과 환경들을 허락하신 하나님께 감사하지 못하고 원망과 불평했던 것들을 회개하고 감사드려야 한다. 지금 나에게 주어진 '오늘'은 하나님께서 나를 온전하게 빚으시기 위해 내게 주신 상황이요, 환경이기 때문이다.

정당한 반응(?)

하나님께서는 우리가 예수님처럼 반응하기를 바라신다. 우리는 우리의 반응 중에 어떤 것에 대해서는 정당하다고 생각한다. 나에게 화살을 쏘는 사람에 대한 나의 반응은 당연하고 정당하다는 것이다. 그러나 그것이 상처 받은 자의 반응이라면 그 반응에 대해 회개해야 한다.

상처를 받았다는 것은 이미 죄를 짓고 있다는 것이고, 상대방에게 반응했다면 그 반응은 죄악 된 반응이기 때문이다. 다른 사람들이 나에게 어떤 화살을, 얼마나 큰 화살을 쏘았는지는 중요하지 않다. 또한 그들이 나에게 화살을 쏜 이유가 나의 잘못과는 상관없이 그들이 불의한 사람이고, 하나님을 두려워할 줄 모르는 사람, 거룩하지 못한 사람, 하나님의 일을 불의한 방법으로 하는 사람, 까다로운 윗사람, 양심이 없는 사람, 도덕이나 윤리의식이 희박한 사람, 독불장군 같은 사람이기 때문이라는 것도 중요하지 않다. 다만 내가 그들에게 어떻게 반응하였느냐가 중요하다.

사역지에서의 훈련

첫 사역지를 사임하고 약 1년 8개월 정도의 긴 공백기를 보낸 후, 드디어 두 번째 사역지에 가게 되었다. 나중에 안 사실이지만, 그곳은 전도사들 대부분이 사역하러 가기를 가장 꺼려한 교회였다. 그러나 긴 시간 동안 사역지를 달라고 기도하던 나에게는 이것저것 가릴 형편이 아니었다. 이렇게 시작된 사역은 초기부터 여러 사소한 문제들에 부딪치기 시작했다. 그것은 나에게 너무도 당연한 권리이고 정당한 것들이었다. 그런데 그것을 양보하고 포기하게 하였다. 이에 더하여 중직자들은 공공연하게 이렇게 말했다. "우리가 헌금을 해서 자네가 월급을 받는 거야."

이런 행태들에 대해 담임목사님은 침묵하셨다. 아니, 담임목사님도 이런 행태의 피해자였다. 그럼에도 나는 중직자들과 목사님에게 상처 받은 자로서 반응을 하였다. 물론 그분들 앞에서 말과 행동으로 반응하며 대들지는 않았다. 그래서 나의 태도를 더 정당하게 포장하였는지도 모른다.

이렇게 지내기를 일 년 정도가 되던 어느 날 오전, 소예배실에서 여느 때처럼 기도를 했다. 한참 기도를 하는 중에, 아마도 교회 기도로 들어갔을 때였던 것 같다(이전에도 기도할 때마다 교회 기도는 했었다). 그런데 갑자기 회개 기도가 터져 나오기 시작했다. 예전에는 회개 기도를 하더라도 누가 보아도 죄라고 여길 만한 것들을 회개하고, 힘들고 억울했던 것을 쏟아 놓으면서 울었을 뿐이다. 그리고 고상하게 교회가 이런 모습이면 안 되지 않느냐고, 새롭게 해달라고, 거룩하게 해달라고, 일명 '상한 마음의 기도'를 했다.

그러나 그날은 달랐다. 중직자들이나 목사님에게 받은 것들이 아니라, 내가 그분들에게 품었던 미움, 나쁜 감정과 생각, 그래서 나도 모르게 무례하게 표현되었던 말과 행동을 눈물로 회개하기 시작했다. 한참을 회개하다 보니 기도는 그분들을 축복하는 기도로 바뀌었다. 일 년 동안 그분들과 교회를 변화시켜 달라고만 기도했지, 축복기도를 하지 않았다. 아니, 할 마음도 없었다. 예배 전 찬양인도를 맡았기에 찬양 끝에 합심기도를 하면서도 그냥 교회를 위해, 예배를 위해서만 기도를 했지, 진심으로 목사님을 축복하면서 기도하지 못했다. 그런 기도가 안 되었다.

그러나 그날은 나에게 화살을 쏘아댔던(자기들이 헌금한 돈으로 월급을 받는 월급쟁이 취급을 하던) 그분들을 진심으로 축복하며 기도했다. 목사님을 위해 진심으로 축복하며 기도했다. 기도가 마무리되고 눈물, 콧물을 닦고 나서 사무실로 달려갔다. 이날은 혼자 있었는데 사무실에서 수화기를 들고 중직자들에게 전화를 걸었다.

"장로님, 조치민 전도사입니다. 잘 계시죠? 장로님, 사랑합니다. 축복합니다."

"권사님, 조치민 전도사입니다. 평안하시죠? 권사님, 사랑합니다. 축복합니다."

내 마음은 기쁨으로 충만했다. 참으로 행복한 하루였다. 그 후로도 그분들은 여전히 예전과 같이(조금의 변화는 있었지만) 나를 대했지만, 나는 그분들을 예전처럼 대하지 않았다. 예전처럼 대해지지가 않았다. 참으로 행복한 체험이었다. 나를 한 단계 더 성숙시키는 일이었다.

그리고 4개월 후, 다른 사역지(기관 사역지)로 이동하게 되었다. 산 넘어 산이라고 새로운 사역지에서의 상황도 만만치 않았다. 앞의 사역지에서 훈련을 받았으니 테스트를 받는 것인지, 아직도 덜 다듬어져서 더 센 용광로에 집어넣으신 것인지 처음에는 구분이 되지 않았다. 그곳에서 힘들었던 것은 목사님이 일중독에 빠진 분같이 "일, 일, 일" 하시면서 오로지 일만 하시는 분이었기 때문이다. 그 어떤 것도 당신이 하는 일보다 더 귀한 것은 없었다. 그분에게 인정받으려면 일을 잘해야 했고, 헌신적으로 해야 했다. 여기서 주로 하는 일은 농사일이었다. 그런데 더 큰 문제는 그 일들의 대부분이 처음부터 편법과 불법적인 방법으로 행해져 왔고, 그렇게 계속 진행되고 있었다는 것이다.

이것들은 내 신앙양심에 큰 걸림이 되었다. 이전 사역지에서의 체험 때문에 나의 반응의 정도는 덜했지만, 시간이 갈수록 숨이 막혀갔다. 당연히 무의식적으로 티가 났다. 그렇다고 목사님에게 찾아가 "그것은 불법이고, 많은 사람들에게 폐를 끼치는 것이며, 그렇게 하는 것은 헌금을 불의한 일에 쓰는 것입니다. 하나님을 욕되게 하는 것입니다"라고 따질 수는 없었다. 다만 개인적으로 기도할 뿐이었다. 그럼에도 목사님이 일을 시키면 은연중에 싫은 기색이 비쳐졌고, 여러 모양으로 무례한 태도가 나타났다. 이것을 나는 정당한 반응이라고 생각했다. 내가 직접적으로 말로나 행동으로 대들거나 대놓고 거부한 것이 아니었기에 불의한 방법으로 하나님의 일을 한다고 하는 사람에 대한 정당한 반응이라고 생각한 것이다.

시간이 갈수록 목사님은 나를 매우 못마땅하게 여기셨고, 나의 일거수일투족을 당신 기준으로 평가하여 지역 사람들과 다른 사역자들에게 퍼트림으로 이간질을 하였다. 얼마 후, 나는 사람들에게 목사님이 이제까지 이루어 놓은 일을 완전히 망쳐버린 사람으로 인식되어 있었다. 이래저래 천덕꾸러기가 되어버린 것이다.

어느 해, 해마다 정기적으로 열리는 전체 사역을 하는 중에 왠지 감시를 받는다는 느낌이 들었다. 그것은 사실이었다. 내가 어디에 있는지, 누구를 만나서 무슨 이야기를 나누는지를 감시당하고 있었다. 이런 상황이었지만, 하나님께서는 내게 탈출구를 주시지 않았다. 그것은 어찌하든지 그곳에 머물러 있어야 한다는 것이었다. 그러나 나는 내 안에 상처들 때문에 탈출구를 주시지 않는다고 생각해서 나름대로 열심히 회개했고, 의지적으로 나에게 화살을 쏘아 대는 사람들을 축복하며 기도했다. 그러면서 다른 사역지를 찾아 보았지만 길이 열리지 않았다.

그러던 중에 평소 친분이 두터웠던 목사님의 교회에서 부교역자를 구한다고 연락이 왔고, 그에 필요한 서류들을 보냈다. 그 목사님께서도 평소 나와 함께 사역하기를 원하셨기에 나는 당연히 가게 될 줄로 알았다. 최종 결과를 기다리고 있던 중, 어느 날 새벽에 꿈을 꾸었다. 나는 서 있었고 배꼽 아래 단전 부위에 축구공만한 단단한 덩어리가 있었다. 그것은 응어리였다. 내가 그것을 근심 어린 눈으로 바라보고 있는데, 결과를 기다리라고 하신 목사님이 전화를 걸어와 내게 이렇게 말씀하시는 것이다. "조 전도사, 미안하게 됐네. 다른 분이 오시기로 했네." 너무도 선명하게 들려왔다. 그리고 잠이 깬 후, "아니야, 이건 그냥 꿈일 뿐이야"라고 하면서 애써 진정하려고 했다.

그러나 그것은 그냥 꿈이 아니었다. 신기하게도 그날 오전에 그 목사님으로부터 연락이 왔다. 목사님이 무슨 말씀을 하셨겠는가? 꿈속에서 들었던 대로 똑같이 말씀하신 것이다. 순간 낙심이 되기도 했지만 감사했다. 내 마음속 깊숙한 곳에 자리 잡고 있는 응어리를 그대로 가지고 갈 수는 없지 않은가? 그 응어리를 가지고 사역한다면 좋은 열매가 맺히겠는가? 미리 알게 해 주심에 감사해서 그날부터 응어리를 풀기 위해 기도하기 시작했다. 회개 기도, 예수님을 주님으로 영접하는 기도, 성령 충만을 구하는 기도, 용서하는 기도, 축복하는 기도 등을 몇 달 동안 했다. 기도가 끝나고 몇 달 뒤에 내가 속해 있는 단체의 서울 사무실에서 서울로 나와 사역하라는 통보를 받았다. 두 가정이 그곳에 있을 필요가 없다는 것이다.

우리 가족이 서울로 이사하기 전날은 주일이었다(우리는 기관 사역이었고 지역 교회에 출석하였다). 지역교회 주일 저녁예배 광고시간에 가족 모두가 앞에 나가서 인사를 하고, 그동안 부족한 모습들에 대해 용서를 구했다. 특별히 그 자리에서 그동안 함께 사역했던 선임목사님과 사모님에게 간절히 용서를 구했다. 그리고 다음날 가벼운 마음으로 서울로 이사를 나왔다.

서울 사무실로 출근한 첫 주에 사역부서를 담당하시는 목사님께서 부르셨다. 목사님께서는 선임목사님과의 관계를 물으셨다. 그래서 나는 "이사 나오기 전날, 교회에서 공개적으로 용서를 구하고 왔습니다"라고 말씀드렸더니, 그 목사님은 전혀 그렇게 받아들이지 않고 있더라는 것이다. 오히려 더 괘씸하게 생각하고 있다는 것이다. 그래서 주말에 물품 조사 명목으로 다시 그 목사님에게 가서 화해하고 오라는 것이다.

순간 너무도 화가 났다. 그러나 "알겠습니다. 다녀오겠습니다"라고 대답한 후, 그 자리를 나왔지만 쉽게 화가 누그러지지 않았다. '아니, 내가 객관적으로 큰 잘못을 한 것도 아니고, 그동안 이래저래 무례했던 것이나, 혹 내가 부지불식간에 잘못한 것이 있을 것이라고 생각해서 교회에서 공개적으로 용서를 구했는데, 오히려 그것을 더 괘씸하게 생각하시다니……. 그리고 지금 그곳 일들이 편법과 불의한 방법으로 진행되고 있다는 것을 잘 알고 있으면서도 오로지 그분 편만 들다니…….' 쉽게 화가 가라앉지 않았다.

몇 시간 동안 기도하며 씨름하다가 '그래, 내가 용서를 구한 것이 부족했나 보다. 그래서 하나님께서 다시 보내시나 보다'라는 생각이 들었다. 다시 다녀오라는 말에 대해 선택의 여지가 없었기 때문이다. 그래서 주일 아침에 일찍 출발하여 갔고, 그 지역교회에서 저녁예배를 드리고 교회 담임목사님께 인사를 드린 후, 선임목사님 댁으로 갔다.

식탁에 마주 앉아 이야기를 시작했다. 나는 그동안 내가 아직 사회 경험도 부족하고 어려서 일도 많이 서툴렀고, 젊은 혈기도 있어서 무례하게 굴었던 것에 대해 용서를 구하기 시작했다. 목사님은 그동안 나에게 서운했던 것, 왜 괘씸하게 생각했는지에 대해 말씀하셨다. 그 때마다 나는 후렴처럼, "잘못했습니다. 용서해 주십시오"라는 말을 반복했다. 그렇게 한 시간 남짓 시간이 흘러갔고 목사님은 "서울 사무실로 가게 됐지만 그래도 한 식구로 있는 거니까, 앞으로 잘 지내기를 바란다"라고 하셨다. 그래서 나는 "목사님께서 기도해 주십시오"라고 말씀드렸고, 목사님이 마무리 기도를 하셨고, 나는 인사를 드리고 목사님 댁을 나섰다.

신발을 신고 목사님 댁 계단을 내려와 마당을 몇 걸음을 걸었을 때다. 갑자기 마음속 깊은 곳에서부터 시원함과 동시에 감격이 올라오기 시작했다. 마치 더운 여름날, 냉장고에 오랫동안 넣어 두었던 사이다를 꺼내 뚜껑을 따면 탄산이 '쏴' 하며 시원한 소리를 내면서 올라오는 것 같았다. 그러면서 동시에 이런 음성이 마음에 들려왔다. "내가 너를 이처럼 사랑한다." "내가 너를 이처럼 아낀다." "내가 너를 내 가까이에 두고 싶다."

나의 눈에는 감사와 기쁨의 눈물이 흘러내렸고, 나는 밤하늘을 쳐다보며 하나님께 감사와 사랑의 고백을 했다. 하늘을 날아갈 것 같았다. "하나님, 바로 이것 때문이었군요. 저를 이처럼 사랑하셔서, 저를 너무도 아끼셔서, 저를 가까이에 두고 싶으셔서 제가 더 깨끗해지기를 바라셨군요. 감사합니다. 하나님, 사랑합니다."

그 후로도 나는 여전히 그분들에게 못난 사람, 방해꾼, 별 볼일 없는 사람처럼 대우를 받았지만, 이것들은 내게 전혀 상관없었다. 하나님 앞에서 신앙양심에 거리낌 없이 행하고, 말씀에 어긋남이 없게 행하는 것이 중요했다. 그분들께는 무례하지 않고, 말로나 행동으로 죄를 짓지 않으면 되었다. 그렇다고 완전해진 것은 아니다. 그때의 일은 시작에 불과한 것이었다. 다만 그때를 계기로 예수님처럼 반응하기 위해 민감하게 기도할 수 있게 된 것이다.

상대방이 나에게 어떤 잘못을 했느냐, 나를 어떻게 대했느냐가 중요한 것이 아니다. 내가 상대방에게 예수님처럼 반응하지 않은 것이라면 회개해야 한다는 것이다. 그들에 대한 나의 무례함과 마음과 생각으로 대적하고, 나쁜 감정을 품었던 것, 그리고 면전에서든지 다른 곳에서든지 합당하지 않은 말과 행동으로 반응한 것들에 대해 하나님께 회개해야 한다. 왜냐하면 그 모든 것은 나의 모든 것을 주관하시고 섭리하시는 하나님께 반응한 것이기 때문이다.

그러므로 하나님께만 아니라, 상대방에게도 용서를 구해야 한다. 또한 나의 환경과 상황에 대해서도 믿음으로 반응하지 않은 것, 불평과 불만을 쏟아내면서 감사하지 않고 믿음으로 인내하지 못한 것들을 회개해야 한다.

하나님께서 우리가 이렇게 하기를 원하시는 것은 우리를 향한 아빠 아버지의 사랑 때문이다. "내가 너를 이처럼 사랑한다. 내가 너를 이처럼 아낀다. 내가 너를 내 가까이에 두고 싶다." 이것은 우리를 아끼시는 아빠 아버지의 마음이고, 우리를 거룩하신 하나님 아버지 가까이에 두고 싶어 하시는 아빠 아버지의 간절함이다.

우리가 중보적인 역할을 하려면 깨끗한 그릇이 되어야 한다. 하나님께서는 예수님처럼 반응하며 중보적인 역할을 하는 자를 받으시고, 그를 통해 열매를 맺으신다. 하나님께서는 쓰고자 하시는 그릇을 주권적인 은혜로 택하시고, 그 그릇을 깨끗하게 하신다. 우리에게 믿음을 주사 예수 그리스도만을 주님으로 계시게 하고(엡 3:17a), 성령으로 충만하게 하셔서 하나님 아버지와 예수 그리스도와 연합하여 하나 됨을 이루게 하신다. 이를 통해 우리를 깨끗한 그릇이 되게 하신다. 그리고 깨끗해진 그릇을 통해 아버지의 뜻을 이루어 가신다.

"또 미리 정하신 그들을 또한 부르시고 부르신 그들을 또한 의롭다 하시고 의롭다 하신 그들을 또한 영화롭게 하셨느니라"(롬 8:30).

매일 아침의 기도

하나님 아버지, 오늘 하루를 허락해 주심을 감사드립니다.

오늘 내게 주어진 이 하루의 주인이 하나님 아버지이시며, 나의 주 예수 그리스도이십니다. 내게 주어진 나의 영혼과 육신, 물질, 건강, 지식, 가정 등 지금 나에게 있는 모든 것은 아버지께서 은혜로 내게 주신 것입니다. 그러므로 내게 있는 모든 것이 다 아버지의 것입니다.

하나님 아버지, 오늘 나와 내게 주어진 모든 것이 예수 그리스도를 존귀하게 함으로 아버지를 영광스럽게 하는 일에만 쓰임 받기를 원합니다.
오늘 내가 계획하여 하고자 하는 일이 아버지를 영광스럽게 하는 일이 되는 것이 아니라, 아버지께서 원하시고, 영광스럽게 하는 일을 하는 자가 되기 원합니다. 아버지와 예수 그리스도만 나의 주가 되셔서 나를 다스리시고 아버지의 뜻대로 인도해 주옵소서. 아버지의 뜻대로 순종하겠습니다.

성령으로 충만하게 하사 하나님 아버지가 예수님 안에, 예수님이 내 안에, 내가 예수님 안에 있음으로 삼위일체 하나님과 동행하는 삶을 살게 해 주옵소서.
하나님 아버지, 아버지의 이름이 하늘 위에 높아지며 온 땅 위에 높아지기를 원합니다. 예수님의 이름으로 기도드립니다. 아멘.

V. 중보적인 기도의 장애물

    이번 장에서는 중보적인 역할 중에서 중보적인 기도를 함에 있어서 기도의 장애물에 대해서 함께 살펴보자. 기도의 장애물이라고 하면 우리가 흔히 알듯이 개인적인 죄가 없어야 한다는 것은 기본적인 전제로 넘어간다. 이것은 '깨끗한 그릇'에서도 전제되었다. 깨끗한 그릇이 된다는 것은 개인적인 사사로운 죄를 회개하여 돌이키는 것만이 아니라, 인간관계와 상황과 환경에 대해 예수님처럼 반응하지 않은 것까지 회개하고 예수님을 주님으로 모셔들이는 것이다. 그리고 성령 충만함으로 하나님 아버지와 예수 그리스도와의 연합(하나 됨)을 이루는 것이다. 그래서 예수님의 성육신적인 삶이 오늘 나를 통해 펼쳐지는 것이다.

    그리스도인의 삶, 복음에 합당한 삶, 중보적인 삶은 우리가 예수님과 그분의 삶을 분석하고 연구하여 매뉴얼을 만들고 그것을 배워서 예수님을 닮고자 힘쓰는 것이 아니다. 예수님께서 우리 주님으로 우리 안에 계심으로 우리를 통해 예수님의 삶이 살아지고, 예수님이 나타나는 것이다.

예수님을 따르는 삶을 살기 위한 경건의 훈련은 금욕주의자나 신비주의자들, 그리고 가톨릭 영성을 추구하는 자들처럼 하는 것이 아니다. 육체의 욕심을 좇고자 하는 자신을 부인하고 성령(그리스도의 영)이 나의 주인이 되어 나를 다스리고 인도해 가시도록 나를 끊임없이 내어 드리는 것이 참된 경건 훈련이다. 이를 위해 우리는 매 순간 예수님의 십자가 앞으로 달려가야 한다. 그 십자가와 십자가에 달리신 예수님 앞에서만 자기 부인이 이루어지기 때문이다. 자기를 부인한 자만이 자기 십자가를 지고 예수님을 따를 수 있다.

오늘날 오순절 성령 강림 이전 제자들처럼 예수님을 통해, 특히 성령의 능력을 통해 자기들의 부와 명성을 얻고자 하는 자들이 얼마나 많은가. 심판의 날에 그들의 공적(업적, 열매)은 불에 다 타버릴 것이며, 자신은 불 가운데서 구원받는(건짐을 받은) 자와 같을 것이다(고전 3:15).

중보적인 기도의 장애물은 무엇인가? 우리의 기도가 하나님께 올라가지 못하도록 하고, 하나님께서도 우리의 기도에 귀를 기울이지 못하게 하는 장애물은 무엇인가?

"너희 소돔의 관원들아 여호와의 말씀을 들을지어다 너희 고모라의 백성아 우리 하나님의 법에 귀를 기울일지어다 여호와께서 말씀하시되 너희의 무수한 제물이 내게 무엇이 유익하뇨 나는 숫양의 번제와 살진 짐승의 기름에 배불렀고 나는 수송아지나 어린 양이나 숫염소의 피를 기뻐하지 아니하노라 너희가 내 앞에 보이러 오니 이것을 누가 너희에게 요구하였느냐 내 마당만 밟을 뿐이니라 헛된 제물을 다시 가져오지 말라 분향은 내가 가증히 여기는 바요 월삭과 안식일과 대회로 모이는 것도 그러하니 성회와 아울러 악을 행하는 것을 내가 견디지 못하겠노라 내 마음이 너희의 월삭과 정한 절기를 싫어하나니 그것이 내게 무거운 짐이라 내가 지기에 곤비하였느니라 너희가 손을 펼 때에 내가 내 눈을 너희에게서 가리고 너희가 많이 기도할지라도 내가 듣지 아니하리니 이는 너희의 손에 피가 가득함이라 너희는 스스로 씻으며 스스로 깨끗하게 하여 내 목전에서 너희 악한 행실을 버리며 행악을 그치고 선행을 배우며 정의를 구하며 학대 받는 자를 도와주며 고아를 위하여 신원하며 과부를 위하여 변호하라 하셨느니라 여호와께서 말씀하시되 오라 우리가 서로 변론하자 너희의 죄가 주홍 같을지라도 눈과 같이 희어질 것이요 진홍같이 붉을지라도 양털같이 희게 되리라 너희가 즐겨 순종하면 땅의 아름다운 소산을 먹을 것이요 너희가 거절하여 배반하면 칼에 삼켜지리라 여호와의 입의 말씀이니라"(사 1:10~20).

이사야 선지자는 무수한 제물을 바치면서 하나님께 제사를 드리고, 분향을 하고, 규례를 따라 안식일과 정한 모임과 절기들을 지키며 살진 짐승들을 바치는 자들을 책망하고 있다. 하나님께 예배를 드리며 기도하는 자들에게 하신 말씀이다. 그런데 그들이 하나님을 위해서 한다고 하는 것에 대해 정작 하나님께서는 가증히 여기고 싫어하신다. 그것은 하나님을 너무도 피곤하게 만든다는 것이다.

하나님께서 그들이 하는 것들을 못 견뎌하시는 이유가 무엇인가? 그들이 성회로 모이면서도 모순되게 악을 행한다는 것이다. 그들의 행위가 가증하고 위선자의 모습이어서 계속 악을 행하려거든 제사와 안식일을 비롯해서 절기 등의 성회로 모이지 말라는 것이다. 하나님의 이런 마음을 알 턱이 없는 그들은 성회로 모일 때마다 하나님을 찬양하고 경배한다고 손을 들었을 것이고, 하나님의 은혜와 복을 구했을 것이다.

그러나 하나님께서는 그들이 하나님을 향해 손을 든 것에 대해 눈을 감아 버리시고, 그들이 하나님께 많이, 열심히 기도할지라도 듣지 않겠다고 말씀하신다. 무엇 때문인가? 그들의 손에 피가 가득하기 때문이다. 지극히 개인적인 죄도 있지만, 본문에서나 모든 성경적인 의미를 종합해 보면, 인간관계 속에서 지은 죄가 많다는 것이다. 인간관계 속에서 공정하지 못했고, 정의를 행하지 않았으며, 선을 베풀지 않았다는 것이다.

그러므로 우리가 하나님을 향하여 손을 들 때 하나님께서 그 손을 잡아 주시고, 하나님께 기도할 때 그 기도를 들으시고 응답하시게 하려면, 사사로운 죄와 은밀한 죄를 회개하고 돌이켜야 한다. 또한 다른 사람에 대한 악한 행실을 버리고 행악을 그쳐야 한다. 그리고 적극적으로 다른 사람에게 선을 베풀고 정의를 행하며 약한 자들에 대해 공정해야 한다. 우리가 마음에 죄를 품고 있으면서 기도하면 그 기도는 하나님께서 듣지 않으신다.

1. 던진 돌

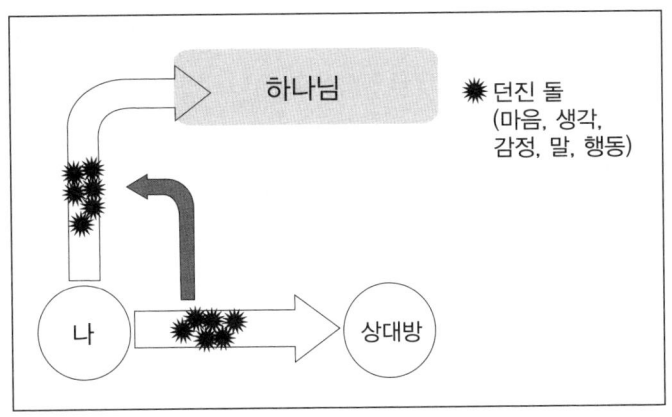

상대방에게 쏜 화살

인간관계 속에서 손에 피가 묻어 있는 것이 중보적인 기도의 장애물이다. 이것을 나는 상대방에게 '던진 돌'이라고 할 것이다.

그림에서 '나'가 누군가를 놓고 하나님께 기도할 때, '나'와 그와의 관계에 막힘이나 거리낌이 없어야 한다. 만약 관계 속에 막힘이 있다면 그를 위해 기도하는 나의 기도를 하나님께서 듣지 않으신다. 나와 그와의 관계를 막히게 하는 것은 무엇인가? 이는 내가 먼저 그에게 쏜 화살이기도 하고, 상대방이 나에게 쏜 화살 때문에 상처를 받아 내가 그에게 상처 받은 자의 반응을 한 것이다. 상대방에 대한 무시, 폄하, 비난, 험담, 정죄 등이 내가 그에게 던진 돌이 되어 기도를 막는 장애물이 된다. 그 던진 돌이, 나와 하나님 사이를 막아 버리기 때문이다.

돌을 제거하는 방법

이것을 해결하는 방법은 무엇인가? '깨끗한 그릇'에서 언급했지만, 여기에서 좀 더 자세히 살펴보겠다. 해결하는 방법은 두 가지다. 하나는, 나에게 화살을 쏜 그를 용서하는 것이다. 또 하나는, 내가 그에게 던진 돌(나의 죄악 된 반응, 또는 반응과 상관없이 내가 먼저 그에게 잘못한 것)을 제거하는 것이다.

용서에 대해서는 다음 장에서 살펴보고, 이번 장에서는 던진 돌을 제거하는 것에 대해 예를 들어가며 자세히 살펴보겠다. '던진 돌'은 내가 마음과 생각으로, 감정적으로, 더 나아가 말과 행동으로 상대방에게 죄를 지은 것이다. 그를 무시하고 비난과 정죄를 하고, 그를 못마땅하게 여기며, 나쁜 감정과 마음을 품고 나쁜 생각을 했던 것들이다. 그리고 이런 마음과 생각, 감정들을 그에게 직접적으로 말로나 행동으로 무례하게 표현한 것들이 던진 돌이다.

던진 돌이 제거되지 않은 상태에서 내가 그를 위해 하나님께 기도하면 하나님께서는 나의 기도를 듣지 않으신다. 던진 돌이 곧 죄인데, 그 죄로 인해 내 손에 피가 가득해서 하나님께서 나의 예배를 받지 않으시며 나의 기도를 듣지 않으신다. 이러한 상태에서 나의 기도는(개인적인 기도든지, 기도 대상자를 위한 기도든지) 하나님께는 가증스럽고 위선적인 것이다.

"너마저 돌을 던지느냐?"

예수 그리스도께서는 우리를 사랑하여 우리를 가슴에 품고 우리를 대신해서 십자가를 지셨으며 우리를 위해 기도하셨다. 예수님께서는 자기에게 채찍질하고 손과 발에 못을 박는 자들을 향해서, 그리고 죄인인 우리를 향해서 그 어떠한 돌도 던지지 않으셨다. 예수님께서는 진정한 대제사장이요, 화목제물로서 우리의 죄와 허물을 대신 지시고 묵묵히 골고다를 오르신 것이다. 그래서 하나님께서는 예수님의 기도와 순종을 받으셨고 예수님을 통해 우리를 구원하시기를 기뻐하신 것이다. 그리고 하나님 우편에서 우리를 위해 기도하시는 예수님의 기도에 기쁘게 응답하신다. 그 응답으로 오늘 우리가 살고 있다.

그러므로 내가 누군가를 위해 기도하고자 한다면 먼저 나와 그 사람과의 관계에 막힘이나 거리낌은 없는지, 내가 그에게 던진 돌들은 없는지를 먼저 살펴야 한다. 그리고 하나라도 있다면 철저하게 그것을 제거해야 한다. 마음과 생각으로, 감정적으로 던진 돌들, 입 밖으로 뱉은 말(무례한 말과 비난과 정죄의 말)들과 행동(무례한 행동)으로 던진 돌들을 회개함으로 제거해야 한다. 회개할 때 기도 대상자에게 마음과 생각과 감정적으로 던진 돌은 하나님께만 회개하면 된다. 그러나 그것들이 말과 행동으로 표현되었다면 하나님께 회개를 할 뿐만 아니라, 반드시 그에게 용서를 구해야 한다.

상대방에게 던진 돌들을 회개하지 않으면 내가 그를 위해 아무리 열심히 기도하고, 심지어 눈물을 흘리며 기도한다고 해도 하나님께서는 귀를 막으시고 얼굴을 돌리신다. 그리고 이렇게 말씀하신다. "너마저 그에게 돌을 던지느냐?"

우리는 예수 그리스도를 주님으로 믿는 자들로서 마땅히 나라와 민족과 교회와 목회자를 위해, 그리고 가정과 남편과 아내와 자녀들을 위해, 믿음의 지체들을 위해 기도해야 한다. 그런데 우리의 중보적인 기도가 간음하다 현장에서 붙잡힌 여자에게 돌을 던지려던 사람들과 같은 모습으로, 자칭 정의에 불타서 불의를 없애기 위해 분노하는 자들처럼 기도하는 경우가 얼마나 많은가? 자기는 의롭고 자칭 선지자가 되어 이 시대에 하나님께서 보내신 선지자라고 느끼며, 성경을 펼쳐 들고 거침없이 비난하고 책망하며 정죄하면서 기도하는 경우가 얼마나 많은가?

그들을 위해 십자가를 지신 예수님은 이렇게 말씀하신다. "죄 없는 자가 먼저 돌로 쳐라." "너마저 그들에게 돌을 던지느냐?"

그러므로 던진 돌을 회개하고 용서를 통해 제거하지 않으면 그를 위한 우리의 기도는 막혀버린다. 기도가 막힌다는 것은 하나님께서 기도를 듣지 않으신다는 것이요, 내가 돌을 던진 사람을 위한 기도가 안 된다는 것이다. 인간적이고 양심적인 차원으로만 생각하더라도 내가 돌을 던진 사람을 위해 아무 일 없었다는 듯이 축복한다는 것은 양심이 허락하지 않는 것이다. 던진 돌에 대하여 아직 회개하지 않았고, 그에게 용서를 구하지도 않은 상태에서 그를 위한 기도가 되지 않는 것은 당연하다. 이것은 소극적인 면에서 하나님의 사랑이요, 은혜의 증거다.

반대로, 던진 돌에 대하여 회개하지도 않았고, 그에게 용서를 구하지도 않았는데, 돌을 던진 대상을 축복하는 기도가 잘된다는 것은 무엇을 말해 주는가? 기도하는 자가 지금 성령의 인도하심 가운데 있지 않다는 것을 말해 준다. 그는 스스로를 속이고 있다.

2. 기도 영역에 던진 돌

각 영역에 대한 기도로 들어가기 전에 한 가지 짚고 넘어가야 할 것이 있다. 우리는 모든 기도를 시작할 때, 하나님을 부른 다음엔 반드시 감사로 기도를 시작해야 한다. 하나님께서 베푸신 은혜와 사랑, 보호하심과 인도하심, 나와 관계된 것 등 여러 부분에 대해 감사를 드려야 한다.

우리가 중보적인 기도를 하기 원한다면, 여기에 한 가지 중요한 감사를 더해야 한다. 우리가 기도하기 원하는 상대방에 대해, 모든 상황과 환경에 대해 감사하는 것이다. 왜냐하면 하나님께서 그 모든 것을 주관하고 계시고, 모든 것을 아시며, 하나님의 뜻과 목적대로 그 모든 것을 이끌어 가실 것이기 때문이다. 그러므로 우리가 어떤 기도 제목으로, 어떤 사람을 놓고 하나님께 기도하고자 하더라도 그것에 대해 먼저 하나님께 감사드리는 것이 마땅하다.

개인적인 기도든지, 다른 사람을 위한 중보적인 기도든지 우리는 모든 것에 대한 하나님의 주권과 섭리를 인정하는 자로서 기도해야 한다. 그래야만 우리는 진정한 기도를, 진정한 감사(절대 감사)를 할 수 있다. 하나님께서는 감사함으로 드리는 기도와 예배를 받으신다.

하나님은 우리의 완전하신 아버지이시다. 예수님께서는 이렇게 말씀하셨다.

"그러므로 그들(이방인)을 본받지 말라 구하기 전에 너희에게 있어야 할 것을 하나님 너희 아버지께서 아시느니라"(마 6:8).
"너희 하늘 아버지께서 이 모든 것이 너희에게 있어야 할 줄을 아시느니라"(마 6:32).

하나님 아버지께서는 우리의 사정을 자세히 들으셔야 하는 것이 아니라, 우리를 통해 먼저 진심 어린 감사와 찬양을 충분히 받으셔야 한다. 나와 관계된 모든 것과 내가 기도하고자 하는 모든 것(사람, 상황, 환경)에 대해서 말이다.

그러므로 각 영역이나 사람에 대해 중보적인 기도를 할 때 가장 먼저 제거(회개)해야 할 던진 돌은 그 영역이나 사람에 대해 진심으로 감사하지 않은 것이다.

1) 나라와 민족을 위해 기도하려면

나라와 민족, 권세자에게 던진 돌을 제거하라

우리나라와 민족을 위해 기도하려면 먼저, 나라와 민족을 향해 던진 돌들을 제거해야 한다. 이 나라에 태어남을 감사하지 않고 대한민국의 국민으로 사는 것에 대해 감사한 마음이 없다면 회개해야 한다. 그리고 진심으로 감사를 드리면서 기도를 시작해야 한다.

또한 이 나라와 민족에 대해 욕과 비방, 비난, 정죄, 저주스러운 발언을 했다면 그것을 회개해야 한다. 거주의 경계를 정하신 분은 하나님이시다(행 17:21). 하나님께서는 하나님의 선한 뜻 가운데서 우리를 이 나라와 민족 가운데 태어나게 하셨다.

나라와 민족을 위한 기도는 당연히 이 나라의 위정자들에 대한 기도로 연결된다. 그러므로 대통령에 대해 무례한 말이나 비방, 비난 등을 마음에 품었거나 말로 내뱉었다면 회개해야 한다. 이것은 국회의원들과 각계 각층의 권세자들에게도 동일하게 적용하여 회개해야 한다.

> "각 사람은 위에 있는 권세들에게 복종하라 권세는 하나님으로부터 나
> 지 않음이 없나니 모든 권세는 하나님께서 정하신 바라"(롬 13:1).

그러므로 권세 있는 자들을 비방하는 것은 권세를 주신 하나님을 비방하는 것이다. 예수님과 사도들은 이 일에 모범을 보였다.

사도 바울이 예루살렘에서 잡혀서 공회 앞에서 자기에 대해 증언할 때 "여러분 형제들아 오늘까지 나는 범사에 양심을 따라 하나님을 섬겼노라"(행 23:1)고 했다. 그러자 대제사장 아나니아가 바울 곁에 있는 사람에게 바울의 입을 치라고 명령한다. 그때 바울이 대제사장을 향해 "회칠한 담이여 하나님이 너를 치시리로다 네가 나를 율법대로 심판한다고 앉아서 율법을 어기고 나를 치라 하느냐"라고 소리친다(행 23:3). 그러자 곁에 있는 사람들이 "하나님의 대제사장을 네가 욕하느냐?"라고 물었다. 이 말을 들은 바울은 "형제들아 나는 그가 대제사장인 줄 알지 못하였노라 기록하였으되 너의 백성의 관리를 비방하지 말라 하였느니라"(행 23:5) 하고 자기의 잘못을 인정하고 사과한다.

억울한 상황에서도 하나님의 말씀대로 권세자들에게 예의를 지켰던 바울은 성도들에게 이렇게 권면한다.

> "그러므로 내가 첫째로 권하노니 모든 사람을 위하여 간구와 기도와 도고와 감사를 하되 임금들과 높은 지위에 있는 모든 사람을 위하여 하라 이는 우리가 모든 경건과 단정함으로 고요하고 평안한 생활을 하려 함이라"(딤전 2:1-2).

당시의 관원들, 임금들, 높은 지위에 있는 사람들(로마 총독, 분봉왕, 유대 관리들)은 초대 교회와 사도들, 성도들에게 어떤 사람들이었는가? 그들은 당시 그리스도인들에게 원수였고 핍박자였다. 그러나 예수님과 사도들은 원수를 사랑하고 핍박하는 자들을 위해 기도하라고 하셨다(마 5:44). 그런 자들을 거스르지 말라고, 비방하지 말라고 한다. 또한 "조세를 받을 자에게 조세를 바치고 관세를 받을 자에게 관세를 바치고 두려워할 자를 두려워하며 존경할 자를 존경하라"(롬 13:7)고 한다.

그러므로 이 나라와 민족을 위해 기도하기를 원한다면 나라의 권세자들을 욕하고 비방, 비난, 저주의 말을 내뱉은 것들을 회개해야 한다. 하나님을 비방하고 대적한 자와 같은 심정으로 회개해야 한다. 또한 이 나라의 법과 제도를 무시하고 지키지 않은 것들을 회개해야 한다. 사소하게는 교통법규와 공중도덕을 지키지 않은 것, 크게는 건축법, 세금(일반세금) 등에 정직하지 않은 것, 이 나라의 국민으로서 마땅히 지켜야 할 것들을 지키지 않은 것들을 회개해야 한다.

그리고 하나님께서 이 나라에 세우신 권위들을 존중히 여기며 그 권위에 순종하고 이 나라의 법과 질서를 따라 살아야 한다. 이것을 바탕으로(회개와 합당한 순종 위에서) 나라와 민족을 위해 기도해야 한다.

꼭 기억할 것은 이 나라와 민족을 위해 할 수만 있으면 많은 사람이 기도해야 하는 것이 아니라, 깨끗한 그릇(이 나라와 민족에 대해 예수님처럼 반응함으로)이 되어 기도해야 한다는 것이다. 많은 사람이 필요한 것이 아니라, 깨끗한 그릇이 되어 기도하는 사람이 필요하다. 왜 그런가? 이 나라와 민족을 통해 하나님께서 영광을 받으시기 위해 기도하는 것이요, 거룩하시고 이 나라와 민족의 흥망성쇠를 주관하시는 하나님께 예수 그리스도의 이름으로 기도하는 것이기 때문이다. 깨끗한 그릇이 되어 기도하는 것이 진정으로 나라와 민족을 품고 막힘없이 기도하는 것이다.

속지 말라. 나라와 민족에 대해 정죄와 비난, 비방하는 마음을 가지고도 얼마든지 열정적으로 기도할 수 있다. 그러나 그 사람의 기도 때문에 하나님께서 이 나라를 지키시고 복 주시는 것이 아니다. 먼저 나라와 민족을 향한 자신의 마음을 살펴보라. 그리고 이제 이 나라와 민족에게 하나님께서 긍휼을 베풀어 주시기를 기도하라. 우리가 깨끗한 그릇이 되어 기도한다면, 사실 많은 말이 필요치 않다. 나라와 민족을 위해 기도하는 것은 이 나라와 민족을 향한 하나님의 본래적인 뜻이 이루어지기를 구하는 것이요, 이 나라와 민족을 통해 하나님께서 영광을 받으시기를 구하는 것이기 때문이다. 그리고 영광을 받으시는 방법은 하나님이 결정하시기 때문이다.

"나라와 권세와 영광이 아버지께 영원히 있사옵나이다."

2) 교회를 위해 기도하려면

지교회와 한국교회를 향해 던진 돌을 제거하라

그리스도인들은 자신이 속한 교회 공동체와 더불어 지역과 나라에 있는 교회를 위해 기도하는 것이 당연하다. 그러므로 우리는 개교회와 한국 교회를 위해 기도할 때, 교회에 대해 진심으로 감사하지 못했다면 그것을 먼저 회개하고, 교회에 대해 진심으로 감사하며 기도를 시작해야 한다. 그리고 자신이 속한 교회 공동체와 한국교회를 향해 던진 돌들을 제거해야 한다.

내가 속한 교회 공동체를 향해 돌을 던지면서 교회를 위해 기도한다? 교회에 대해 나쁜 마음과 나쁜 생각을 품고, 불만족스럽게 느끼고 불평하면서, 삼삼오오 모여서 교회를 험담하면서 교회를 위해서 하나님께 기도한다? 예수님의 몸 된 교회를 비방하고 험담하면서 예수님의 이름으로 하나님 아버지께 교회를 위해 기도한다? 이것은 상식적으로 맞지 않으며, 하나님께는 더더욱 용납되지 않는 일이다.

용납되지 않는다는 것은 그런 사람이 교회를 위해 기도하는 기도를 하나님이 듣지 않으신다는 것이요, 누구를 막론하고 교회를 향해 돌을 던지는 것은 용납할 수 없는 일이라는 것이다. 왜냐하면 그것은 하나님 (삼위일체 하나님)을 향해 돌을 던지는 것이기 때문이다.

교회를 위하고 교회를 사랑해서 한다는 말과 행동들, 그리고 열심을 내는 것들이 오히려 교회를 향해 던지는 돌이 되는 경우가 너무도 많다. 또한 개인기도 때나 대표기도 때에 목청을 높이고, 심지어 울며 불며 교회를 위해 기도하는 기도의 내용들이 겸손히 하나님의 긍휼을 구하는 것이 아니라, 교회를 정죄하고 비난하는 것이 되기도 한다.

예수님보다 교회를 더 사랑하고 현재 교회의 모습에 대해 아파하며 기도하는 사람이 있는가? 예수님께서는 교회를 사랑하시고 그 교회를 위하여 자신을 주셨다(엡 5:25). 예수님께서 이와 같이 하신 것은 교회를 깨끗하게 하사 거룩하게 하시고 자기 앞에 영광스러운 교회로 세우사 티나 주름 잡힌 것이나 이런 것들이 없이 거룩하고 흠이 없게 하려 하심이다(엡 5:26-27). 또한 예수님께서는 당신의 몸인 교회를 미워하지 않으시고 보호하신다(엡 5:29).

여러분은 예수님의 마음으로 교회를 사랑하고 있는가? 그렇다면 여러분은 절대로 교회를 향해 돌을 던지지 않을 것이다. 여러분이 주님의 마음으로 교회를 사랑한다면, 여러분은 교회의 연약함과 허물을 가지고 두렵고 떨림으로 겸손히 하나님의 긍휼과 은혜를 구하며 기도하는 자로 서 있을 것이다. 그리고 교회에서의 부르심과 믿음의 분량을 따라 맡은 직분과 자신의 자리에서 순종하는 자로 서 있을 것이다. 여러분은 지금 이런 모습으로 서 있는가?

교회 공동체를 위해 기도하기 원하는가? 그렇다면 교회를 향해 던진 돌이 있는지를 살피고 회개해야 한다. 교회에 대해 불만을 품고 불평했던 것, 교회를 비난하고 비방하고 험담했던 것들을 회개해야 한다. 심판받을 자처럼 두려운 마음으로 회개해야 한다. 왜냐하면 예수님을 돌로 친 것이기 때문이다. 교회는 순결한 사랑으로 교회를 사랑하고 계시는 예수님의 몸이다.

교회를 향해 던진 돌을 제거했다면, 이제 여러분이 속한 교회 공동체 안에서 여러분의 자리에서 직분을 따라 순종해야 한다. 교회의 권위와 치리에 순종하고 직분에 충성하고 직분에 걸맞은 본을 보이라. 그리고 교회를 위해 기도하라. 그러면 하나님께서 그 기도를 들으시고 교회를 통해 영광을 받으신다.

한국 교회를 위해 기도할 때도 마찬가지다. 여기에서는 특별히 주의 깊게 살펴보아야 할 것이 있다. 한국 교회를 향해서 독설을 퍼붓는 사람치고(믿는 자들 중에서) 한국 교회를 사랑하지 않는다고 하는 사람은 없다. 실제로 그들은 기도할 때 열정적으로 기도한다.

그러나 그런 사람들을 조금만 주의해서 보면, 본인은 의도하지 않았을지라도 자신은 신앙생활을 잘하고 있고 의로운데 반해, 한국 교회는 불의하고 다 썩었으며 매우 잘못됐다는 생각을 가진 경우가 많다. 자기들이 진단하고 처방한 대로만 하면 한국 교회가 참된 교회의 모습을 갖출 수 있다는 식이다. 그들은 한국 교회를 위해 기도할 때도 하나님께서 자기들이 진단하고 평가한 것을 근거로 나온 자신들의 처방대로 해 주시기를 간구한다. 이는 하나님의 자리에 앉아 하나님을 가르치려는 것과 같다.

그들은 스스로를 선지자나 파수꾼으로 여기지만, 실제로 그들은 한국 교회의 재판관이 되어 있다. 그들은 자칭 선지자들의 겉모양새는 갖추고 있으나, 선지자들의 마음이나 선지자들이 하나님 앞에서 보인 태도와는 거리가 아주 멀다. 그들은 선지자들보다도 신구약 중간기 때의 마카비 가문처럼 무력으로 독립운동을 한 자들에 가깝다.

마카비 형제들의 독립운동은 성경적으로 지지를 받지 못한다.

오늘날 교회(한국 교회)에 선지자나 (열심당원 같은)파수꾼이 필요한 것이 아니다. 오늘 우리에게는 왕이시며 선지자이시고 제사장이신 예수 그리스도의 마음을 가진 자, 예수 그리스도와 연합하여 하나 된 자들이 필요하다. 제사장의 마음을 갖지 않은 왕, 제사장의 마음을 갖지 않은 선지자는 필요하지 않다. 제사장의 마음을 갖지 않은 파수꾼도 필요하지 않다. 제사장의 마음을 갖지 않은 선지자와 파수꾼들이 목청을 높일수록 그들은 역설적이게도 그들 때문에 교회가 더욱 욕되게 되고 세상으로 교회를 비방할 거리를 더 많이 제공하는 역할을 한다.

여러분이 기도하지 않는다고 교회가 무너지는 것은 아니다. 오히려 돌을 던지는 자들을 통해, 돌을 던지면서 기도하는 자들을 통해, 교회 안에서 자기의 직분에 걸맞는 삶의 모범을 보이지 않는 자들을 통해, 직분에 충성하지 않는 자들을 통해 마귀가 교회를 혼란스럽게 하는 것이다. 마귀가 그들을 앞잡이로 사용하는 것이다.

하나님의 교회는 하나님이 지키신다. 하나님께서는 순결한 사랑으로 교회를 사랑하는 사람에게 교회를 위해 기도하게 하셔서 그 사람의 기도에 응답하심으로 교회를 지키시고, 교회 가운데 하나님의 뜻을 이루시고 영광을 받으신다.

그러므로 우리는 자칭 선지자나 파수꾼이 되어 백 마디의 외침이나 기도보다, 교회를 위해 자신을 주신 예수님의 마음으로 하는 한

마디의 기도와 교회 안에서의 순종을 하나님께서 받으시고 역사하신 다는 것을 기억해야 한다. 우리는 다만 하나님께서 하나님의 때에 하나님의 방법대로 이루시기를 기도하고 순종하며 기다릴 뿐이다. 절대로 돌을 던지지 않으면서 말이다.

진실로 여러분이 속한 교회와 한국 교회에 하나님께서 은혜와 긍휼을 베푸셔서 교회가 예수 그리스도의 터 위에 굳게 서 있기를 원하는가? 그렇다면 여러분은 하나님 앞에 거룩한 자, 깨끗한 그릇으로 서 있기를 힘쓰며, 여러분과 교회, 그리고 한국 교회와의 사이에 던진 돌들을 제거해야 한다. 그리고 난 후, 교회와 한국 교회를 위해 기도해야 한다. 그 기도가 진정한 중보적인 기도다. 던진 돌을 제거한 자 속에는 예수님이 주님으로 계셔서 그를 통해 기도하실 것이기 때문이다. 그리스도의 영이신 성령님께서 그를 통해 그리스도의 몸을 위해 기도하게 하시기 때문이다.

3) 목회자를 위해 기도하려면

목회자와 목회자 가족에게 던진 돌을 제거하라

목회자를 위해 기도하려면 반드시 목회자에 대한 감사의 마음을 가지고 기도해야 한다. 평소에 감사하지 못했다면 가장 먼저 이것을 회개하고 감사의 마음을 가져야 한다. 모든 기도 대상에 대해서 그러한 것처럼, 내가 기도하고자 하는 목회자에 대해 감사하는 마음이 없다면 기도하지 않아야 한다. 기도할 조건이 갖추어져 있지 않기 때문이다. 하나님께서는 감사함으로 기도하는 자의 기도만을 들으시고 응답하신다. 상대방에 대해 감사의 마음을 갖는 것은 던진 돌을 제거하는 것보다 훨씬 더 중요하다. 던진 돌을 제거했지만, 그에 대해 감사의 마음이 없다면 이 또한 크게 소용이 없다(항상 적극적이고 긍정적인 감사만을 의미하지는 않는다).

그리고 목회자에게 던진 돌을 제거해야 한다. 목회자에게 나쁜 감정을 가진 것, 목회자에 대해 불평하고 비난하는 것, 목회자의 약점을 들춰내고 퍼트린 것들과 심지어 목회자 면전에서 무례하게 말했거나 행동한 것들을 하나님께 회개해야 한다(목회자로부터 날아온 화살에 대한 반응이든지, 화살과 상관없이 우리 안에서 먼저 일어난 것인지는 중요하지 않다).

모든 권세와 권위는 하나님께로부터 나온다. 더욱이 목회자, 목사라는 권위는 말할 것도 없다.

> "그가 어떤 사람은 사도로, 어떤 사람은 선지자로, 어떤 사람은 복음 전하는 자로, 어떤 사람은 목사와 교사로 삼으셨으니 이는 성도를 온전하게 하여 봉사의 일을 하게 하며 그리스도의 몸을 세우려 하심이라"(엡 4:11-12).

이 본문을 가지고 오늘날의 사도와 선지자에 대해 들먹이는 사람들에 대해서는 논쟁할 필요가 없다. 이것을 위해 힘을 소비하는 것은 어리석은 일이다.

목회자에게 돌을 던진 것은 목회자에게 던진 것이기 이전에 하나님께서 정하신 목사라는 직임에, 하나님께서 부여하신 목사의 권위에 돌을 던진 것이다. 이는 곧 하나님께 돌을 던진 것이다. 한 나라의 장관을 욕하는 것은 그 장관을 임명한 대통령을 욕하는 것이다.

목회자에게 던진 돌을 제거하는 방법은 무엇인가? 외적으로 표현되지 않은 생각, 마음, 감정으로 던진 돌들은 하나님께 개인적으로 회개해야 한다. 그러나 그것들이 외적으로 즉, 무례한 말과 행동으로 목회자에게 표현된 것이라면, 먼저 하나님께 회개하고 난 후, 당사자인 목회자에게도 직접 용서를 구해야 한다. 그러나 간접적인 무례 즉, 목회자가 없는 자리에서 다른 사람들과 목회자를 비방, 비난, 정죄, 허물을 말한 것은 반드시 목회자에게 직접 용서를 구해야 하는 것은 아니다.

목회자를 위해 기도하기 원하는가? 그렇다면 먼저 목회자에 대한 감사의 마음을 가지라. 그리고 하나님께 회개와 목회자에게 직접 용서를 구하여 던진 돌을 제거하라. 그리고 목회자를 존중히 여기고 주 안에서(말씀의 원리를 따라) 목회자에게 순종하라. 성도가 목사님을 존중하고 순종하는 것은 하나님께서 정하신 목사라는 직임에 대한 권위를 존중하고 순종하는 것이다. 그 권위에 대한 존중과 순종이 권위자인 목사님에 대한 존중과 순종으로 나타난다.

우리는 어떤 사람을 존중하고 그에게 순종하라는 말을 들으면 하나님이 세우신 권위보다 그 사람을 먼저 생각한다. 그래서 그 사람을 외모로 판단하고, 그가 나에게 서운하게 한 일, 나의 기대에 못 미치는 모습, 존중받을 만한 것이 별로 없는 것들을 먼저 생각해서 '그가 존중을 받을 만한 사람인가? 이런 그에게 순종해야 되는가?'라고 생각한다. 이것은 무지한 생각이다. 성경은 권위를 존중하고 순종하라고, 그것이 곧 하나님을 존중히 여기고 순종하는 것이라고 말씀한다. 목회자의 능력이 뛰어나고, 학위도 높고, 실력도 있어서 그 목회자를 존중하고 순종하는 것을 하나님을 존중히 여기고 하나님께 순종하는 것이라고 단언할 수는 없다. 그런 목회자는 누구나 존중하고 따르게 되어 있다. 특히 그와 이해관계에 있다면 더 그렇다.

여러분이 목회자에게 던진 돌을 제거하지 않고 목회자를 위해 기도하면 하나님께서는 여러분의 기도에 귀를 막으신다. 주의할 것은 목회자를 위해 기도할 때, 여러분이 바라는 목회자 상, 세상이 원하는 목회자 상을 가지고 기도하지 않아야 한다. 성경에서 말하는 제사장, 감독, 장로에 대한 말씀과 예수님과 사도들을 기준으로 기도해야 한다.

그리고 목회자를 여러분의 마음에 품고 기도하라. 이렇게 기도하는 자는 절대로 그에게 돌을 던지지 않는다. 이것은 목회자의 가정과 가족들을 위해 기도할 때도 동일하게 적용된다. 사실 목회자와 가정은 별개가 아니다. 목회자 가정에 대한 여러분의 마음과 행동이 곧 목회자에게 한 것이다.

여러분이 목회자를 위해 기도하지 않는다고 목회자가 잘못되거나 망하는 것이 아니다. 목회자를 누가 세우셨는가? 하나님께서 세우셨다. 그러므로 목회자는 하나님의 주권적인 은혜 안에 있으며, 하나님의 돌보심과 인도하심 가운데 있다. 그 누구보다 하나님께서 목회자를 불꽃 같은 눈으로 지켜보고 보호하신다. 목사가 무너지는 것이 얼마나 큰 결과를 가져오는지를 잘 아시기 때문이다. 사탄 마귀도 이것을 너무도 잘 안다. 그러므로 예수님께서도 지금 하나님 보좌 우편에서, 옛날 사탄이 베드로를 밀 까부르듯하려고 할 때 그가 넘어지지 않도록 그를 위해 기도하셨던 심정으로, 아니 그보다 더 간절히 목회자들을 위해 기도하고 계신다.

다시 말씀드리지만, 얼마나 많은 사람이 목회자를 위해, 얼마나 간절하게 기도하느냐는 전혀 중요하지 않다. 하나님께서는 깨끗한 마음으로 하나님을 사랑하고 섬기며 예배하는 자들, 하나님께서 세우신 직임과 권위를 존중히 여기고 순종하는 자들에게 목회자를 위해 기도하게 하신다. 그리고 그의 기도에 응답하셔서 목회자들을 보호하시고 그들에게 향하신 뜻을 이루어 가신다.

그러므로 여러분은 하나님 보시기에 얼마나 깨끗한 마음으로, 예수님의 마음으로 목회자를 위해 기도하고 있는지를 항상 점검해야 한다. 이렇게 하지 않는 기도는 아무 소용이 없다. 눈물로 기도했느냐, 간절한 기도였느냐가 중요한 것이 아니다. 그럴 수도 있고, 전혀 아닐 수도 있다.

목회자에게 순종하는 것에 대해 한 가지 덧붙일 것은, 목회자에게 무조건 순종해야 하는 것은 아니라는 것이다. 사도들이 감독들과 장로들, 말씀을 가르치는 자들을 귀히 여기고 순종하라는 것은, 사도들의 가르침을 올바르게 분별하여 가르치는 자들에 대한 말씀이다. 당시에는 다른 복음과 다른 예수를 가르치고, 복음보다는 신화와 족보, 성경 인물들의 영웅담을 주로 가르치는 자들이 있었다. 복음을 가르쳐도 사도들의 가르침을 왜곡하여 가르치는 거짓 교사들, 거짓 사도들이 많았다. 사도들은 성도들이 이들의 미혹에 빠지지 않도록 하기 위해 말로나 편지로 가르쳤고, 이것을 위하여 힘써 기도하였다.

> "여러분은 자기를 위하여 또는 온 양 떼를 위하여 삼가라 성령이 그들 가운데 여러분을 감독자로 삼고 하나님이 자기 피로 사신 교회를 보살피게 하셨느니라 내가 떠난 후에 사나운 이리가 여러분에게 들어와서 그 양 떼를 아끼지 아니하며 또한 여러분 중에서도 제자들을 끌어 자기를 따르게 하려고 어그러진 말을 하는 사람들이 일어날 줄 내가 아노라 그러므로 여러분이 일깨어 내가 삼 년이나 밤낮 쉬지 않고 눈물로 각 사람을 훈계하던 것을 기억하라 지금 내가 여러분을 주와 및 그 은혜의 말씀에 부탁하노니 그 말씀이 여러분을 능히 든든히 세우사 거룩하게 하심을 입은 모든 자 가운데 기업이 있게 하시리라"(행 20:28-32).

초대 교회 시절에 바울 사도가 삼 년 동안이나 밤낮 쉬지 않고 가르치고 기도하였던 교회가 그러했다면, 오늘날은 어떠하겠는가? 오늘날 모든 목회자가 사도들이 말한 올바른 사역자는 아닐 수 있다. 또한 모든 목회자가 초심을 잃지 않고, 변질되지 않은 목회자가 아닐 수 있다. 목회자로 부름을 받은 초창기와 수십 년이 흐른 뒤의 모습과 가르침은 많이 다를 수도 있다(부정적으로). 사도 바울의 말처럼 성도들을 정결한 처녀로, 한 남편인 그리스도께 드리려고 중매하는(고후 11:2) 자가 아닐 수 있다. 자기를 따르게 하려고 바른 교훈이 아니라 어그러진 말, 사람들의 기호에 따른 달콤한 말을 하는 목회자들이 많은 것이 사실이다.

 그래서 우리는 사도 시대보다 더 정신을 차리고 분별해야 하는 시대를 살고 있다. 분별하지 못하면 최악의 경우 목회자와 함께 불구덩이에 빠질 수도 있는 시대다. 그러므로 우리는 더욱 진리의 영이요, 우리를 예수 그리스도의 진리 가운데로 이끄시는 성령님의 인도하심을 구하며, 말씀을 읽고 연구해야 한다. 그리고 목회자들의 설교와 가르침이 예수님(사복음서)과 사도들의 가르침(서신서)의 본래적인 뜻과 같은지를 확인해야 한다.

 이러한 현실은 우리로 하여금 목회자들을 위해 더욱더 기도하도록 동기 부여를 하고 있다. 다만 우리는 그들에게 돌을 던지지 않으면서, 또는 긍휼의 마음을 가지고 기도해야 한다. 사회적으로 지탄받을 만한 일을 저지른(사법적인 처벌) 목회자에 대해서도 돌을 던지지 않아야 한다 (그를 편들어야 한다는 것이 아니다). 간음한 여인이 현장에서 잡혀 왔음에도 예수님께서는 "너희 중에 죄 없는 자가 먼저 돌로 치라"고 하셨다.

 다른 교회 목회자에게 돌을 던지는 것도 하나님께서 세우신 목회자에게 돌을 던진 것이다. 다른 목회자에게 돌을 던지면서, 자기 교회 목회자를 위해 기도하는 것은 엄밀히 말해서 모순이다.

 어떤 부모에게 다섯 명의 자녀가 있는데, 그 중에 한 아이가 동네 사람들이 혀를 내두를 정도의 말썽꾸러기였다. 부모도 그 사실을 인정한다.

어느 날, 옆집 사람이 부모에게 그 아이의 허물과 단점을 말하면서 "아무개가 우리 동네 이미지를 다 망치고 있고, 같은 동네에 살기 힘드네요"라고 말했다. 그러면서 그 아이의 부모에게 "당신도 그 아이 때문에 참 힘들죠?" 하는 것이다.

자, 여러분이 그 아이의 부모라면 옆집 사람에 대해 어떻게 생각하겠는가? 모두가 인정하는 사실이니까, 그 사람의 말에 동의하고 아무렇지 않을 수 있는가? 평소에 그 부모는 그 아이 때문에 얼마나 많은 눈물을 흘렸겠으며, 그가 믿음의 사람이라면 그 아이를 놓고 하나님께 얼마나 많이 기도했겠는가? 그런데 옆집 사람이 면전에서 내 아이를 흉보고 있고, 심지어 내 아이 때문에 동네 이미지가 망가져서 한 동네 살기가 부끄럽다고까지 말한다. 그 사람을 다시 보고 싶은 마음이 있겠는가?

하나님의 마음, 예수님의 마음이 이와 같다. 이것은 모든 성도들에 대해서도 동일하게 적용되는 원리다. 자기가 속한 교회와 성도를 욕하고 비방하면서 교회를 위해 기도하는 것은 모순이다. 본 교회 목회자에게 돌을 던지면서 그를 위해 하나님께 기도할 수는 없다. 부질없는 기도이기 때문이다. 옆 교회 목회자에게 돌을 던지면서 내가 속한 교회 목회자를 위해 아무렇지 않게 기도할 수도 없다. 우리는 하나님의 입장에서 생각해야 한다. 그리고 하나님의 관점에서 우리가 던진 돌들을 제거하고 기도해야 한다(목회자를 위해 기도할 때, 말 2:5-9; 고전 2:1-5; 딤후 2:15-26, 3:14-4:5 등을 참고).

4) 가정(가족)을 위해 기도하려면

가정과 가족들에게 던진 돌을 제거하라

참된 기도는 항상 모든 것에 감사하며 하는 기도이다. 모든 것에 대한 하나님의 주권과 섭리를 인정할 때만이 비로소 모든 것에 감사할 수 있다. 이런 자의 기도를 하나님께서 들으시고 역사하신다. 하나님의 주권과 섭리를 인정하지 않는 자의 기도는 엄밀히 말해 기도가 아니다. 모든 것을 주관하시고 뜻대로 이끌어 가시는 하나님께 기도한다고 하면서 그것을 인정하지 않는다면, 그의 기도는 기도가 아니다. 뿐만 아니라 하나님께서 그를 어떻게 생각하시겠는가? 그는 그저 자기의 소원성취를 위해 구하고 있을 뿐이다.

진정한 감사로 기도를 시작해야 하는 것은, 가정과 가족을 위한 기도에서도 마찬가지다. 가정과 가족들을 주신 하나님께 감사가 없다면, 우리가 가정과 가족을 위해 하는 기도는 아무런 소용이 없다. 하나님께서 은혜로 주신 귀한 선물에 대해 감사하지 않으면서 선물을 위해 기도하는 것은 모순이다. 감사로 기도하지 않는다면 그는 가정과 가족들을 통해 하나님께서 영광을 받으시기 위해 기도하고 있는 것이 아니다. 솔직히 그는 자기를 위해, 자기의 유익과 편안함을 위해 기도하고 있는 것이다. 스스로를 속이지 말라. 하나님께서도 속지 않으신다.

우리가 가정과 가족들에 대해 불평하고, 그들에 대해 불만이 쌓여 있거나 용서하지 못한 상태에서, 가정과 가족에 대한 약속의 말씀을 붙잡고 그 말씀대로 이루어 주시기를 간절하게 축복하며 기도한다면 우리의 기도는 울리는 꽹과리에 불과할 뿐이다. 하나님께는 소음일 뿐이다. 또한 그 상태에서 우리가 마귀를 당장이라도 땅에 패대기칠 기세로 가정과 가족을 위해 마귀를 대적하는 기도를 한다고 할지라도 그 기도는 공허한 메아리에 불과할 따름이다. 사실 마귀는 꿈쩍하지도 않는다.

가정과 가족들에 대해 불평, 불만을 쏟고 짜증을 내고, 그들에 대해 감사하지 않는 것은, 마치 가데스바네아에서 가나안 땅을 정탐하고 돌아온 열두 명의 정탐꾼 중에서 열 명이 하나님께서 약속하신 가나안 땅을 악평한 것과 같은 죄다.

하나님께서 주신 가정과 가족들에 대해 악평하고 있는 것은 우리의 가정에 하나님의 다스림과 은혜가 임하게 하기는커녕, 오히려 악한 영들이 가정에서 활개를 치고 다니도록 멍석을 깔아 주고 마귀에게 가정의 현관문을 활짝 열어 주는 것이다. 그러므로 마귀가 우리의 기도에 콧방귀도 끼지 않는다. 혹 당장은 나갔다가도 나중에 더 악한 영들을 데리고 들어와서 가정 형편과 가족들의 삶이 영적으로나 육적으로 더욱 피폐해져 간다(마 12:45).

여러분은 가정과 가족들을 위해 기도하기 원하는가? 진정 여러분의 가정과 가족들을 통해 하나님께서 영광 받으시기를 원하는가? 그렇다면 먼저 여러분의 가정과 가족들에 대해 감사해야 한다. 지금 가정, 가족들에 대해 하나님께 감사하지 않았음을 회개해야 한다. 가정에 대해, 가족들에 대해 불평하고 불만족스럽게 생각하고 짜증냈던 것들을 회개하라.

그리고 감사의 고백을 드려라. 여러분의 가정 형편과 상황이 어떠하든지, 어떤 문제가 있든지 무조건 진심으로 감사해야 한다. 그리고 가족들에 대해, 남편과 아내에 대해, 자녀들에 대해 하나님께 감사해야 한다. 가족들이 잘났든지 못났든지, 예쁜 짓을 하든지 아니면 미운 짓만 하든지 먼저, 하나님께 감사해야 한다. 그들은 하나님께서 여러분에게 주신 복이요, 선물이며 상급이다(시 127:3).

부부 관계에서

그리고 가족들과의 관계에 있는 던진 돌들을 회개해야 한다. 먼저, 남편과 아내의 관계에서 던진 돌들을 회개해야 한다. 서로가 서로에게 던진 돌, 마음과 생각과 감정으로 서로에게 던진 돌들은 개인적으로 하나님께 회개하고, 무례한 말과 행동으로 서로에게 던진 돌들은 하나님께 회개하고 나서, 반드시 서로에게 용서를 구해야 한다. 그리고 무조건 용서해야 한다.

남편이나 아내에 대한 불평, 불만, 짜증을 품고 서로에 대해 혼잣말로 뱉어낸 말들, 다른 사람들에게 남편이나 아내의 흉을 보았던 것들을 회개해야 한다. 그리고 서로의 면전에서 뱉어낸 무례한 말과 행동들은 서로에게 직접 용서를 구하고 용서해야 한다. 상대방을 용서하는 데 있어서 반드시 상대방이 나에게 용서를 구해야 하는 것은 아니다.

부부간에 서로에게 던진 돌은 악한 영이 부부 관계 사이에 높은 성벽을 만들게 하는 재료들이다. 이 성벽은 회개와 용서가 있지 않고서는 절대로 무너지지 않는다. 오직 내가 상대방에게 던진 돌들을 회개하고, 예수 그리스도의 이름과 사랑으로 상대방에게 먼저 용서를 구하고, 상대방을 용서하면 악한 영은 떠나가고 하나님의 나라가 이루어지는 것이다.

부부의 중요성

부부관계는 가정의 핵심이다. 남편과 아내의 관계가 성경대로 세워지지 않으면 가정도 성경적인 가정으로 세워지지 않는다. 가정을 하나님이 원하시는 가정, 하나님을 영광스럽게 하는 가정으로 세우시기 원하는가? 그렇다면 남편과 아내의 관계를 성경적으로 세우라. 다른 길은 없다.

그리고 가정이 하나님의 가정으로 세워지지 않으면, 당장은 아니더라도 1세대나 2세대가 지나면서 교회도 무너지게 된다. 오늘 우리는 이러한 결과들을 눈으로 보고 있다. 가정을 하나님의 가정으로 세우지 못한 자들이 모여 있는 교회 공동체가 무너지는 것은 놀라운 일이 아니다. 당연한 결과다.

가정을 믿음의 가정으로 세우는 데 있어서 아내들의 역할은 거의 절대적이다. 유대인들의 경우만이 아니라, 인류의 역사가 가정의 성패는 아내요, 어머니들에게 달려 있음을 증거하고 있다. 그리고 사도들도 남편들에게보다 아내들에게 더 많은 권면을 하고 있다.

"아내들이여 남편에게 복종하기를 주께 하듯 하라 이는 남편이 아내의 머리 됨이 그리스도께서 교회의 머리 됨과 같음이니 그가 바로 몸의 구주시니라 그러므로 교회가 그리스도에게 하듯 아내들도 범사에 자기 남편에게 복종할지니라"(엡 5:22-24).

남편이 아내보다 힘이 세고 잘났고, 경제력이 더 나은 좋은 남편이거나, 아내를 극진히 사랑하는 남편이기 때문에 그런 남편에게 복종하라는 것이 아니다. '목사'라는 직임에 대한 경우처럼, 하나님께서 세우신 남편이라는 권위에 주 안에서 복종하라는 것이다. 부부관계가 하나님의 질서대로 올바르지 않거나 무너져 있으면 그 가정에는 소망이 없다.

자녀들에 대해서는 더욱 그렇다. 남편과 아내의 관계를 말씀대로 올바르게 세우지 않으면서 자녀들의 결혼생활과 삶이 잘되기를 바라는 것은 억지를 부리는 것이다. 어느 부모가 자녀들의 결혼생활이 행복하지 않기를 바라겠는가? 그러나 아내가 남편을 말씀대로 존중하고 순종하지 않는다면, 그가 남편이나 자녀들을 위해 아무리 기도할지라도 그는 기도 응답이 아니라(기도는 이미 막힌 것이고), 자기 행위의 열매를 먹게 될 것이다. 여러분의 자녀들이 행복한 결혼생활을 하기 바란다면, 먼저 남편과 아내의 관계를 말씀대로 바로 세우고, 그 순종 위에서 기도해야 한다.

기도하는 영역이나 관계에 대한 온전한 순종이 없는 기도는 공허한 메아리일 뿐이다. 그래서 기도하는 것보다 순종하는 것이 더 중요하다. 순종하고 있지 않다면 말씀대로 순종하기를 위해 기도해야 한다.

순종하지 않았던 지난날을 회개하면서 성령의 능력을 구해야 한다.

남편을 위해, 가정과 가족들을 위해 기도하는 아내들이여! 기도보다 남편에게 순종하기를 힘쓰라.

"아내들아 이와 같이 자기 남편에게 순종하라 이는 혹 말씀을 순종하지 않는 자라도 말로 말미암지 않고 그 아내의 행실로 말미암아 구원을 받게 하려 함이니 너희의 두려워하며 정결한 행실을 봄이라 너희의 단장은 머리를 꾸미고 금을 차고 아름다운 옷을 입는 외모로 하지 말고 오직 마음에 숨은 사람을 온유하고 안정한 심령의 썩지 아니할 것으로 하라 이는 하나님 앞에 값진 것이니라 전에 하나님께 소망을 두었던 거룩한 부녀들도 이와 같이 자기 남편에게 순종함으로 자기를 단장하였나니 사라가 아브라함을 주라 칭하여 순종한 것같이 너희는 선을 행하고 아무 두려운 일에도 놀라지 아니하면 그의 딸이 된 것이니라"(벧전 3:1-6).

본문에서 "도를 순종하지 않는 자(남편)"는 불신자인 남편이거나 이제 막 믿음을 가지게 된 어린아이 수준의 성도인 남편을 가리킨다. 남편의 구원 문제나 남편의 신앙 성장에 있어서 아내 된 자의 순종과 착한 행실이 절대적인 영향을 끼친다는 것이다. 하나님께서 아내의 순종과 착한 행실을 받으시고 남편에게 구원의 은혜와 믿음을 더해 주신다는 것이다.

그러나 신앙이 좋다고 열심을 내는 아내들 중에는 남편의 권위를 인정하고 남편을 존중히 여기고 순종하는 것은 뒷전이고, 남편의 구원과 가정을 위한다는 미명으로 공적인 예배를 비롯해 모든 예배와 모임에 열심이고, 봉사, 전도, 헌금 등에 열심을 낸다. 그러면서도 남편을 무시하고 모임에서 남편의 험담을 늘어놓고, 때론 남편을 마귀 취급하기도 한다. 남편 때문에 신앙생활하기가 힘들다는 것이다. 그가 장애물이고 방해꾼이라는 것이다.

지금 누가 하나님의 관점에서 장애물 역할을 하는 것인가? 하나님께서 하시고자 하는 일을 방해하고 있는 자가 남편인가, 아내인가? 그들이 열심을 내는 것이 잘못한 것은 아니지만, 그런 열심으로 남편이 구원을 받거나 남편의 믿음이 성장하거나 가정이 하나님의 가정으로 세워지는 경우는 열에 한 가정 있을까 말까 하다. 그렇게 세워진 가정의 경우도 신앙의 토대가 올바르게 세워졌다고 말할 수는 없다. 두고 보면 알 것이다.

오늘날 교회에 속한 가정의 모습은 30~40년 전, 신앙생활한 분들의 열매다. 지금 그 열매들이 탐스럽고 먹음직스러워 보이는가?

아내들에게 자기 남편을 하나님의 사람, 가정의 제사장으로 세우는 것보다 더 중요한 일은 없다. 아내가 다른 것들을 아무리 잘했더라도 남편을 가정의 제사장으로 세우지 못하고, 하나님의 사람으로 세우지 못했다면, 그는 하나님 보시기에 잘한 것이 아무것도 없는 것이다. 하나님께서 아내들에게 주신 첫 번째요, 가장 중요한 사명을 그가 저버렸기 때문이다. 반대로, 다른 것은 잘하지 못했지만 남편에 대한 순종과 착한 행실로 남편의 믿음이 자라게 하고, 가정의 제사장으로 세워지게 하고, 남편이 교회에서 직분을 맡아 그 직분을 잘 감당하게 하였다면, 그 아내는 모든 것을 잘한 것이다. 그 어떤 여인보다 하나님으로부터 가장 큰 칭찬과 상급을 받을 것이다. 이것은 남녀차별이 아니다. 성경적인 원리대로 말하고 있을 뿐이다.

아내들이여, 남편을 위해 기도하려거든 남편에 대해 하나님께 감사하라. 그리고 남편을 존중히 여기고 순종하라. 남편에게 던진 돌을 제거하라. 개인적으로나, 특히 여자들끼리 모인 자리에서 남편을 흉보지 말라. 그러나 그렇게 해서라도 스트레스를 풀어야겠다고 한다면, 여러분의 가정이 무너지고 자녀들의 결혼생활이 불행하게 되거나 파탄 날 때, 그 누구도 원망하지 마라. 여러분이 뿌린 대로 거두었을 뿐이기 때문이다.

아내의 가장 큰 사명은 남편을 하나님의 사람, 가정의 제사장으로 세우는 것이다. 아내의 사명이 이렇게 크고 막중하기 때문에 남편은 아내를 사랑하고 귀하게 여겨야 한다(엡 5:25-28).

> "남편들아 이와 같이 지식을 따라 너희 아내와 동거하고 그를 더 연약한 그릇이요 또 생명의 은혜를 함께 이어받을 자로 알아 귀히 여기라 이는 너희 기도가 막히지 아니하게 하려 함이라"(벧전 3:7).

남편들은 하나님께서 아내와 한 몸이 되게 하셨기 때문에 기도할 틈을 얻기 위해 잠시 각 방을 쓰는 것(고전 7:5)이나 불가피한 일(출장 등)로 인한 경우 외에는 항상 동거하고 한 방을 써야 한다.
성경에서 허락한 이유 외에 다른 이유로 별거하거나 이혼해서는 안 된다(마 19:9 - 음행한 이유 외에). 음행한 이유에 대해서도 감당할 수만 있다면 이혼하지 않는 것이 좋다. 그러나 감당할 수 없다면 이혼하는 것은 죄를 짓는 것이 아니다. 다만, 성경은 재혼에 대해서 매우 엄격하다는 것을 기억해야 한다.

여자는 약하지만, 엄마는 강하다고 한다. 아내는 엄마가 아니라, 여자다. 깨지기 쉬운 그릇이다. 아내가 깨지면 남편도 깨진다. 한쪽이 깨진 그릇에는 아무것도 담을 수 없다. 남편들이 아내를 귀히 여기고 아내와의 관계에서 거리낌이 없어야 하는 것은 기도가 막히지 않게 하기 위해서다.

이것은 아내들에게도 해당된다. 기도가 막힌다는 것은 기도가 하나님께 상달되지 않는다는 의미도 있지만, 기도가 안 된다는 것이다. 남편과의 관계가 원활하지 않으면 기도가 안 된다. 이것은 지극히 정상이다. 아내나 남편과 불화가 생겼고, 화해가 되지 않았는데 기도가 잘될 리가 없다. 혹 화해가 되지 않는 상태에서 기도가 잘된다고 해도 그 기도는 하나님께 상달되지 않는다.

부모와 자녀 관계에서

가정과 가족을 위해 기도하려면 부부관계에서만 아니라, 부모와 자녀 관계에서도 던진 돌을 제거해야 한다. 원리는 동일하기 때문에 간단히 언급한다. 먼저, 자녀에 대해 하나님께 감사하라. 자녀는 하나님께서 주신 선물이요, 상급이기 때문이다. 두 번째로, 자녀에게 말로나 행동으로 던진 돌들을 회개하고, 자녀에게 용서를 구해야 한다.

세 번째로, 자녀를 위해 축복기도만 하기보다, 하나님께 순종하는 자녀가 되도록 해야 한다. 하나님께서는 순종하는 자에게 복을 주시기 때문이다. 하나님께서 약속하신 복은 그 복과 관계된 명령(조건)에 순종하는 자에게만 주어진다.

하나님께서 우리의 기도대로 응답하신다면, 하나님은 우리 자녀를 먼저 하나님 중심, 말씀 중심, 예수 그리스도 중심의 삶을 살게 하신다. 이것이 없이 우리 자녀를 쓰시는 경우는 없다. 만약 자녀가 결과적으로만 잘 된다면 그는 뿌리 없는 나무와 같고, 자기 인생을 모래 위에 짓는 자일 뿐이다. 이것을 바라는 믿음의 부모는 없다.

그러므로 부모들은 자녀들을 위해 축복기도를 해야 하지만, 그보다도 자녀가 하나님 중심, 예수 그리스도 중심의 삶을 살게 하는 데 더 힘을 써야 한다. 사실 이것을 위해 기도해야 한다. 순종하는 자녀가 되기를 기도해야 한다. 그리고 "오직 주의 교훈과 훈계로 양육"(엡 6:4)해야 한다. 그러면 하나님의 복은 자동적으로 자녀에게 주어진다(양육 속에 자녀를 위한 축복기도가 포함되어 있다).

부모들의 가장 큰 사명은 자기 자녀를 예수님의 제자로 양육하여 세우는 것이다. 이보다 더 귀한 사역도, 더 잘한 일도 없다. 자기 자녀를 예수님의 제자로 세우지 못하면 그는 다음 세대를 포기한 자다. 다음 세대를 위한다면 먼저, 자기 자녀를 제자로 세워야 한다. 제자훈련 코스를 밟게 하는 것이 아니라, 자기를 부인하고 자기 십자가를 지고 예수님을 좇는 제자로 세워야 한다.

정리하면, 가정(가족)을 위해 기도하려면 먼저, 가정과 가족들에 대해 진심으로 감사해야 한다. 그리고 던진 돌들을 제거해야 한다. 회개하고 서로에게 용서를 구하고 용서해야 한다. 또한 서로에 대한 역할과 의무에 대해 말씀대로 순종해야 한다. 그러고 나서 서로를 위해 기도해야 한다. 그래야만 하나님께서는 우리의 기도를 들으시고 하나님의 때에, 하나님의 방법대로 뜻을 이루신다.

이것이 거룩한 삶을 사는 거룩한 제사장으로서 중보적인 역할과 기도를 하는 것이요, 예수님이 내 안에, 내가 예수님 안에 있으므로 깨끗한 그릇이 되어 중보적인 역할과 기도를 하는 것이다.

중보적인 기도에 대한 오해

중보적인 역할, 특히 중보적인 기도에 대한 말씀을 마무리하면서 우리가 중보적인 기도를 할 때 오해하지 말아야 할 한 가지가 있다. 중보적인 기도는 내가 다른 사람을 위해 하나님께 간구하는 것이다. 그렇다고 나의 중보적인 기도가 그 사람이 하나님께 순종해야 할 것들을 대신 해 주는 것은 아니다.

내가 그를 위해 중보적인 기도를 하는 것은 하나님께서 그에게 은혜 베풀어 주셔서 그 사람이 직접 하나님께 믿음으로 반응하고 순종하는 삶을 살게 해 주시기를 기도하는 것이다. 하나님께서는 그 사람의 믿음과 순종을 받으시고 그를 향하신 하나님의 뜻(약속)이 그의 삶에 이루어지게 하신다. 그를 위해 중보적인 기도를 하는 것은 그를 위해 내가 바라는 것을 구하는 것이 아니요, 그가 필요로 하는 것을 대신 구해 주는 것도 아니다. 중보적인 기도는 그를 통해 하나님께서 영광을 받으시길 구하는 것이요, 그를 향하신 하나님의 뜻이 그의 삶에 이루어지기를 구하는 것이다. 그리고 기도 응답의 방법과 시기는 하나님의 주권에 맡겨야 한다.

중보적인 회개(개인, 공동체, 민족의 죄에 대해서)도 내가 대신해서 회개하는 것이 아니다. 내가 그와 동일시하여 회개 기도를 하는 것이 대신 회개를 한 것은 아니다. 회개를 대신하는 경우는 성경 그 어디에도 없다. 회개 기도를 대신한 것과 그의 회개를 동일시하여 오해한 것일 뿐이다. 우리가 대신해서 회개했기 때문에 그가 회개하지 않아도 되는 경우는 결코 없다. 우리의 회개가 그의 회개의 필요성을 없애지 못한다. 우리가 동일시하여 중보적인 회개 기도를 한 것에 대한 응답은 당사자(개인, 공동체, 민족)가 실제적으로 하나님 앞에서 자기의 죄를 회개하는 것이다. 우리의 중보적인 회개가 당사자의 회개를 대신하는 것이 아니라, 하나님께서 당사자에게 회개의 영을 부어 주시도록 하는 마중물 역할을 하는 것이다.

하나님의 징계나 심판의 경우에도 마찬가지다. 당사자들은 회개하지 않았는데, 일명 깨어 있다고 하는 몇몇 사람들의 중보적인 회개를 받으시고 그들에 대한 징계와 심판이 취소되거나 축소되고 연기되는 것이 아니다. 그것은 결코 성경적이지 않다.

동일시하는 기도나 중보적인 회개를 말할 때 다니엘이나 에스겔, 에스라, 느헤미야의 기도를 예로 제시한다. 그러나 다니엘과 에스겔은 이스라엘이 징계와 심판을 받아 이미 포로가 된 상태에서, 에스라와 느헤미야는 포로귀환 이후 민족을 재건하는 과정에서 동일시하는 회개를 한 것이다. 예레미야의 경우는 바벨론의 침공에 의한 하나님의 심판이 확정되었기에 예레미야의 기도와 순종에도 불구하고 그들에게 회개의 은혜가 베풀어지지 않았다. 오히려 심판의 정당성을 위해 죄에 죄를 더하도록 내버려 두신다.

요나서에서 니느웨 성의 경우는 어떤가? 니느웨 성이 곧 멸망할 것이라는 요나의 외침을 듣고 몇몇 사람이 중보적인 회개를 했기 때문에 하나님께서 뜻을 돌이키셨는가? 아니다. 회개의 영이 니느웨 성의 모든 사람들에게 임한 것이다. 회개의 은혜를 베푸셔서 회개하게 하셨고, 회개하기 때문에 용서하신 것이다.

지금 우리는 은혜의 시대요, 성령시대를 살고 있다. 하나님께서는 구원하실 자들에게 은혜를 베푸사 구원 얻을 만한 믿음을 주셔서 예수 그리스도를 주님으로 고백하게 하시고, 그들로 하여금 복음에 합당하게 살게 하신다. 그가 죄 가운데 있다면 여러 방법을 통해 죄를 깨닫게 하시고 회개의 영을 부어 주셔서 그로 회개하게 하신다. 회개도 은혜로 되는 것이다. 그러므로 중보적인 기도를 한다고 하면서 자칭 선지자가 되어 교회와 목회자들을 비난하고 정죄하는 데 빠지지 말고, 자기를 먼저 살피고 우리 모두에게 회개의 영을 부어 주시기를 간구해야 한다.

앞에서 중보적인 기도는 예수님께서 내 안에 주님으로 계셔서 예수님의 기도가 나를 통해 하나님 아버지께 올라가는 것이라고 했다. 하나님의 본래적인 뜻, 작정하신 뜻을 행하시라고 아뢰는 것이라고 했다. 그러므로 누군가가 중보적인 기도를 한다면, 그는 결코 교만하거나, 누구를 비난하고 정죄해서는 안 된다. 이런 자의 기도는 중보적인 기도가 아니기 때문이다. 자기가 부인되지 않았기에 교만하고 비난과 정죄를 하는 것이다. 자기를 부인하지 않은 자는 중보적인 기도뿐만이 아니라, 중보적인 삶을 살 수가 없다. 그는 성령을 좇아 사는 자가 아니라, 육체의 욕심을 따라 사는 자다. 그에게 있어서 어떤 것들은 성령을 좇아 행하는 것 같기도 하겠지만, 전반적인 그의 삶은 어린아이처럼 자기의 욕심을 좇아 사는 것이다.

또한 하나님의 심판에 대해서도 과거에 하나님이 이런저런 심판(전쟁, 환난 등)을 어느 교회나 가정, 어느 나라와 민족에게 행하시려고 했는데, 자칭 '깨어 있는 중보기도자'들이 중보적인 기도, 중보적인 회개기도, 그것을 막아서는 기도를 했기 때문에 그 일이 일어나지 않았다는 식의 주장은 잘못된 것이다. 만약 교회에 대한 징계나 심판이 결과적으로 일어나지 않았다면, 이것은 몇 사람의 기도나 회개 때문이 아니다. 하나님께서 그 교회에 회개의 영을 부어 주셔서 교회가 회개하게 했기 때문이다.

우리나라와 우리 민족에게 내려야 할 재앙이었는데, 결과적으로 일어나지 않았다면 니느웨만큼은 아니더라도, 최소한 한국 교회 차원의 겸비함 즉, 진정한 회개와 순종이 있었던 것이다. 그런데도 자기들이 중보적인 회개기도를 했고 막아섰기 때문이라고 말한다면, 그들은 자기들을 하나님보다 더 높이고 있는 것이다. 조심스럽지만 그들이 보고 들은 것은 하나님께로부터 온 것이 아닐 수도 있다. 결과적으로 보면 하나님께서는 애초부터 우리나라에 재앙을 내리실 뜻이 없었던 것이다. 결과적으로 그렇다는 것이다.

하나님께서 징계하시고 심판하시고자 한 뜻을 돌이키셨다면 그 영역에 걸맞는, 그만큼의 영역에서 그 안에 있는 자들의 회개와 순종이 있어야 한다. 그러므로 누군가가, 몇 사람이 막아서는 것 때문이 아니라, 먼저 깨달은 자가 자기를 먼저 살피고 모두의 죄를 자기의 죄로 여기며 회개하되, 모두에게 회개의 영을 부어 주시기를 간구해야 한다. 그리고 마침내 회개의 영이 임하여 회개의 역사가 일어나 하나님께서 그 회개를 받으신다면 뜻을 돌이키시는 것이다. 회개는 말씀에서 벗어난 삶, 말씀대로 행하지 않은 삶을 돌이키고, 다시 말씀대로 사는 것이다.

중보적인 기도는 다른 사람이 해야 하는 것을 대신해 주는 기도가 아니다. 예수님의 중보기도도 우리가 해야 할 기도와 순종, 경건의 훈련 등을 대신하지 않는다. 예수님의 기도에 대한 응답은 우리가 성령님의 도우심과 인도하심을 받아 깨닫고 순종하는 것(예배, 기도, 거룩한 삶, 자라가는 것)으로 나타난다.

올바르게 중보적인 기도를 하는 자는 하나님께서 하나님의 뜻을 이루시기 위해 '아멘'으로 동의해 줄 자로 자기를 택하여 불러 주심에 대한 감사와 감격, 황송함을 갖는다. 이것이 없다면 그는 중보적인 기도를 하는 자가 아니다.

Ⅵ. 상처

신앙생활의 기초는 첫째, 자기를 부인하고 자기 십자가를 지고 예수님을 따른다는 것이다(마 16:24). 자기를 부인한다는 것은 자기의 욕구, 야망, 꿈, 자기의 권리(당연한 권리까지도), 명예, 자존심, 그리고 다른 사람에게 대접받고 존중받고자 하는 것 등 자기와 관련된 모든 것들을 부인하고 포기하는 것이다. 그리고 자기 십자가를 진다는 것은 "누구든지 나와 복음을 위하여 자기 목숨을 잃으면 구원하리라"(막 8:35b)는 말씀처럼 예수님을 위하여, 복음을 위하여 자기 목숨을 바치는 것이다.

둘째, 하나님의 주권을 인정하는 것이다. 예수 그리스도를 주님으로 믿는 자들은 모든 일, 모든 인간관계에 대해 하나님의 주권을 인정해야 한다.

상처를 받는 이유

우리가 다른 사람들로부터 상처를 받는 이유는 무엇인가? 다른 사람들이 우리에게 화살을 쏘기 때문에 상처를 받는 것인가? 우리가 상처를 받는 근본적인 이유는 외부에 있지 않고, 우리 안에 있다. 자기 부인과 자기 십자가를 지는 것, 그리고 하나님의 주권을 인정한다면, 우리는 상처를 받는 이유가 외부에 있지 않고 우리 안에 있다는 것을 인정해야 한다. 상처를 받느냐, 받지 않느냐는 우리의 상태에 달려 있다. '우리의 상태에 달려 있다'는 말은 흔히 말하는 '은혜를 받았느냐'에 달려 있다는 의미이다.

신앙생활을 하는 중에 '은혜를 받았다'는 말의 본뜻은 무엇인가? 나를 위해 하나님께서 값없이 베푸셨고, 오늘도 변함없는 하나님의 은혜와 사랑을 다시 한 번 깊이 느끼고 깨달았다, 크게 감동을 받았다는 것이다. 하나님의 값없는 은혜와 사랑을 깊이 느낀 성도의 상태와 반응은 어떠해야 하는가? 당연히 이전보다 자기를 더 부인하고 예수님이 주인으로 계시며, 주를 위해 더욱 헌신하고자 한다. 그리고 다른 사람이나 환경에 대해 이전보다 더 긍정적이고 호의적인 반응을 보인다. 자기에게 수많은 화살을 쏘았던 사람도 덜 미워진다. 그를 용서해야겠다는 다짐이 아니라, 이미 용서가 되고 그를 불쌍히 여기는 마음을 갖게 된다.

어머니 이야기

나의 어머니께서 살아 계실 때 이런 고백을 하셨다. 어머니는 거의 평생을 아버지로부터 구박을 받으면서 사셨다. 어머니께서 특별히 잘못한 것은 없었다. 어머니는 아버지의 화풀이 대상이었다. 아버지가 악해서가 아니었다. 아버지는 너무 어린 나이 때부터 가문을 일으키기 위해 말할 수 없는 고생을 하셨다. 남의 집에서 종처럼 일하는 것도 마다하지 않고 일하여 모은 돈으로 생애 처음으로 논과 밭을 사고 집을 마련하셨다.

그리고 결혼 후에는 9남매를 낳아 키우시느라 너무도 많은 고생을 하셨다. 그 과정에서 아버지의 고민과 고통은 말할 수 없었을 것이다. 이것들을 가족들에게, 특히 어머니에게 쏟았다. 어머니는 하루 종일 일하시고 집에 돌아와 저녁을 준비해서 밥을 먹고 나면, 거의 매일 언어 폭력, 물리적 폭력에 시달려야 했다. 물리적 폭력을 피해 옆집으로 도망가는 일도 자주 있었다. 이런 와중에 어머니는 더욱 하나님을 의지했고, 아버지와 9남매를 위해 기도하셨다.

그러던 어느 날, 그 주간에 부흥회가 열렸다. 부흥회는 그동안도 매년 있었고, 매번 참석하셨다. 그러나 그 주간 부흥회는 달랐다. 부흥회 기간 동안에 말 그대로 은혜를 받았다. 방언이 터지고 은사가 임한 것이 아니라, 하나님의 값없는 은혜와 사랑이 어머니를 사로잡은 것이다. 은혜를 받은 어머니는 부흥회가 끝나고 집에 돌아와 아버지를 부둥켜안고 아버지의 볼에 뽀뽀하면서, "나는 당신을 사랑한다"라고 여러 번 고백하면서 아버지의 볼 여기저기에 뽀뽀를 해댔다는 것이다. 그러면서 나에게도 "나는 네 아버지에 대해 미운 마음 없다"라고 고백하셨다. 그때 어머니의 얼굴은 너무 행복해하는 천진난만한 소녀의 모습과도 같았다.

아버지께서 어머니에게 사과한 것도 아니었다. 용서를 구하지도 않았다. 그러나 하나님의 은혜가 어머니를 사로잡았을 때, 과거 아버지께서 어머니에게 했던 일들을 용서해야겠다는 정도가 아니라, 용서를 넘어 사랑으로 흘러나가게 된 것이다. 이렇게 했다고 아버지가 갑자기 달라지지는 않았다. 그러나 그것은 어머니에게 더 이상 아무런 문제가 아니었다. 그날 이후로는 아버지에 대한 원망도, 미움도, 서운함도 갖지 않으셨다. 오히려 아버지를 두둔하셨다. 더 이상 아버지로부터 상처를 받지 않으신 것이다.

어머니께서 지병으로 여러 해를 요양하시다가 돌아가셨는데(집에서 요양할 수 없는 상태였다), 그 기간 동안 아버지와 어머니는 두 분만의 방식으로 사랑을 나누셨다. "아버지에게 이런 모습이 있으셨나? 어머니를 참으로 사랑하시는구나"라는 말이 절로 나오게 하는 모습들이었다. 어머니는 아버지께서 해 주는 사소한 것 하나에도 어린아이처럼 크게 감사하고 기뻐하셨다. 아버지는 어머니의 소박한 소원을 힘을 다하여 들어 주셨다. 어머니는 예수님과 사도들 외에 하나님의 은혜를 받은 자의 본보기로 가슴에 새겨져 있다.

자기 부인과 상처의 관계

왜 내가 상처를 받고, 나도 상처를 준 사람에 대해 상처를 입히는 반응을 하는 것인가? 십자가의 은혜를 받은 자로서 그 은혜 안에 있지 않기 때문이다. 십자가의 은혜를 받고 그 은혜 안에 머물고 있다는 것은 그 만큼 자기가 부인되어 있다는 것이요, 부인된 만큼 예수님이 나의 주님으로 계신다는 것이다. 그리고 그만큼 나는 예수님처럼 반응하고 있는 것이다. 이것을 그림으로 나타내면 다음과 같다.

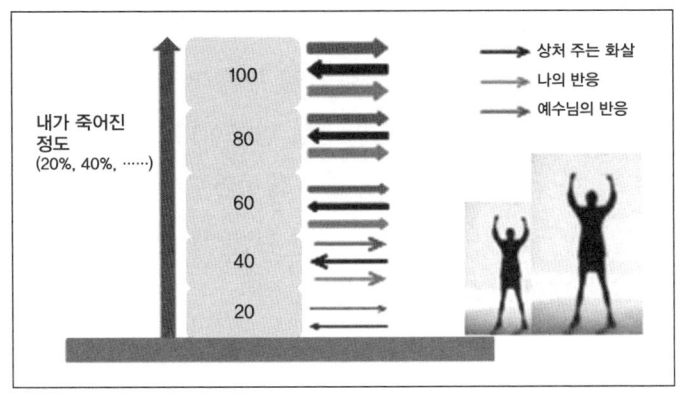

자기를 부인하여 죽어진 정도가 20일 때는 20미만의 화살이 생각, 마음, 감정, 말, 행동 등으로 날아오면, 내가 그만큼은 죽어 있기 때문에 상처를 받지 않고 예수님처럼 반응하게 된다. 나의 20만큼은 예수님이 주인이기 때문이다. 그러나 20 이상의 화살이 날아오면 여지없이 상처를 받아 예수님의 반응이 아니라, 상처 받은 나의 반응이 나간다.

내가 죽어진 정도가 40일 때는 20 이상은 물론이고 40 미만의 화살에 대해서는 상처를 받지 않는다. 내 삶의 40 정도의 주인이 예수님이기에 예수님처럼 반응하게 된다. 그러나 40 이상의 화살이 날아오면 나는 여지없이 상처를 받아 상처 받은 나의 반응이 나간다.

내가 죽어진 정도가 60일 때, 80일 때도 같은 원리다. 내가 완전히 죽어지고 예수님만이 나의 주인으로 계시는 100일 때는 어떤가? 100일 때는 성령으로 충만한 상태다. 우리가 성령으로 충만하면 모든 인간관계, 모든 상황과 사건, 환경에 대해 상처를 받지 않게 된다. 도리어 예수님처럼 반응함으로 하나님께 영광을 돌리는 것이다.

첫 번째 그림에서 나의 반응은 나에게 날아온 화살만큼, 내가 상처 받은 만큼 반응하는 것으로 화살의 두께가 표시되어 있다. 내가 부인되어 죽어 있는 만큼만 예수님처럼 반응한다. 그러나 좀 더 깊이 생각해 보면, 화살이 날아오면 날아온 화살만큼만 반응하는 것이 아니라, 나에게 상처를 준 화살보다 훨씬 더 크게 반응하게 된다. 이것을 그림으로 설명하면 다음과 같다.

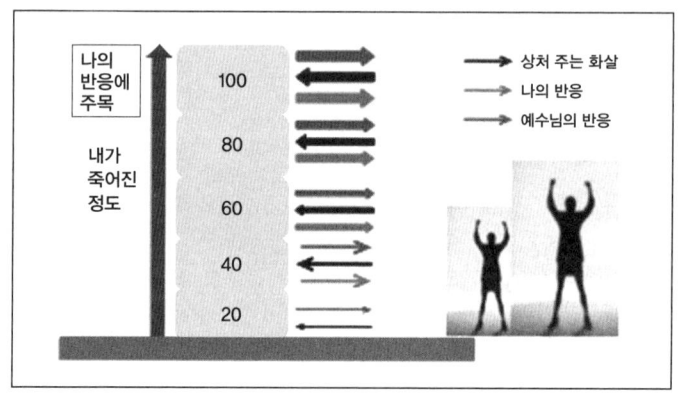

내가 죽어진 정도가 20인데 20 이상의 화살이 날아오면, 그의 반응은 100만큼 화살을 맞은 것처럼 반응하게 된다. 왜 그런가? 이 사람은 자아가 거의 살아 있다. 어린아이와 같은 상태로 육신에 속해 있다(고전 3:1-3). 이런 사람은 사소한 말이나 행동에 대해서도 매우 예민하고 거칠게 반응한다. 어린아이는 손에 들고 있는 사탕 하나만 빼앗겨도 자기의 전부를 빼앗긴 것처럼 반응하는 것이다.

40, 60, 80 정도 죽어져 있다면 그림에서 나의 반응의 화살표 두께가 점점 얇아지는 것처럼, 상처를 받았지만 그의 반응은 자기에게 날아온 화살보다는 훨씬 가볍게 반응하게 된다. 점점 더 너그럽게 받아

들이고 많은 것에 대해 용서됨으로 그렇게 세게 반응하지 않게 된다.

우리가 자기를 부인하여 완전히 죽고 우리 안에 예수님께서 우리의 주님으로 계시면 우리는 어떠한 것에 대해서도 상처를 받지 않고 도리어 십자가 위에서의 예수님처럼 반응하게 된다.

그러므로 상처를 받았다는 것은 그만큼 자기가 부인되지 않았고 자기 십자가를 지고 예수님을 따르고 있지 않다는 것이다. 상처를 받는 자는 예수님과 복음의 증인 된 삶을 살 수 없다. 이런저런 이유로 상처를 받는 자가 전하는 예수님과 복음은 흐릿하고 굴절될 수밖에 없다는 의미에서 증인의 삶을 살 수 없다고 말한 것이다. 그 사람 안에 있는 상처가 복음을 흐릿하게 하고 왜곡되게 하며 균형을 깨트리는 것이다.

또한 상처를 받았다는 것은 그가 지금 죄를 짓고 있는 것이다. 상처를 받은 자는 반드시 상처 받은 자의 반응을 하게 되기 때문이다. 그 반응이 바로 죄다. 그래서 이제까지 상처 받은 나의 죄악된 반응을 오히려 회개해야 한다. 하나님께서는 이것을 요구하고 계신다.

예수님께서 상처를?

예수님께서 상처를 받으셨는가? 예수님을 배척하는 무리들로부터, 대제사장들과 서기관들과 바리새인들로부터, 그리고 십자가에 못 박으라고 외치는 군중들과 가시관을 씌우고 침 뱉고 조롱하는 군병들로부터, 채찍을 내리치고 못 박는 군병들과 십자가에서 내려오라고 비웃는 군중들로부터 상처를 받으셨는가?

"우리에게 있는 대제사장은 우리의 연약함을 동정하지(체휼하지) 못하실 이가 아니요 모든 일에 우리와 똑같이 시험을 받으신 이로되 죄는 없으시니라"(히 4:15)는 말씀은 예수님께서 우리처럼 상처를 받으신 경험이 있어서 우리의 상처를 치유하는 분이라는 의미가 아니다. 상처를 받았다는 것은 그 상처로 인해 죄를 지었다는 것을 의미한다.

예수님께서 모든 일에 시험을 받으셨다는 것은 1부터 100까지의 모든 화살을 맞아 보셨다는 것이다. 그러나 죄는 없으시다는 것은 그 모든 화살을 맞으셨지만 상처를 받지는 않으셨다는 것이다. 상처 받은 자의 반응을 하지 않으셨다는 것이다. 채찍질과 십자가에 못 박히는 육체의 고통과 몸이 찢기는 상처는 받으셨지만, 마음에 상처를 받지는 않으신 것이다. 마음에 상처를 받았다면 예수님은 죄를 지은 것이다(불경스럽게 예수님께서 상처를 받으셨으나 그 상처를 치유 받았다고 말하지 말라).

예수님은 상처를 받을 수밖에 없는 상황과 사건들을 모두 끌어안고 그 상황 속에 자신을 내어 맡기신 것이다. 예수님은 그 모든 것이 하나님 아버지의 주권과 뜻 안에 있다는 것을 믿으셨고, 아버지 앞에서 자신을 철저하게 부인하셨다. 그리고 자기 십자가를 지고, 십자가에 죽기까지 복종하셨다.

사도 바울이 상처를?

사도 바울이 상처를 받았을까? 고린도후서 11장 23-30절에 열거된 수많은 핍박과 고난 때문에, 질기도록 따라다니며 괴롭혔던 유대인들 때문에 상처를 받았을까? 그렇지 않다. 사도 바울은 비천함과 풍부, 곧 배부름과 배고픔과 풍부와 궁핍한 상황과 처지 때문에(빌 4:12) 상처를 받았는가? 그러나 그는 이 모든 것에 대해서 자족하는 일체의 비결을 배웠다(4:11-12). 바울이 이것들 때문에 상처를 받았다면 그가 전한 복음은 매우 왜곡되었을 것이다. 그러나 그는 진리의 말씀을 옳게 분별하며 부끄러울 것이 없는 일꾼으로 인정된 자로 자신을 하나님 앞에 드리기를 힘썼다(딤후 2:15). 또한 순교당하기 3~4년 전에 "나는 선한 싸움을 싸우고 나의 달려갈 길을 마치고 믿음을 지켰으니"(딤후 4:7)라고 고백한다.

바울은 상처를 받고 그 상처를 치유하기 위해 힘쓴 것이 아니라, 자기가 다른 사람에게 복음을 전한 후에 자신이 버림을 당하지 않기 위해 복음에 자기 몸을 쳐 복종하게 하였다(고전 9:27).

왜 상처를 받는 것인가? 성령으로 충만하지 않기 때문이다. 성령을 따라 행하지 않고 육체의 욕심을 따르기 때문이다(갈 5:16-17). 구원을 받지 못한 사람이기 때문에 상처를 받는 것이 아니라, 구원은 받았으나 육신에 속한 자, 어린아이와 같은 상태에서 자라지 못했기 때문이다(고전 3:1-3).

이것은 곧 무엇을 말하는 것인가? 상처를 받았다면 치유를 위한 기도가 중요한 것이 아니라, 아직도 예수님만을 주인으로 모시지 않은 것(자기가 부인되지 않은 것)과 상처 받은 자로서 반응한 죄들을 회개해야 한다는 것이다. 결국 어디로 가야 하는가? 예수님의 십자가 밑으로 가야 한다. 거기서만 내가 온전히 부인되고, 동시에 모든 일을 겪으셨으나 상처 받지 않으신, 그래서 죄를 짓지 않으신 예수님만을 주인으로 모시게 되기 때문이다. 예수님의 십자가 앞에 머무를 때만, 십자가의 예수님이 나의 주님으로 계실 때만 나에게 화살을 쏘아 대는 모든 사람이 용서된다. 아니, 용서를 넘어 불쌍히 여기게 되고 사랑하게 된다. 예수님의 십자가의 은혜와 사랑이 나를 통해 흘러나가게 된다.

Ⅶ. 용서

일만 달란트 빚진 자

"그때에 베드로가 나아와 이르되 주여 형제가 내게 죄를 범하면 몇 번이나 용서하여 주리이까 일곱 번까지 하오리이까 예수께서 이르시되 네게 이르노니 일곱 번뿐 아니라 일곱 번을 일흔 번까지라도 할지니라 그러므로 천국은 그 종들과 결산하려 하던 어떤 임금과 같으니 결산할 때에 만 달란트 빚진 자 하나를 데려오매 갚을 것이 없는지라 주인이 명하여 그 몸과 아내와 자식들과 모든 소유를 다 팔아 갚게 하라 하니 그 종이 엎드려 절하며 이르되 내게 참으소서 다 갚으리이다 하거늘 그 종의 주인이 불쌍히 여겨 놓아 보내며 그 빚을 탕감하여 주었더니 그 종이 나가서 자기에게 백 데나리온 빚진 동료 한 사람을 만나 붙들어 목을 잡고 이르되 빚을 갚으라 하매 그 동료가 엎드려 간구하여 이르되 나에게 참아 주소서 갚으리이다 하되 허락하지 아니하고 이에 가서 그가 빚을 갚도록 옥에 가두거늘 그 동료들이 그것을 보고 몹시 딱하게 여겨 주인에게 가서 그 일을 다 알리니 이에 주인이 그를 불러다가 말하되 악한 종아 네가 빌기에 내가 네 빚을 전부 탕감하여 주었거늘 내가 너를 불쌍히 여김과 같이 너도 네 동료를 불쌍히 여김이 마땅하지 아니하냐 하고 주인이 노하여 그 빚을 다 갚도록 그를 옥졸들에게 넘기니라 너희가 각각 마음으로부터 형제를 용서하지 아니하면 나의 하늘 아버지께서도 너희에게 이와 같이 하시리라"(마 18:21-35).

어떤 임금이 종들과 결산하기 위해 종들을 불러 모았다. 그때 일만 달란트를 빚진 자를 데려왔다. 그는 현재 가진 것이 아무것도 없었다. 그리고 갚을 능력도 없었다. 그래서 그는 임금 앞에 무기력하게 서 있었다. 그때 임금이 명을 내린다. "네 몸과 아내와 자식들과 네게 있는 모든 것을 팔아서라도 빚을 갚아라." 그러자 그는 땅에 엎드려 절하면서 "조금만 참아 주십시오. 말씀하신 대로 저와 제 아내, 자식들까지라도 팔아서 갚겠습니다"라고 간곡히 부탁을 드린다. 사실 자신을 포함해 모든 소유와 심지어 자식들까지 판다고 해도 그가 도저히 갚을 수 없는 빚이었다.

그가 임금에게 빚진 일만 달란트는 얼마인가? 한 달란트가 6천 데나리온이고, 한 데나리온은 당시 성인 남자가 하루 일해서 받는 품삯이었다. 한 달란트는 성인 남자가 6천 일 동안 일해서 한 푼도 안 쓰고 모아야 하는 금액이다. 그러면 일만 달란트는 성인 남자가 6천만 일 동안 일해서 모아야 한다. 즉 16만 4383년 56일 동안 일해야 하는 금액이다. 한 세대를 30년으로 잡으면, 그 사람의 5479대의 자손이 벌어야 하는 금액이다. 참으로 엄청난 금액이다. 이것은 그와 그 자손이 빚을 갚을 가능성이 전혀 없다는 말로도 부족한 상황이다.

이 사실을 너무도 잘 아는 임금은 그 사람을 불쌍히 여겨 그 어마어마한 빚을 전액 탕감해 주었다. 그리고 그를 그의 가족에게로 돌아가게 하였다. 아마도 그 사람은 "아, 이게 꿈인가, 생시인가?"라고 말하며, 참으로 기적 같은 일, 기적 중의 기적이 자기에게 일어난 것이라고 생각했을 것이다. 그리고 그는 임금 앞을 떠나왔다.

그 후에 일만 달란트를 탕감 받은 자는 자기에게 빚진 동료를 만난다. 그는 그 동료를 만나자마자 동료의 멱살을 잡고서는 빚을 갚으라고 소리를 고래고래 지른다. 그러자 그 동료가 땅에 엎드려서 "조금만 참아 주게. 내가 곧 갚겠네. 자네에게 빌린 돈은 무슨 수를 써서라도 꼭 갚겠네"라고 하며 간곡하게 사정했다. 그러나 그는 막무가내였다. 그는 자기 동료가 당장 빚을 갚지 않는다고 그 동료를 감옥에 들어가게 만들어 버린다. 그의 동료가 그에게 빚진 금액은 얼마였는가? 일백 데나리온이었다. 이는 일백 일만 일하면 갚을 수 있는 금액이었다.

이 일이 임금에게까지 알려지게 된다. 이 사건의 전말을 들은 임금은 크게 화가 났다. 그래서 일만 달란트를 탕감 받은 사람을 불러오게 하였다. 그리고 "악한 종아 네가 빌기에 내가 네 빚을 전부 탕감하여 주었거늘 내가 너를 불쌍히 여김과 같이 너도 네 동료를 불쌍히 여김이 마땅하지 아니하냐"(마 18:32-33) 하며 크게 호통을 쳤다. 임금은 매우 화가 나서 다시 그가 일만 달란트의 빚을 다 갚도록 감옥에 가두어 버렸다.

임금은 그에게 일만 달란트의 빚을 탕감해 주었다. 그런데 그는 자기에게 일백 데나리온의 빚을 진 동료가 당장 빚을 갚지 않는다고 그를 감옥에 넣었던 것이다. 그는 동료에게 당연히 긍휼을 베풀어 빚을 탕감해 주어야 했다. 아니, 그가 동료에게 긍휼을 베풀어야 한다는 것은 사치에 가깝다. 그가 임금에게 탕감을 받은 것이 긍휼을 입은 것이라면, 그가 동료에게 베풀어야 하는 것은 긍휼 축에도 끼지 못한다.

두 사람의 금액을 원 단위로 단순히 전환시켜서 비교해 보자(정확한 환산은 다른 자료들을 참고하기 바란다). 일만 달란트는 6천만 데나리온이다. 그러므로 한 사람은 6천만 데나리온을 빚진 자이고, 다른 사람은 일백 데나리온을 빚진 자다. '데나리온'을 대등하게 '원'으로 적용하여 계산하면, 6천만 원과 1백 원이 되고, 이것을 만 원 단위로 바꾸면 60억 원과 1만 원이다. 즉 60억 원 빚진 자와 1만 원 빚진 자의 이야기가 된다. 임금에게 60억을 빚 진 자가 전액 탕감을 받았다. 그런데 그가 자기에게 1만 원을 빌려간 친구에게 당장 1만 원을 갚으라고 독촉한 것이다. 친구가 당장은 힘드니까 조금만 기다려 달라고 했지만 그는 당장 갚으라고 하면서 그 친구를 감옥에 넣은 것이다. 여러분은 어떻게 생각하는가?

만약 여러분이 60억 원의 빚이 있는데, 그것을 모두 탕감을 받았다면 어떨 것 같은가? 아니, 지금 실제로 여러분에게 있는 빚만이라도 탕감을 해 준다면 어떨 것 같은가? 특히 사업하는 분들의 경우, 하늘을 날아갈 것만 같은 게 아니라, 온 세상과 눈에 보이는 모든 사람들이 사랑스러워 보이지 않겠는가? 새로 태어난 기분이지 않겠는가? 또 여건이 된다면 지인들을 초청하여 파티라도 열지 않겠는가? 그리고 여러분에게 1만 원을 빌려간 사람에게는 어떻게 할 것 같은

가? 치킨 한 마리 값도 안 되고, 피자 한 판 값도 안 되는 금액을 빌려간 사람에게 1만 원을 달라고 하겠는가? 그가 여러분의 친구라면 지금 여러분의 파티에 와서 치킨과 피자를 먹고 있지 않겠는가?(여기에 대해 "공은 공이고, 사는 사"라고 말한다면 여기서 책을 덮으시길 바란다) 여러분이라면 당연히 그 사람의 빚(1만 원)을 모두 탕감해 주지 않겠는가?

사실 여러분이 그 친구에게 "내가 너의 빚을 탕감해 줄게. 안 갚아도 돼"라고 말하는 것은 전혀 어울리지 않다. 1만 원 빌려간 친구에게 "네가 나에게 빚진 1만 원을 탕감해 줄게"라고 하면 좀 어색하지 않은가? 그것은 그냥 안 갚아도 되는 것이 되어 버린다. 그러나 확실하게 안 받겠다고 말을 해 주어야 한다(그때 빚이나 탕감이라는 말은 빼야 한다. 그 말은 사치스럽기 때문이다). 여러분에게 1만 원은 더 이상 탕감해 줄 빚이 아니다. 그냥 안 받아도 되는, 안 받아야 되는 돈일 뿐이다.

일 만 달란트의 빚을 탕감 받은 자가 자기 동료에게 행한 일을 근거로 생각해 보면, 그는 임금이 자기에 베풀어 준 은혜가 얼마나 큰 것인지를 깨닫지 못한 자다. 그는 자기가 얼마나 큰 은혜를 받았는지를 깨닫지 못한 사람의 전형적인 모습을 보여주고 있다.

십자가만큼의 빚진 자

천국은 용서받은 자, 용서를 경험한 자가 가는 곳이다. 하나님께서는 우리에게 천국을 유업으로 주시기 위해 우리를 불쌍히 여겨 빚을 탕감해 주셨다. 우리를 용서해 주신 것이다. 그리고 우리로 이 땅에서 교회와 가정 공동체 안에서 천국의 삶을 살도록 하셨다. 그러므로 우리의 교회와 가정이 천국이 되게 하려면 우리도 서로를 마땅히 용서해야 한다. 이것이 바로 우리가 용서받은 자라는 확실한 증거다.

하나님께서 우리의 빚을 탕감해 주신 것은 비유에서처럼 한두 마디의 말로 탕감해 주신 것이 아니다. 하나님께서는 독생하신 예수님을 십자가에 내어 주어 피 흘려 죽게 하심으로 탕감해 주신 것이다. 우리의 빚이 십자가만큼이었던 것이다. 우리가 하나님께 진 빚은 하나님의 독생하신 예수 그리스도께서 십자가에 못 박혀 마지막 피 한 방울까지 다 쏟아내고 죽어야만 갚아지는 만큼이었다. 하나님께서는 이 은혜와 긍휼을 우리에게 베풀어 주신 것이다.

여러분은 용서받은 자인가? 여러분은 예수 그리스도께서 십자가에서 흘리신 핏값으로 용서받은 자임을 아는가? 여러분의 죗값이 죄 없으신 예수님께서 십자가에서 죽으실 만큼이었음을 아는가? 이것을 한 번도 깨닫지 못하고 그에 걸맞는 반응을 한 번도 하지 못한 자가 하나님 나라에 가는 일은 없다. 당연히 그는 하나님 나라의 삶을 살 수도 없다.

여러분은 십자가만큼인 여러분의 죄가 단번에 용서받았음을 깨달은 자인가? 그렇다면 여러분은 여러분에게 잘못한 자들의 죄를 용서해 주었는가? 우리는 분명하게 기억해야 한다. 우리가 하나님께 용서받은 죄의 값이 60억 원이라면, 다른 사람들이 우리에게 잘못한 죄의 값은 1만 원이라는 것이다. 다른 사람들이 우리에게 상처를 주고 핍박하고 억울하게 한 화살들의 모든 값이 1만 원어치밖에 되지 않는다는 것이다.

또 한 가지 기억할 것은, 앞으로도 평생 동안 다른 사람들이 우리에게 화살을 쏘아 대는 화살의 값은 1만 원어치를 넘지 않는다는 것이다.

하나님께서 보실 때, 십자가만큼(60억 원)의 죄를 용서받은 자가 다른 사람이 자기에게 잘못한 것(1만 원)을 용서하는 것은 너무도 당연한 것이었다. 60억 원어치의 죄의 빚을 용서받은 것을 '용서'라고 한다면, 1만 원어치의 잘못을 덮어 주고 잊어버리면서 그것을 용서라고 말하는 것은 사치다. 그렇게 말하는 것은 어울리지 않는다.

60억 원의 죄를 용서받은 자가 그것이 얼마나 큰 은혜와 사랑을 받은 것인지를 깨달았다면, 그에게 1만 원의 죄는 그가 아무리 그것을 빚으로 생각하려고 해도 빚으로 여겨지지 않는다. 60억 원의 죄를 용서받았다는 기쁨과 감격이 1만 원의 죄를 빚으로 여기고자 하는 의식과 판단과 생각을 마비시켜 버리고 삼켜버리는 것이다. 그렇지 않은가? 빚으로 여겨지지 않기에 탕감이나 용서라는 말도 성립하지 않는다. 그것은 그냥 당연한 것이다. 그러나 만약 60억 원 탕감을 받았음에도 자기는 10만 원이나 5만 원만 탕감받은 것으로 알고 그 만큼의 기쁨만을 맛보았다면, 그는 1만 원을 꼭 받아야 하는 빚으로 여기는 것이다.

우리는 십자가만큼의 죄를 은혜로 용서받은 자들이다. 우리에게 이만큼의 죄 사함의 기쁨과 감격이 있는가? 이것이 우리가 다른 사람을 용서를 하느냐, 못하느냐를 결정하는 것이다. 사실 우리는 누군가를 용서한다고 말할 만한 위치에 있는 자들이 아니다. 심판관의 자리에 앉은 자에게만 다른 사람을 용서하거나 용서하지 않을 권한이 있는 것이다. 심판관은 오직 하나님 한 분이시다. 우리는 목숨으로도 갚을 수 없는 죄의 빚을 하나님께 용서받은 자들일 뿐이다.

그러므로 가족이든지, 누구든지 그들이 나에게 행한 1만 원어치의 잘못들은 더 이상 빚이 아니다. 그것이 빚이라면, 당연히 용서해 주어야 하는 빚일 뿐이다. 너무도 당연한 용서를 하지 않는 자는 하나님께 용서를 받은 경험이 없는 자이거나, 용서를 받았는데도 그것을 깨닫지 못한 자다. 아니면 하나님의 용서에 오히려 스스로 기고만장해진, 교만을 넘어 오만한 자의 자리에 있는 자다. 그래서 심판관의 자리에 앉아 상대방을 정죄하고 있는 것이다. 감히 하나님의 자리에 앉아서 말이다.

용서는 당연한 것이다

탕감, 용서받은 빚(죄)에 대한 깨달음은 그가 다른 사람을 용서하는 정도와 비례한다. 하나님의 용서, 무조건적인 용서에 대한 깨달음이 크고 깊어질수록 다른 사람들에 대한 용서가 그만큼 자동적으로 되는 것이다. 용서할 줄 모르는 사람은 용서가 없는 심판을 받게 될 것이다. 긍휼을 베풀지 않는 사람은 긍휼이 없는 심판을 받게 될 것이다.

이것은 문자적으로 행위를 근거로 심판(구원의 여부를 결정하는 심판)하시겠다는 뜻이 아니다. 그가 용서할 줄 모르는 것은 그가 하나님께 용서받은 적이, 죄 사함을 받은 적이 없기 때문이요, 그가 긍휼을 베풀지 않는다는 것은 그가 하나님의 긍휼을 받은 적이 없었기 때문이다. 그가 아직 구원의 은혜를 받지 못했기 때문에 용서할 줄 모르고, 긍휼을 베풀 줄 모른다는 의미다. 예수님의 십자가의 은혜를 받은 자, 그 사랑을 깨달은 자는 당연히 용서하고 긍휼을 베풀게 된다.

또한 구원받은 자임에도 불구하고 깨닫지 못함으로 다른 사람을 용서하지 않는다면 천국에서 그에 따른 판결을 받을 것이다. 이는 그가 일명 부끄러운 구원으로 겨우 구원받을 것이라는 의미로 이해할 수 있다.

우리에게는 허다한 증인들이 있다. 예수님을 믿는 믿음 때문에 환난과 핍박을 당하고 순교를 당했던 수많은 믿음의 선배들이 증인이다. 그들은 자기 가족들과 자기를 잡아 가두고 화형을 시키거나 굶주린 사자의 밥이 되게 하는 황제와 총독, 관리들과 성난 군중들을 용서하고 그들을 축복하며 기도했다. 그 원수들이 목말라 하면 마실 물을 주었고, 헐벗으면 입을 옷을 주었다. 그들은 죄인인 자신들이 하나님께 예수 그리스도로 말미암아 얼마나 많은 빚을 탕감받았는지를 뼈저리게 깨달은 것이다.

분명한 사실은 나와 여러분도 그들만큼의 빚을 탕감 받은 자라는 것이다. 여러분이 예수님을 만나는 경험, 예수님의 십자가 앞에 서는 체험을 했다면 그때를 한 번 기억해 보라. 그분의 십자가 앞에 서는 경험을 한 직후에 여러분은 어떠했는가? 온 세상이 아름다웠고 모든 사람들은 나보다 더 의롭게 보이며 사랑스럽지 않았는가? 모든 것이 용서되지 않았는가?

　다시 한 번 묻는다. 여러분은 여러분의 죽음으로도 갚을 수 없는 빚을 탕감받은 자인가? 그렇다면 여러분은 여러분에게 빚진 자, 잘못한 자, 상처를 주는 자, 핍박하는 자들의 잘못을 탕감해 주고 있는가? 사실 우리가 탕감받은 것에 비해 우리가 다른 사람들을 탕감해 준다는 것, 용서해 준다는 것은 너무도 당연한 것이어서 사치스럽기까지 한 것이다. 우리는 다른 사람을 용서해 주는 위치에 있지 않다. 그냥 서로를 사랑하는, 사랑해야 하는 사람들로 살아가는 자들일 뿐이다.
　내가 용서받은 사실을 깨닫고 다른 사람을 용서할 때, 아니 용서가 될 때, 비로소 내 안에 천국이 더 온전히 이루어진다. 내가 용서받은 사실을 깨달아 내 가정에서 아내가, 남편이, 자녀들이 용서될 때, 내 가정에 천국이 더 온전히 이루어진다. 우리가 용서받은 사실을 깨달아 교회 공동체에서 서로가 용서될 때, 교회 공동체 안에 천국이 더 온전히 이루어진다(용서한다고 해서 분별과 치리가 없는 것이 아니다. 예수 그리스도 안에서의 용서와 화해를 의미하는 것이다. 사도들의 경우를 참조하라).

　하나님께서 베푸신 죄 사함의 은혜와 사랑을 깨닫고 하나님의 다스림에 굴복하고 순종한 만큼, 그리고 우리의 삶의 모든 영역에서 하나님을 하나님으로 인정한 만큼 우리는 다른 사람들을 용서하게 된다. 그만큼 그들이 이미 용서되어져 있게 된다.
　내가 용서받은 것에 대한 깨달음과 다른 사람을 용서하는 것은 비례한다고 말씀드린 것과 같이 다른 사람이 용서되는 만큼만 내가 하나님의 다스림을 받고 있다고 말할 수 있다. 그 정도만 하나님을 하나님으로 인정하고 있고, 그 정도만 예수님을 닮아 있는 것이다. 지금 그 분량만큼만 자란 것이다.

여러분은 여러분에게 잘못한 사람이 용서가 되어진 만큼 거룩하며, 경건하고, 신령하다. 그리고 그만큼 하나님 아버지와 예수 그리스도께 복종하고 순종하고 있는 것이다. 예를 들어, 내가 하나님의 은혜와 사랑을 50만큼만 깨달았다면 아내 또는 남편이 50 정도만 용서된다. 그러나 100만큼을 깨달아 그 은혜와 사랑이 나를 사로잡고 있다면 아내 또는 남편이 무조건 용서되는 것이다.
"나는 당신을 용서합니다." "나의 힘으로는 안 되지만 예수님의 이름으로 당신을 용서합니다." "나의 마음과 생각은 안 되지만 의지적으로라도 당신을 용서합니다." 이러한 고백이 중요한 것 같지만, 결코 경건하지 않은 것이다. 용서는 정죄의 권한과 심판의 권한을 가진 자만이 할 수 있다. 예수님께서도 정죄와 심판은 아버지의 권한이심을 알고 그냥 묵묵히 사랑만 하셨고 십자가를 지신 것이다(간음하다 현장에서 붙잡힌 여인의 경우처럼).

여러분이 진정 십자가의 사랑을 받은 자라면 너무도 당연한 용서를 그들에게 엄청난 호의라도 베푸는 것처럼 말하지 말라. 이런 말은 불신자들이나, 구원은 받았으나 육신에 속하여 어린아이 수준에서 살아가는 자들이 하는 말이다. 예수님의 십자가의 사랑을 받고 예수님을 주님으로 믿는 우리가 다른 사람을 용서하는 것은 지극히 마땅한 것이다. '용서하게 해 달라'거나 '나는 도저히 그 사람을 용서할 수 없으니 용서할 수 있도록 도와 달라'고 기도해야 하는 것이 아니다. 그리고 의지적으로 용서하는 것이 아니다.

우리가 용서의 문제를 놓고 기도해야 한다면, 먼저 우리에게 화살을 쏘아 대는 사람을 아직도 용서하지 못하고 있는 것을 하나님 앞에서 회개해야 한다. 그리고 여러분 자신이 얼마나 큰 죄를 용서받은 자인지를, 하나님께서 내게 베푸신 은혜와 사랑이 얼마나 큰지를 깨닫게 해 달라고 기도해야 한다.
"나 같은 죄인 살리신 주 은혜 놀라워"(찬송가 305장).

여러분이 예수 그리스도로 말미암아 하나님께 얼마나 큰 빚을, 큰 죄를 용서받았는지를 깨닫는다면 용서하지 못할 자가 없다. 여러분에게 용서는 너무도 당연한 것이다. 누군가 여러분에게 "당신은 어떻게 그런 사람을 용서해 줄 수가 있습니까?"라고 질문한다면 여러분은 이렇게 대답할 것이다. "하나님의 은혜와 사랑을 입은 자로서 당연한 것 아니겠습니까?"
그 크신 하나님의 사랑을 입어 자녀 된 자가 하나님 아버지께 "우리가 우리에게 죄 지은 자를 사하여 준 것같이 우리의 죄를 사하여 주옵시고"라고 기도하는 것이다.

십자가를 기억하라

목회자나 부모, 남편, 아내 또는 다른 누군가가 여러분의 마음에 수많은 못을 박았는가? 그래서 도저히 용서할 수가 없는가? 분명하게 기억하라. 그들이 여러분의 마음에 박은 못의 양은 1만 원어치다. 그러나 우리가 하나님 아버지와 예수님께 박은 못은 60억 원어치였다. 그런 우리를 하나님 아버지께서 어떻게 대하셨는가? 하나님 아버지께서는 우리를 무조건 용서하셨다. 그리고 황송하게도 우리를 자녀로 삼으셨고, 오늘 이 시간에도 우리의 아빠 아버지로서의 역할과 책임을 다해 주고 계신다.

용서에 대하여 우리가 할 일이 있다면 나에게 화살을 쏘아 대는 누군가를 용서하는 것이 아니다. 용서라는 것은 너무도 당연한 것이다. 우리가 해야 할 일은 나에게 화살을 쏘아 대는 사람들에게 내가 했던 반응들 즉, 예수님의 반응이 아닌 죄악 된 반응들에 대해 용서를 구하는 것이다. 이것은 그들이 나에게 미안하다고 하면서 용서를 구했는지의 여부와 상관없이 무조건 해야 한다.

하나님께서는 '하나님께서 사랑하시는 사람', '하나님께서 매우 아끼시는 사람', '하나님께서 곁에 가까이 두고 싶어 하시는 사람'에게 이와 같이 하기를 요구하신다. 하나님께서는 거룩한 제사장으로, 깨끗한 그릇으로, 복의 통로로 사용하시고자 하는 사람에게 이와 같이 요구하시고 그렇게 하도록 이끄신다.

용서가 반드시 화해와 친밀함으로 연결되는 것은 아니다. 어떤 사람에 대해서는 용서가 화해와 친밀함으로 나아가야 되지만, 어떤 사람의 경우에는 용서는 하지만 그 사람과 친밀한 교제는 갖지 않아도 되거나 갖지 말아야 하는 경우도 있다(사도들에게는 다른 복음을 전하는 자나 교회를 더럽히고 어지럽게 하는 성도들이다). 용서가 모든 벌을 무조건

면제하는 것은 아니다. 용서는 하되 잘못한 대가는 치르게 해야 하는 경우도 있다(보상, 사법처리, 자녀를 양육하는 과정에서 등).

예수님의 십자가를 기억하라. 예수님의 십자가를 바라보라. 그러면 우리가 용서하지 못할 사람이 없다. 용서할 수밖에 없다. 십자가의 은혜와 능력만이 우리로 하여금 다른 사람을 무조건 용서할 수 있게 만든다.

"나 같은 죄인을 사랑하사 구원하여 자녀로 삼아주신 하나님 아버지와 나를 대신하여 십자가를 지신 예수 그리스도 나의 주님을 찬양합니다. 아멘."

VIII. 쓴 뿌리

"너희는 하나님의 은혜에 이르지 못하는 자가 없도록 하고 또 쓴 뿌리가 나서 괴롭게 하여 많은 사람이 이로 말미암아 더럽게 되지 않게 하며"(히 12:15).

치유 사역을 하는 사람들은 쓴 뿌리를 상처와 연결하여 이해한다. 상처는 치유를 받아야 하고, 치유되지 않은 상처로 말미암아 깊숙이 자리 잡은 쓴 뿌리를 제거해야 한다고 말한다. 이것은 인간 심리학에서 출발한 이론을 기초로 하여 그 위에 성경의 구절들을 덧입힌 것이다. 심리학의 이론을 증명하기 위해 성경을 인용한 것이다. 다시 말해서 성경에 충실하지 않았기에 이런 오류를 범하고 있다. 인류학, 문화인류학, 그리고 심리학이 유익한 학문임에는 틀림없지만, 그 학문의 중심에는 항상 인간이 있다. 혹 신의 존재를 인정하더라도 그 신은 인간을 위해 존재하는 신, 인간 문화의 일부분에 속한 신에 불과하다.

성경의 중심은 하나님이다

성경은 절대로 인간을 중심에 놓지 않는다. 성경의 출발은 "태초에 하나님이 천지를 창조하시니라"(창 1:1)이다. 또한 "하나님이 자기 형상 곧 하나님의 형상대로 사람을 창조하시되 남자와 여자를 창조하시고"(창 1:27)라고 말한다. 사람이 하나님의 형상대로 지음을 받았다고 해서 사람이 세상의 중심이 되는 것은 아니다. 하나님께서 사람을 위해 천지를 창조하신 것이 아니다. 하나님 자신을 위해 창조하신 것이다. 하나님께서는 창조하신 것들을 통해 자신의 영광을 나타내신 것이다. 그리고 하나님께서 지으신 사람으로 하여금 그것들을 다스리게 하셨다. 사람은 그 모든 것들을 다스리고 그 가운데에서 생육하고 번성하여 살면서 하나님께 영광을 돌려야 했다(창 1:28).

그러나 사람이 자기가 하나님이 되고자 했고, 사탄의 유혹에 빠져 하나님께서 금하신 선악을 알게 하는 나무의 열매를 따 먹음으로 죄를 지었다(창 3:5-6). 죄의 대가는 혹독했다(창 3:15-19). 그 후 성경의 전개는 사람에게는 죄가 죄를 낳는 삶의 연속이었고, 하나님께서는 그런 사람을 사랑하사 구원의 은혜를 베푸시고 그들을 오래 참아 주시는 과정이었다.

그래서 어떤 사람은 성경의 하나님을 '선교하시는 하나님'이라고 말하고, 성경의 역사는 하나님께서 사람을 선교하신 역사라고 말하기도 한다. 하나님께서 선교하시는 궁극적 목적은 무엇인가? 사람으로 하여금 하나님을 하나님으로 인정하고 섬기게 하는 것이다. 이것이 사람을 위한 최선이고 복이다. 이를 위해 하나님께서는 때가 되어 독생하신 예수 그리스도를 보내신 것이고, 사람의 죄를 대신 짊어지고 십자가에서 피 흘려 죽으심으로 사람의 죗값을 치르게 하셨다.

그러나 우리는 종종 이것을 오해한다. 우리는 이것을 너무 사람 중심으로 이해한다. 사람을 위해 하신 일이 맞지만, 십자가의 은혜의 목적과 중심에 사람을 놓아버린 것이다. 이것은 성경을 인류학이나 문화인류학으로 전락시키는 행위다.

예수 그리스도의 십자가 사건이 우리를 위한 일인 것은 분명하다. 그러나 그것은 우리가 우리를 위해 죽으시고 부활하사 모든 이름 위에 뛰어난 이름을 가지시고 임금과 구주가 되신 예수 그리스도의 이름 앞에 엎드려 예수님을 주님(주인)으로 모시는 것을 통해서만 우리를 위한 일이 되는 것이다(빌 2:9-11; 행 5:31).

상처를 받는 것은 우리의 죄성 때문이다. 죄성이라 함은 우리가 하나님과의 관계에서 하나님 중심(예수 그리스도 중심)이 아니라, 자기중심적이라는 것이요, 인간관계에서도 이타적이지 않고 자기중심적이라는 것이다. 그래서 상처를 받는 것이다.

구약에서 독초와 쑥의 뿌리

쓴 뿌리는 상처를 받는 것과 별로 상관이 없다. 히브리서 기자는 구약에 대해 해박한 지식을 가지고 있고, 더욱이 구약을 예수 그리스도 중심으로 잘 이해하고 있는 사람이다. 그러므로 그가 '쓴 뿌리'에 대해 언급하면서 구약의 배경을 염두에 두고 말하고 있음을 알 수 있다. 구약에서는 '독초와 쑥의 뿌리'로 언급되어 있다.

"너희 중에 남자나 여자나 가족이나 지파나 오늘 그 마음이 우리 하나님 여호와를 떠나서 그 모든 민족의 신들에게 가서 섬길까 염려하며 독초와 쑥의 뿌리가 너희 중에 생겨서 이 저주의 말을 듣고도 심중에 스스로 복을 빌어 이르기를 내가 내 마음이 완악하여 젖은 것과 마른 것이 멸망할지라도 내게는 평안이 있으리라 할까 함이라 여호와는 이런 자를 사하지 않으실 뿐 아니라 그 위에 여호와의 분노와 질투의 불을 부으시며 또 이 책에 기록된 모든 저주를 그에게 더하실 것이라 여호와께서 그의 이름을 천하에서 지워버리시되 여호와께서 곧 이스라엘 모든 지파 중에서 그를 구별하시고 이 율법책에 기록된 모든 언약의 저주대로 그에게 화를 더하시리라"(신 29:18-21).

본문은 가까이는 27장에서부터 시작된 말씀과 연결되어 있다. 27장에서 모세는 이스라엘 백성들에게 그들이 요단을 건넌 후에 지파들을 두 그룹으로 나누어 한 그룹은 백성을 축복하기 위하여 그리심 산에 서고, 한 그룹은 저주하기 위하여 에발 산에 서게 하라고 한다(신 27:11-13). 그리고 레위 사람이 저주받을 행위와 그 행위에 따른 저주를 선포하면 모든 백성은 "아멘"으로 응답하게 한다(신 27:14-25). 열거된 저주받을 행위들은 우상숭배를 비롯해서 모든 사람이 모든 시대를 뛰어넘어 반드시 지켜야 하는 것이고, 그것들은 말하기도 부끄러운 행위들이다(엡 5:12).

"이 율법의 말씀을 실행하지 아니하는 자는 저주를 받을 것이라 할 것이요 모든 백성은 아멘 할지니라"(신 27:26).

또한 본문은 28장에서 하나님의 말씀을 삼가 듣고 명령하신 모든 명령을 지켜 행하는 자에게 약속하신 복(1-14절)과 불순종하는 자에게 임하는 저주의 말씀이 선포된 이후(15-68절), 모압 땅(가나안 땅을 코앞에 둔 지역)에서 다시 언약을 세우시면서 당부하신 말씀 중 일부다. 하나님께서 이스라엘 백성들과 언약을 맺으신 것은 그들을 자기 백성으로 삼으시고 하나님은 친히 그들의 하나님이 되시기 위함이었다(신 29:13). 그러므로 이스라엘 백성들은 하나님께서 맺으신 언약에 충실해야 했다. 언약에 충실하다는 것은 말씀대로 순종한다는 것이다.

가나안 땅을 코앞에 둔 이스라엘 백성들에 대해 모세는 매우 크게 염려하고 있다. 앞서 언급했던 저주의 내용들은 모세 자신의 노파심 때문에 백성들에게 경각심을 주기 위해 말한 것이 아니라, 하나님께서 직접 하신 말씀이었다. 그러기에 그동안 이스라엘 백성들(출애굽 1세대인 부모 세대)을 겪어 본 모세로서는 비록 자녀 세대(출애굽 2세대)들이지만 그의 염려는 컸을 것이다. 특히 모세가 크게 염려한 것은 "마음이 우리 하나님 여호와를 떠나서 그 모든 민족의 신들에게 가서 섬길까"(신 29:18a) 하는 것이었다.

모세는 본문에서 이렇게 말하고 있는 것이다.

"내가 너희에게 간곡히 당부하는 것은 너희들의 마음이 하나님 여호와를 떠나서 다른 민족들의 풍속을 따르고 그들의 신들을 섬겨서는 안 된다는 것이다. 그런데 너희 가운데 독초와 쑥의 뿌리가 너희 중에 생기게 되면 너희가 하나님을 떠나 다른 민족들의 신을 섬기게 될 것이다. 뿐만 아니라 그런 죄에 대한 저주의 말씀이 분명한데도 독초와 쑥의 쓴 것이 너희로 하여금 죄에 대한 감각을 무디게 만들어 버릴 것이다. 독초와 쑥의 쓴 것이 너희 마음을 완악하게 하고 목을 곧게 만들어 버리고, 죄에 대해 스스로를 위로하고 정당화시킬 것이다. 그래서 자신을 축복하면서 '다 멸망하고 저주를 받을지라도 나는 평안할 것이다. 만사형통할 것이다'라고 말하게 된다는 것이다. 나는 너희가 이런 사람이 될까 매우 염려한다."

이런 자들에 대한 하나님의 판결은 무엇인가?

"여호와는 이런 자를 사하지 않으실 뿐 아니라 그 위에 여호와의 분노와 질투의 불을 부으시며 또 이 책에 기록된 모든 저주를 그에게 더하실 것이라 여호와께서 그의 이름을 천하에서 지워버리시되……이 율법책에 기록된 모든 언약의 저주대로 그에게 화를 더하시리라"(신 29:20-21).

이것은 가깝게는 이스라엘 백성들이 가나안 땅에 들어간 지 불과 50여 년(여호수아가 죽은 후) 만에 겪기 시작한다. 그리고 사사시대와 그 이후로 계속 이어진다.

우리가 기억해야 할 것은, 신명기에서 말씀하신 저주받을 행위와 그에 따른 저주가 오늘날 그리스도인들에게도 대부분 동일하게 적용된다는 것이다. 이스라엘 백성들이 불신자여서 저주와 재앙을 받은 것이 아니다. 예수님을 주님으로 믿는 믿음으로 죄인인 우리를 구원하여 하나님의 자녀가 되게 하는 것은 사실이다. 그러나 우리가 우상

숭배(신약적 개념의 물리적, 정신적 우상)와 예수님의 윤리와 도덕적 기준에 순종하지 않는 삶을 산다면, 하나님께서는 우리를 불신자 대하듯하신다. 우리의 삶에 하나님의 보호와 인도하심이 없게 되고 하나님의 복을 받아 쓰임 받는 것과는 거리가 먼 삶을 살게 된다.

독초와 쑥 뿌리의 작용

첫째, 사람으로 하여금 우상숭배와 여러 가지 죄를 짓게 만든다. 그리고 독초와 쑥의 쓴 성분이 그 죄에 대한 죄의식을 마비시켜 버린다. 양심이 화인 맞은 자와 같게 되어 죄에 대한 죄책감을 갖지 않게 된다(딤전 4:2).

둘째, 죄에 대한 하나님의 심판을 외면하게 한다. 죄를 지으면서도 "스스로 복을 빌어"(신 29:19a) 자신을 축복하게 한다. 이것은 그가 죄책감을 애써 외면하면서 스스로를 달래고 위로하며 축복한다는 의미로 볼 수도 있다. 그러나 독초와 쑥의 뿌리가 있는 사람은 하나님을 떠나 자기 스스로 하나님이 되어 있는 사람이다. 독초와 쑥의 뿌리가 그로 하여금 하나님의 존재를 잊어버리게 하고 하나님을 두려워하지 않게 한다. 그리고 하나님의 말씀을 삶의 기준으로 삼지 않게 한다. 그래서 그에게는 더 이상 하나님의 기준에서의 죄가 성립되지 않았다. 그러므로 그에게는 죄에 대한 저주와 심판이 남의 이야기가 되는 것이다. 이것은 불신자에 대한 이야기가 아니다.

셋째, 하나님과 하나님의 사랑에 대해 착각하게 하고 낙관적이게(절대 긍정하게) 만든다. 이것이 극적으로 나타난 사건이 유다 왕 시드기야 때에, 예레미야 선지자와 하나냐 선지자의 대결이다(렘 28:1-17). 하나냐는 하나님께서 바벨론 왕의 멍에를 꺾었으므로 느부갓네살 왕이 하나님의 성전에서 빼앗아 간 성전 기구와 유다 모든 포로들을 2년 안에 다시 돌아오게 하실 것이라고 말한다(렘 28:2-4). 그리고 자기의 말에 이의를 제기하는 예레미야의 목에 있는 나무 멍에를 빼앗아 꺾어 버린다(렘 28:10). 그 후에 하나님께서는 예레미야로 하여금 하나냐에게 전하라고 하시면서 28장 13-14절에서 이렇게 말씀하신다. "네가 나무 멍에들을 꺾었으나 그 대신 쇠 멍에들을 만들었느니라……. 내가 쇠 멍에로 모든 나라의 목에 메워 바벨론의 왕 느부갓네살을 섬기게 하였으니 그들이 그를 섬기리라."

하나냐는 지나친 선민사상으로 하나님과 하나님의 사랑에 대해 왜곡된 지식을 가지고 있었고, 그것은 하나냐로 하여금 잘못된 계시를 참된 계시로 믿고 예언을 하게 한 것이다. 하나님의 공의와 사랑, 하나님의 섭리하심에 대한 편견이나 선입관, 고정관념이 하나냐로 하여금 잘못된 계시를 받게 한 것이다. 하나냐는 단순히 자신의 바람을 예언으로 포장해서 말한 것일 수도 있다. 이런 경우가 참으로 많다. 또한 실제 평소대로 계시를 받았다고 볼 수도 있다. 이 경우엔 하나님께서 거짓 영을 보내신 것이다(왕상 22장).

오늘날에도 하나님에 대해 어떤 신관을 가지고 있느냐에 따라 그 사람이 받는 감동(계시라기보다 감동이라고 하는 것이 바람직하다)이 달라진다. 잘못된 신관은 잘못된 감동을 받는다. 그 감동은 사람들을 잘못된 길로 이끌어 간다.

하나님의 사랑을 지나치게 강조하면, 그는 하나님의 공의, 징계, 심판 등에 대해 소홀하게 된다. 분명한 죄가 있음에도 그 죄에 대한 대가로 징계를 받는 것에 대해 매우 소극적이고, 성도들을 속이는 결과를 가져온다. 예수 그리스도를 주님으로 믿는 것이 우리가 살면서 지은 죄(자범죄)와 잘못에 대해 면죄부를 주는 것은 아니다. 하나님의 사랑을 지나치게 강조하면, 결과적으로 사람들을 하나님 중심이 되게 하기보다, 역설적이게도 사람 중심이 되게 만들어 버린다. 사랑이 사랑으로 강력한 능력을 발휘하려면 공의와 쌍벽을 이루어야 한다.

반대로, 하나님의 공의와 심판을 지나치게 강조하면, 그는 하나님의 은혜와 사랑, 자비, 오래 참으심, 선하심 등에 대해 소홀하게 된다. 그래서 이런 사람은 하나님을 두려워하고 무서워하게 된다. 이것은 하나님을 경외하는 것이 아니다. 이것은 사람들로 하여금 1달란트 받은 자와 같게 만드는 결과를 가져온다. 다른 사람들보다 죄는 훨씬 덜 짓겠지만, 그렇다고 그에게서 얻을 것도 없다. 둘 중에 어느 경우에 속하든지 그의 사역은 이것에서 결코 자유롭지 못하다.

하나님의 말씀을 가감하고 하나님의 은혜와 사랑을 극단적으로 이해하여 죄에 대한 정의를 변질시키고 죄의 대가(지상에서의 형벌)를 약화시키는 것과 그로 인해 죄의식과 죄책감을 느끼지 못하는 것은 사람들을 방종한 삶으로 인도한다. 이것은 사람들을 타락한 삶으로 인도한다는 것이기도 하지만, 실용주의자들이나 상황윤리와 자신의 이해관계에 따라 살아가는 자들처럼 살아가게 한다는 것이다. 이들은 결과 지향적이고 성과중심의 사고방식을 가지고 있다.

그래서 이들은 한편으로는 청결하고 정직하지만, 또 한편으로는 불의와 타협하고 불법과 편법이 있고 정직하지 못하다. 특히 원하는 만큼의 결과와 성과를 내는 데 있어서는 더욱 그렇다. 그러면서도 그들은 자기들이 얻어낸 결과와 성과를 하나님의 은혜로 포장하고, 가증스럽게도 하나님께 영광을 돌린다고 말한다. 그들이 불의와 타협해서, 불법과 편법을 통해 이룬 성과로 인해 그들의 평가와는 달리 하나님께서 얻으신 것은 아무것도 없다. 오히려 그들의 성과로 인해 하나님께서는 엄청나게 많은 것을 잃으신 것이다.

쓴 뿌리는?

쓴 뿌리가 무엇인지를 신약적 관점에서 정의하려면 쓴 뿌리에 대한 말씀이 어떤 문맥에 속해 있는지를 살펴보아야 한다. 쓴 뿌리에 대한 말씀은 큰 주제 안에서 주의할 사항으로 주어졌다. 큰 주제는 히브리서 10장에서부터 12장에 걸쳐서 언급되고 있다. 10장에서 우리는 예수의 피로 씻음을 받았으니 참 마음과 온전한 믿음으로 하나님께 나아가자(히 10:22), 그날이 가까이 오고 있기 때문에 우리가 믿는 도리의 소망을 굳게 잡고 서로 사랑하고 선행을 행하며 모이기를 힘쓰자(히 10:23-25), 너희는 더 낫고 영구한 소유가 있는 줄을 알지 않느냐 그러므로 뒤로 물러서지 말고 믿음으로 인내하라고 말하고 있다(히 10:32-39).

그리고 11장에서는 하나님의 약속을 믿고 살아간 사람들이 열거되고 있다. 이들은 하늘에 있는 더 나은 본향을 사모한 자들이었다(히 11:16). 그런데 하나님께서는 이들보다 오늘날 우리를 위하여 더 좋은 것을 예비하셨다는 것이다(히 11:40).

12장으로 넘어가면서, 이러므로 우리에게 구름 같이 둘러싼 허다한 증인들이 있으니 모든 무거운 것과 얽매이기 쉬운 죄를 벗어 버리고 인내로써 우리 앞에 당한 경주를 하라고 말씀한다(히 12:1). 그러면서 너희가 죄와 싸우되 아직 피흘리기까지는 대항하지 아니하였다고 책망한다(히 12:4). 그들이 죄를 피 흘리기까지 대항하지 않은 이유는 "주의 징계하심"(히 12:5), "꾸지람"(히 12:5), 그리고 "주께서 그 사랑하시는 자를 징계하시고 그가 받아들이시는 아들마다 채찍질하심이라"(히 12:6)는 말씀을 잊었기(무시했기) 때문이다. 하나님께서는 우리를 아들과 같이 대우하셔서 우리가 죄를 지으면 징계하신다(히 12:7). 하나님께서 우리를 징계하시는 것은 우리의 유익을 위하여 그의 거룩하심에 참여하게 하시고 의와 평강의 열매를 맺게 하시기 위함이다(히 12:10-11).

이를 위해, 우리는 모든 사람과 더불어 화평함과 거룩함을 따라야 한다(히 12:14). 그리고 쓴 뿌리가 나서 괴롭게 하여 (본인은 물론)많은 사람이 이로 말미암아 더럽게 되지 않게 해야 한다(히 12:15). "그러므로 우리가 흔들리지 않는 나라를 받았은즉 은혜를 받자 이로 말미암아 경건함과 두려움으로 하나님을 기쁘시게 섬길지니 우리 하나님은 소멸하는 불이심이라"(히 12:28-29)는 말씀을 기억해야 한다.

결론적으로, 쓴 뿌리는 무엇과 관계가 있는가? 경건한 삶, 거룩한 삶과 관계가 있다. 이를 위해서 우리는 죄와 싸우되 피 흘리기까지 싸워야 하고, 하나님께서 우리의 죄에 대해 징계하시고 연단하신다는 것을 기억해야 한다. 이것이 하나님의 은혜라는 것이다.

그런데 쓴 뿌리가 공동체를 괴롭게 하고 더럽힌다는 것이다(히 12:15). 이것은 공동체에 문제와 고민거리를 만들어 화평을 깨고, 거룩함을 파괴시킨다는 것이다(히 12:14 참고). 쓴 뿌리 자체가 더럽게 하는 것이 아니라, 신명기의 말씀처럼 죄에 대한 감각과 의식을 무디게 하고 무감각하게 만들어 무분별한 삶(더러운 삶)을 살게 한다는 것이다.

> "입에서 나오는 것들은 마음에서 나오나니 이것이야 말로 사람을 더럽게 하느니라 마음에서 나오는 것은 악한 생각과 살인과 간음과 음란과 도둑질과 거짓 증언과 비방이니 이런 것들이 사람을 더럽게 하는 것이요 씻지 않은 손으로 먹는 것은 사람을 더럽게 하지 못하느니라"(마 15:18-20).

이 말씀은 바리새인들의 무지와 무감각, 무분별을 꼬집는 말씀이다. 쓴 뿌리는 하나님에 대한 경외심(두려움)을 제거하여 하나님을 거역하게 한다(히 12:25-27). 하나님의 말씀을 가벼이 여기게 하여 불순종하게 한다. 그러나 우리는 자녀로 택함 받고 하나님 나라를 유업으로 받은 자들로서 경건함과 두려움으로 하나님을 기쁘시게 섬겨야 한다(히 12:28). 하나님을 경외함과 죄에 대한 민감함은 정비례한다.

그러면 쓴 뿌리는 구체적으로 무엇인가? 치유되지 않은 상처가 시간이 지나면서 쓴 뿌리가 되는가? 그렇지 않다. 상처와 쓴 뿌리는 연관성이 없다. 상처는 자기중심적인 죄성(자기를 부인하지 않은 것) 때문에 받는 것이다. 그러므로 상처에 대한 근본적인 치유는 십자가의 예수 그리스도 앞에서 회개와 자기 부인을 통해서만 이루어진다.

쓴 뿌리는 첫째, 하나님께 대한 잘못된 가르침(왜곡된 이해)이다. 신론(神論)이 잘못된 것이다. 하나님의 사랑에 대하여 왜곡과 잘못된 가르침이 있었다(히 12:5-11). 그들은 하나님의 사랑을 징계나 연단, 심판이 없는 사랑으로 이해했다. 잘못된 가르침은 하나님께서 우리의 유익을 위하여 그의 거룩하심에 참여하게 하시기 위해 자녀 된 우리를 징계하고 연단하신다는 것을 외면하고 제거시켜 버린다(히 12:10). 이것은 하나님의 사랑을 내세워 자신의 죄악 된 삶을 합리화시키도록 한다. 그리고 자기의 죄를 직시하게 하기보다 자기 동정과 연민에 빠지게 만든다. 이와 같은 사람들의 예배와 모임의 특징은 하나님 앞에서 축제는 있으나 참되고 깊은 회개가 없다. 그래서 깊은 기쁨이 없다. 삶의 변화가 없다.

둘째, 잘못된 교리(신론을 비롯해 전반적인 교리에 대해서)다. 이단, 거짓 선지자들의 가르침과 종교적 의식주의에 빠진 바리새인들의 경우다(마 15장). 또한 은사주의와 신비주의다. 고린도 교회 성도들은 자신들에게 나타나는 은사들(방언, 예언 등)을 근거로 자신들이 '신령한 자들', '완전에 이른 자들'이라고 착각했다.

그러나 바울 사도의 평가처럼 그들은 육신에 속한 어린아이 수준의 신앙을 가지고 있었다. 교회 안에 시기와 분쟁, 갖가지의 윤리적이고 도덕적인 문제들, 그리고 이런 자들을 교회가 묵인해 주고 이들이 여전히 중직자로서 영향력을 행사하고 있는 것을 근거로 그들이 육신에 속해 있다는 것을 증명하였다. 고린도 교회는 쓴 뿌리가 난 교회 공동체의 대표적인 경우라고 볼 수 있다.

오늘날 우리 주변에는 사도 바울이 고린도전서를 쓸 때의 고린도 교회와 같은 교회가 너무도 많다. 십자가의 도, 곧 십자가의 예수 그리스도 중심의 가르침이 없는 자리에 쓴 뿌리가 너무도 많이 자라 있다. 쓴 뿌리를 제거하기 위해서 우리는 십자가의 도로 돌아와야 한다.

> "그러므로 너희가 그리스도 예수를 주로 받았으니 그 안에서 행하되 그 안에 뿌리를 박으며 세움을 받아 교훈을 받은 대로 믿음에 굳게 서서 감사함을 넘치게 하라"(골 2:6-7).

IX. 영적 전쟁

그리스도인에게 영적 전쟁은 혈과 육을 상대하는 싸움이 아니다. 영적 전쟁은 능력 대결이 아니다. 영적 전쟁은 일명 영적 도구들을 사용하여 내가 싸우는 것이 아니다. 영적 전쟁은 하나님(삼위일체)께 나를 복종시키는 것이다.

1. 예수님의 영적 전쟁

영적 전쟁에 대해 이야기하고자 할 때, 예수님의 경우를 빼놓을 수 없다. 예수님의 모든 삶은 믿는 우리에게 절대 모범이며 최고의 롤 모델이다. 오늘날 우리는 삶의 현장에서 예수님의 삶을 살아내야 한다. 이것은 우리가 예수님의 모습을 본받아서나 끊임없는 연습을 통해 습관화시켜서 모방해야 하는 것이 아니라, 예수님께서 우리 안에 주인으로 계실 때 살아지는 삶이다.

이것은 영적 전쟁에 있어서도 예외는 아니다. 영적 전쟁의 핵심은 사탄 마귀와 치열하게 싸우는 것이 아니라, 하나님께(하나님의 말씀에)

나를 철저하게 복종시키기 위한 싸움이다. 예수님의 영적 전쟁에는 (예수님께는 전쟁이고, 우리에게는 싸움) 크게 두 가지 사건이 있었다. 광야에서의 시험과 겟세마네 동산에서의 싸움이다.

첫 번째로, 예수님께서 세례를 받으신 후 광야에서의 시험이다.

"그때에 예수께서 성령에게 이끌리어 마귀에게 시험을 받으러 광야로 가사 사십 일을 밤낮으로 금식하신 후에 주리신지라 시험하는 자가 예수께 나아와서 이르되 네가 만일 하나님의 아들이어든 명하여 이 돌들로 떡덩이가 되게 하라 예수께서 대답하여 이르시되 기록되었으되 사람이 떡으로만 살 것이 아니요 하나님의 입으로부터 나오는 모든 말씀으로 살 것이라 하였느니라 하시니 이에 마귀가 예수를 거룩한 성으로 데려다가 성전 꼭대기에 세우고 이르되 네가 만일 하나님의 아들이어든 뛰어내리라 기록되었으되 그가 너를 위하여 그의 사자들을 명하시리니 그들이 손으로 너를 받들어 발이 돌에 부딪치지 않게 하리로다 하였느니라 예수께서 이르시되 또 기록되었으되 주 너의 하나님을 시험하지 말라 하였느니라 하시니 마귀가 또 그를 데리고 지극히 높은 산으로 가서 천하 만국과 그 영광을 보여 이르되 만일 내게 엎드려 경배하면 이 모든 것을 네게 주리라 이에 예수께서 말씀하시되 사탄아 물러가라 기록되었으되 주 너의 하나님께 경배하고 다만 그를 섬기라 하였느니라 이에 마귀는 예수를 떠나고 천사들이 나아와서 수종드니라"(마 4:1-11).

예수님께서 광야에서 마귀에게 시험을 받으신 것은 마귀의 유혹이면서 동시에 하나님의 테스트였다고 볼 수 있다. 예수님께서 세례를 받으신 후에 하나님의 성령이 예수님 위에 임하셨고(마 3:16), 하늘로부터 "이는 내 사랑하는 아들이요 내 기뻐하는 자라"(마 3:17)는 음성을 듣는다. 하나님께서는 예수님이 세례를 받으신 직후, 하나님과 예수님이 아버지와 아들의 관계임을 온 세상에 공포하신 것이다. 그리고 나서 예수님은 광야에서 마귀에게 유혹을 받으신 것이다. 예수님께서 하나님의 아들로 공포되지 않았다면 마귀는 예수님을 유혹하지 않았을 것이다.

또한 마귀의 유혹은 예수님께서 성령에게 이끌리어 광야로 가셔서 받은 것이다. 이는 하나님의 허락하심으로, 심지어 하나님의 적극적인 개입으로 이루어졌다는 것이다. 하나님께서 택하신 자들에 대한 마귀의 유혹은 욥기서의 경우처럼 하나님의 허락하심 가운데서만 이루어진다.

그러므로 광야에서의 유혹은 하나님께서 예수님을 아들로 공포하신 후 아들을 테스트하신 것으로 볼 수 있다. 사탄 마귀는 하나님의 손 아래 있다. 하나님 아버지의 보내심을 받아 성육신하신 예수님, 아버지께서 택하신 자들의 구원을 위해 대속의 십자가를 져야 하는 예수님, 이를 위해서는 자기를 비어 종의 형제를 가져 죽기까지 복종해야 하는 예수님께서 공생애를 시작하는 단계에서 시험(유혹/테스트)을 받으신 것이다. 광야에서의 시험은 예수님께서 공생애의 첫 단추를 채우는 것이었다.

예수님께서 받으신 시험의 핵심은 무엇인가? 첫 번째와 두 번째는 "네가 만일 하나님의 아들이어든"(마 4:3,6)이고, 세 번째는 "이 모든 것을 네게 주리라"(마 4:9) 즉, "하나님과 같이 되게 해 주겠다, 하나님과 같은 권세를 주겠다"는 것이다. 예수님은 사적인 영역에서 시험을 받으신 것이 아니라, 하나님 아버지와의 관계에 대한 시험을 받으신 것이다.

그러므로 마귀의 유혹은 아버지와 아들의 관계를 훼방하고 분열시키기 위한 것이었다. 아버지와 아들의 관계는 아들이 아버지의 권위와 권세 아래에서 철저하게 복종해야 하는 관계다. 바로 이것을 훼방하고 분열시키기 위한 유혹이었다. 그리고 이를 위해 예수님으로 하여금 아들의 특권, 당연하다고 여겨지는 권리를 주장하고, 예수님이 가진 능력을 자기의 뜻대로 사용하게 하는 유혹이었다. 또한 아들이신 예수님으로 하여금 하나님 아버지의 자리에서 아버지 행세(노릇)를 하도록 하는 유혹이었다.

1) 세 가지 유혹

먹는 문제

마귀: "하나님의 아들이 굶주려서야 되겠느냐? 하나님이 주실 때까지 기다릴 필요가 있겠느냐? 너에게 있는 능력으로 돌들을 떡으로 만들어 먹고 배부르게 하면 되지 않겠느냐?"

예수님: "사람이 떡으로만 사는 것이 아니다. 하나님께서 주신 말씀으로 사는 것이다."

첫 번째 유혹은 먹는 문제다. 마귀의 유혹에 대해 예수님께서 답변하신 말씀은 신명기 8장 3절이다. 이것은 신명기 8장 1-10절의 의미를 가지고 답변하신 것이다. 신명기 8장의 말씀은 하나님께서 이스라엘을 하나님의 백성이요, 제사장 나라로 부르셔서 광야에서 훈련시키신 과정을 요약한 말씀이다. 훈련이 끝나면 하나님께서 그들을 아름다운 땅에 들어가게 하시고 그곳에서 배부르게 하실 것이었다. 그러므로 그들은 광야의 척박한 상황에서도 하나님을 경외하고 하나님의 말씀대로 순종해야 했다. 그래야만 그들은 광야에서 멸망하지 않고 약속의 땅에 들어갈 수 있었다.

이스라엘 백성들은 광야에서 징계를 받는 동시에 훈련을 받는 동안 하나님의 부르심을 따라 순종하며 살아야 했다. 하나님께서는 하나님의 뜻과 목적을 이루시기 위해 이스라엘 백성들에게 하나님의 방법대로 하나님의 때에 공급하셨다. 모든 순종의 훈련은 하나님께 대한 믿음의 훈련이다. 믿음과 순종은 정비례한다. 믿는 만큼 순종하게 되어 있고, 순종하는 만큼 믿는 것이다.

예수님께서는 보내심을 받은 아들로서 자기의 육신의 욕구(정욕)와 필요를 따르지 않고, 하나님 아버지를 믿는 믿음으로 자기를 아버지께, 아버지의 뜻에 의탁하고 끝까지 순종하셨다. 하나님의 아들이라면 항상 배부르게 먹어야 하고 먹고 싶은 대로 먹어야 하는 것도 아니었다. 예수님은 자기의 능력을 먹는 문제를 해결하기 위해 자의적으로 사용하지 않으셨다. 그것은 아버지의 뜻이 아니었다. 성령이 임하시고 40일 동안의 기도를 통해 아버지의 뜻을 헤아린 예수님께서는 그 뜻에 자신을 복종시킨 것이다. 마귀는 예수님께서 자신을 하나님께 복종시키고 있는 상태를 깨기 위해 유혹을 한 것이다. 유혹을 이기고 복종의 자리에 올라간 것이 아니다. 복종의 자리를 지킨 것이다.

예수님께서는 마귀의 유혹에도 불구하고 아버지께 자신을 복종시킨 상태, 복종하는 아들의 자리를 지키심으로 첫 번째 시험을 이기셨다. 하나님 아버지께서 아버지의 권위와 주권 아래 자신을 철저하게 내어 맡긴 아들에게 어련히 알아서 아버지의 때에, 아버지의 방법대로 공급하시지 않겠는가?

하나님을 시험

마귀: "너, 하나님 아들 맞지? 그런데 지금 너의 꼴을 봐. 하나님이 너를 정말로 사랑한다고 생각하니? 성경에서 하나님은 사랑하는 자를 받들어 발이 돌에 부딪치지 않게 하신다고 했는데 한번 확인해 봐."

예수님: "확인해 볼 필요 없어. 난 아버지의 사랑을 믿으니까."

두 번째 시험에서 예수님이 답변하신 말씀은 출애굽기 17장 7절에 있는 말씀이다. 이 말씀은 이스라엘 백성이 르비딤에 장막을 쳤으나 마실 물이 없어 모세와 다투었던 사건의 결론이다. 그곳에서 이스라엘 백성은 하나님을 시험하였다. 하나님을 시험했다고 한 것은 무엇인가? 어떤 번역서는 백성들이 하나님을 테스트했다고도 하고, 하나님을 유혹했다고 번역하고 있다. 이것은 마귀가 우리로 하여금 죄를 짓도록(행동하도록) 유혹하는 것과 비슷하다. 이스라엘 백성들은 모세와 하나님을 향해 원망하고 울부짖으면서 하나님으로 하여금 당장 행동하도록 협박하고 요구한 것이다. "하나님이 우리 가운데 계신 것이 맞아? 그런데 왜 마실 물이 없는 거야? 우리 자녀와 짐승들이 다 죽게 생겼잖아. 하나님, 이렇게 하시려고 우리를 출애굽시켰습니까? 하나님이 우리와 함께 계신다면 이런 일은 있을 수 없는 거야."

그 후 마침내 물이 주어졌다. 모세가 반석을 치자 물이 쏟아져 나와 온 백성과 짐승들이 마셨다. 백성들의 원망 때문에 주어졌는가? 아니다. 그러면 모세의 기도 때문인가? 그렇기는 하지만, 모세의 기도 때문만은 아니다. 하나님께서 이미 르비딤에 있는 반석에서 물을 내어 마시게 할 계획을 가지고 계셨다. 광야에서 이스라엘 백성들에게 물과 만나 등이 주어진 것은 하나님의 계획 속에 이미 있었던 것이다. 그렇다고 구하지 않아도 된다는 것은 아니다. 필요를 구하되 원망과 불평하지 않고 구해야 한다. 하나님을 시험하면서가 아니라, 하나님을 믿고 감사함으로 구하고 기다려야 한다.

그러나 이스라엘 백성들은 "하나님이 우리와 함께 계시고 우리를 사랑하신다면 지금 우리가 마실 물이 없어 목말라 죽을 것 같은 상황에 처한 것은 말이 안 된다. 정말 하나님이 우리 가운데 계시기나 하는 거야?"라고 불평했다. 이것은 하나님이 자기들을 돌보시는지, 사랑하시는지의 여부를 확인하려고 감히 하나님을 테스트한 것이다. 하나님께서 정하신 때가 아니라, 자기들이 원하는 때에 자기들이 원하는 것을 주시도록 감히 하나님을 유혹한 것이다.

"하나님, 우리와 함께 계신 것이 맞습니까?"라고 하면서 하나님을 시험함으로 자기의 필요를 얻어내는 것은 결코 우리에게 복이 되지 않는다. 이것이 극적으로 잘 드러낸 사건이 바로 메추라기 사건이다(민 11:4-35).

사건의 발단은 이렇다. 출애굽할 때 함께 따라 나온 다른 족속들의 탐욕이 이스라엘 자손에게도 전염되었다. 그래서 이스라엘 백성들은 "누가 우리에게 고기를 주어 먹게 하랴. 애굽에서는 값없이 생선과 야채, 과일, 부추, 파, 마늘들을 먹었는데, 지금은 우리 기력도 없고 영양실조에 걸리게 되었는데 먹을 거라고는 만나밖에 없구나" 하면서 울고불고하면서 난리를 친다. 또한 모세는 모세대로 하나님께서 책임지시라고 하면서 차라리 자신을 죽여 달라고 한다.

하나님께서는 백성들이 울고불고하면서 쏟아낸 말 즉, "누가 우리에게 고기를 주어 먹게 하랴 애굽에 있을 때가 좋았다"라는 말에 노하시고 고기를 주시되, 냄새도 싫어하기까지 한동안 주겠다고 하신다. 하나님께서는 이스라엘 백성들에게 메추라기를 주어 먹게 하시고는 고기가 아직 이 사이에 씹히기 전에 백성에게 진노하사 큰 재앙으로 그들을 치신다. 그러자 사람들이 그곳 이름을 기브롯 핫다아와라 불렀는데, 이는 욕심(탐욕)을 낸 백성을 그곳에 장사했기 때문이다.

하나님은 전능하시고 은혜로우시며 자비하시지만, 하나님을 시험함으로 원하는 것을 얻어내고자 하는 자에게는 결코 좋으신 하나님이 되어 주시지 않는다. 그들은 원하는 것을 얻었기에 마냥 좋아하겠지만, 하나님과의 관계는 더 악화된다. 아니, 메추라기 사건처럼 망하게 되기도 한다. 메추라기를 먹지 않았더라면, 아니 하나님께서 주실 때 먹었더라면 그들은 죽지 않았을 것이다.

마귀에게 경배

마귀: "내게 엎드려 경배하면 세상의 왕이 되게 해 줄게. 너, 왕이 되려고 왔잖아."

예수님: "나는 하나님만 경배하고 섬길 것이다(하나님 안에서 왕 노릇 할 거야). 사탄아, 물러가라."

마귀는 예수님께 자기에게 엎드려 경배하면, 즉 자기에게 굴복하면 온 세상 위에 군림할 수 있게 해 주겠다고 말한다. 이것은 참으로 매력적인 제안이었다. 예수님은 태초에 천지를 창조하실 때, 성부 하나님과 함께 창조사역에 동참하셨다. 그러나 성부 하나님의 뜻에 따라 성육신하여 세상에 오신 것이다. 사람의 몸을 입고 약 30년을 사신 예수님에게, 그리고 지금 40일 동안 금식하셨기에 매우 지쳐 있는 예수님에게 딱 한 번만 절을 하면 온 세상을 얻을 수 있다는 제안은 인간적으로 매우 솔깃한 제안이 아닐 수 없다. 지금 예수님은 앞으로 약 3년 동안의 공생애를 살아야 했고, 특히 엄청난 고난을 받고 십자가에서 죽임을 당하는 것을 앞두고 있는 시점이었다.

그러므로 예수님께서 자기를 먼저 생각하셨다면 당연히 선택할 수밖에 없는 제안이었다. 만약 예수님께서 마귀의 시험에 넘어가 굴복했다면 마귀의 종이 되어버렸을 것이다. 마귀는 아담과 하와에게 선악을 알게 하는 열매를 먹으면 눈이 밝아져 하나님과 같이 된다고 했다. 그러나 그들이 열매를 먹었을 때 죄의 종, 마귀의 종이 되어 버렸던 것이다.

그러나 예수님은 마지막까지 하나님 아버지께 복종하는 자로 서 있었다. 예수님은 끝까지 아들의 자리를 지킨 것이다. 이것이 예수님으로 하여금 이미 승리자로 서 있게 한 비결이다. 마귀가 예수님을 유혹한 핵심은 하나님 아버지와 아들 예수님의 관계를 깨트리는 것이었다. 이 관계만 깨트리면 예수님을 망하게 할 수 있다. 뿐만 아니라 모든 인류를 여전히 죄 가운데, 자기의 권세 아래 둘 수 있었던 것이다.

예수님께서 마귀의 시험을 이기시고, 동시에 테스트에 합격하신 비결은 무엇인가? 말씀을 적절하게 선포하신 것 때문인가? "사탄아 물러가라"는 명령을 해서 사탄이 패하여 물러간 것인가? 아니다.

예수님께서 승리하신 비결은 첫째, 아들로서 아버지의 권위와 권세, 주권을 철저하게 인정한 것이다. 둘째, 아버지의 권위와 주권 아래서 아들의 특권, 권리, 능력을 포기하고 자신을 아버지께 철저하게 복종시킨 것이다. 셋째, 아버지의 뜻을 이루기 위해 보냄 받은 아들로서 자신의 자리와 위치를 지키고, 아버지로 하여금 아버지 노릇 하시게 한 것이다. 이것을 한마디로 하면, 예수님께서는 하나님 앞에서 자기를 부인하고 자기 십자가를 지고 하나님 아버지를 따른 것이다. 이것이 마귀의 시험을 이기게 하였고 시험에 합격하게 한 것이다.

아들의 자리를 벗어나 아버지의 자리에 앉으라는 마귀의 유혹에 맞서 끝까지 아들의 자리를 지킴으로 이기셨다는 것이다. 아들로서 아버지께 순종한 것과 이미 순종하고 있는 말씀을 적절하게 선포하여 이기신 것이다. 순종이 없는 말씀 선포, 대적기도는 아무 소용이 없다. 이러한 방법으로 마귀가 떠나지 않는다는 것이 아니라(당장은 떠나겠지만), 궁극적으로는 마귀가 승리하게 된다는 것이다. 전투에서는 이겼으나, 전쟁에서는 진 것과 같다.

40일 동안의 금식기도와 말씀 선포가 있었지만, 이보다도 더 중요했던 것은 유혹에 맞서 아들의 자리에서 목숨 걸고 순종한 순종이 결정적이었다. 아들로서 죽기까지 순종하기 위해 기도를 하셨고, 순종하는 아들의 위치에서 아버지의 말씀을 선포한 것이다. 기도와 말씀 선포를 통해 승리를 쟁취하신 것이 아니다. 이미 승리한 자로서 승리의 자리에서 순종하면서 말씀을 선포하신 것이다.

오늘날 우리의 삶에 다가오는 시험(마귀의 유혹이든지, 테스트이든지)들도 예수님의 경우와 마찬가지로, 우리로 하여금 하나님의 자녀로서 순종의 자리를 벗어나게 하려는 것이다. 또한 우리가 자녀의 자리를 잘 지키는지의 여부를 알고자 하는 것이다. 그러므로 우리가 늘 승리하려면 자녀로서의 자리, 말씀대로 순종하는 자리를 지켜야 한다. 이것은 자기를 부인하고 자기 십자가를 지고 예수님을 따를 때 가능하다.

우리가 말씀을 알고 대적하며 순종하기를 힘써서 이겨야 하는 것이 아니다. 하나님 아버지 앞에서 아들의 자리를 죽기까지 지키시고 순종하신 예수님을 우리 안에 주님으로 계시도록 해야 한다. 그럴 때 우리는 자녀의 자리를 지키게 되고, 예수님의 승리가 우리의 승리가 되는 것이다.

오늘날 우리의 모든 문제와 그것을 해결하는 방법은 우리가 예수 그리스도를 주님으로 모시고 있느냐, 그렇지 않느냐를 중심으로 이해해야 한다. 예수님을 이용해서 문제를 해결하고 승리하는 것이 아니다.

2) 겟세마네 기도

하나님의 뜻에 자신을 복종시키는 기도

"이에 예수께서 제자들과 함께 겟세마네라 하는 곳에 이르러 제자들에게 이르시되 내가 저기 가서 기도할 동안에 너희는 여기 앉아 있으라 하시고 베드로와 세베대의 두 아들을 데리고 가실새 고민하고 슬퍼하사 이에 말씀하시되 내 마음이 매우 고민하여 죽게 되었으니 너희는 여기 머물러 나와 함께 깨어 있으라 하시고 조금 나아가사 얼굴을 땅에 대시고 엎드려 기도하여 이르시되 내 아버지여 만일 할 만하시거든 이 잔을 내게서 지나가게 하옵소서 그러나 나의 원대로 마시옵고 아버지의 원대로 하옵소서 하시고 제자들에게 오사 그 자는 것을 보시고 베드로에게 말씀하시되 너희가 나와 함께 한 시간도 이렇게 깨어 있을 수 없더냐 시험에 들지 않게 깨어 기도하라 마음에는 원이로되 육신이 약하도다 하시고 다시 두 번째 나아가 기도하여 이르시되 내 아버지여 만일 내가 마시지 않고는 이 잔이 내게서 지나갈 수 없거든 아버지의 원대로 되기를 원하나이다 하시고 다시 오사 보신즉 그들이 자니 이는 그들의 눈이 피곤함일러라 또 그들을 두시고 나아가 세 번째 같은 말씀으로 기도하신 후 이에 제자들에게 오사 이르시되 이제는 자고 쉬라 보라 때가 가까이 왔으니 인자가 죄인의 손에 팔리느니라 일어나라 함께 가자 보라 나를 파는 자가 가까이 왔느니라"(마 26:36-46).

겟세마네 동산에서 예수님께서 기도하신 것은 앞으로 당하게 될 육신의 고통 때문에 주저하고 갈등하며 하나님의 뜻을 묻기 위함이 아니다. 두려움 때문에 할 수만 있으면 고난의 잔을 마시지 않으려는 것이 아니었다. 예수님께서는 성육신 때부터 지금까지 자신이 보냄을 받은 목적과 사명이 무엇인지에 대해 분명하게 알고 계셨으며 한순간도 흐트러짐 없이 걸어오셨다. 예수님께서는 제자들에게 가르치신 말씀대로 자기를 부인하고 자기 십자가를 지고 하나님 아버지를 따르는 삶을 살아 오셨다. 이에 대한 도전들이 올 때마다 예수님께서는 한적한 곳에서 밤늦게까지, 또는 새벽까지 기도하신 것이다. 그러므로 겟세마네 기도는 십자가의 죽음을 앞두고 십자가의 고통 때문에 두려워하고 갈등하셨기 때문에 드린 기도가 아니다.

예수님께서는 죄인을 구원하시기 위해 그동안 많은 사역들을 해 오셨다. 그리고 이제까지의 사역과는 차원이 다르게 자신이 십자가를 지고 죽어야 하는 일이 지금 코앞에 다가온 것이다. 이것은 피할 수 없는 일이요, 선택의 여지가 없는 일이라는 것을 잘 아셨다. 바로 이 일을 위해 이 땅에 오셨기 때문이다.

그러나 십자가를 지고 십자가에 못 박혀 죽는 것은 결코 쉬운 일이 아니었다. 당시에는 로마에 의해 수많은 죄수들이 십자가에 매달려 죽었다. 쉬운 일이 아니라는 것은 억지로가 아니라, 자발적으로 십자가를 지는 것이 쉽지 않다는 것이요, 죄인들을 사랑하여 그들을 마음에 품고 그들을 위해 자원함으로 십자가를 지는 것이 결코 쉽지 않다는 뜻이다.

그래서 예수님께서는 지금 아버지의 뜻을 반복해서 내뱉으시면서 그 뜻에 자신을 복종시키는 기도를 하고 계신 것이다. 하나님 아버지의 뜻이 무엇인지를 묻고 답을 얻고자 기도한 것이 아니다. 선택의 갈림길에서 기도하고 있는 것이 아니라, 선택의 여지가 없는 상황, 아버지의 뜻이 이미 분명하게 확인된 상황에서 아버지의 뜻에 자신을 내어 맡기는 기도를 하시는 것이다. 즉 다시 한 번 아버지의 뜻에 자기를 쳐서 복종시키는 기도를 하시는 것이다. 예수님께서 아버지의 뜻에 자신을 완전히 복종시켜서 죄인들을 대신하여 즐거이 십자가를 지실 준비가 되었을 때 기도는 끝났고, 사람들이 예수님을 체포하러 왔다.

예수님께서는 너무도 분명한 하나님 아버지의 뜻 즉, 고난의 잔을 마셔야 하는 뜻 앞에서 자신을 부인하고 복종시킴으로 승리하셨다. 그래서 예수님은 아버지께서 원하시는 모습으로, 로마의 죄수들처럼 몸만 십자가에 못 박힌 것이 아니라 하나님을 사랑하고 죄인들을 사랑하는 마음으로 자발적으로 십자가를 지셨다.

"나 같은 죄인을 대신하여 자발적으로 십자가를 지신 예수 그리스도를 찬양합니다! 아멘."

예수님께서 자발적으로 십자가를 지신 것은 공생애 시작부터 시작된 마귀의 끈질긴 유혹을 끝내는 순간이었다. 어떤 사람들은 예수님을 십자가에 못 박은 것은 마귀, 사탄의 승리라고 말한다. 예수님께서 죽으셨을 때, 사탄이 승리의 환호성을 질렀다고 말한다. 그러나 사탄의 입장에서 보면, 예수님께서 십자가에 못 박혀 피 흘려 죽으신 사건은 사탄에게 치명상을 입히는 것이다.

사탄은 에덴동산에서부터 피의 능력을 너무도 잘 알고 있었다. 그런데 이제 독생하신 예수님께서 피를 흘려 죽으신다면 그 피의 능력은 과거 짐승들의 피와는 비교할 수 없을 정도로 강력한 능력을 발휘하게 될 것을 잘 알고 있었다(히 9:13-14). 그래서 사탄은 예수님께서 세례를 받으신 후, 광야에서부터 예수님을 넘어뜨리려고 유혹한 것이다.

이 유혹은 오병이어 기적 때도, 베드로를 통해서도, 그리고 겟세마네 동산에서도 있었다. 그때마다 예수님께서는 하나님 아버지의 뜻에 자신을 복종시키심으로 이기셨고 마침내 십자가를 지셨다.

그러므로 예수님께서 십자가를 지신 사건이야말로 마귀, 사탄에 대한 승리다. 부활은 십자가의 죽음 뒤에 자동적으로 따라오는 영광이다. 죽기까지 복종한 예수님에게 하나님께서 주신 상이요, 영광이다. 하나님 아버지의 뜻에 자기를 복종시켜서 십자가에서 죽으심으로 얻은 승리가 부활의 영광을 얻게 하였고 사탄을 발등상 되게 하였으며, 마지막 날에 사탄을 영원히 지옥에 보내버리는 승리를 얻게 한 것이다.

예수님께서 승리하신 비결은 하나님 아버지와의 관계에 충실한 것이다. 하나님을 아버지의 자리에 두고, 자신은 아들의 자리에서 아들로서 충성한 것이다. 아버지의 주권과 섭리, 그리고 아버지의 뜻에 자신을 복종시킴으로 승리하신 것이다. 마귀를 대적하는 것이 핵심이 아니다.

2. 바울의 영적 전쟁(싸움) 이해

영적 전쟁(싸움)의 전제(1)

"그런즉 이 일에 대하여 우리가 무슨 말 하리요 만일 하나님이 우리를 위하시면 누가 우리를 대적하리요 자기 아들을 아끼지 아니하시고 우리 모든 사람을 위하여 내주신 이가 어찌 그 아들과 함께 모든 것을 우리에게 주시지 아니하겠느냐 누가 능히 하나님께서 택하신 자들을 고발하리요 의롭다 하신 이는 하나님이시니 누가 정죄하리요 죽으실 뿐 아니라 다시 살아나신 이는 그리스도 예수시니 그는 하나님 우편에 계신 자요 우리를 위하여 간구하시는 자시니라 누가 우리를 그리스도의 사랑에서 끊으리요 환난이나 곤고나 박해나 기근이나 적신이나 위험이나 칼이랴 기록된 바 우리가 종일 주를 위하여 죽임을 당하게 되며 도살 당할 양 같이 여김을 받았나이다 함과 같으니라 그러나 이 모든 일에 우리를 사랑하시는 이로 말미암아 우리가 넉넉히 이기느니라 내가 확신하노니 사망이나 생명이나 천사들이나 권세자들이나 현재 일이나 장래 일이나 능력이나 높음이나 깊음이나 다른 어떤 피조물이라도 우리를 우리 주 그리스도 예수 안에 있는 하나님의 사랑에서 끊을 수 없으리라"(롬 8:31-39).

사도 바울은 하나님과 독생하신 예수님을 내어 주신 하나님의 사랑에 대한 확신 때문에 환난, 곤고, 박해, 기근, 적신, 위험, 칼이 와도 그리스도의 사랑을 배신하지 않고 자기의 부르심을 따라 항상 순종할 수 있다고 확고하게 말하고 있다. 죽으면 죽었지 하나님의 사랑을 배신할 수는 없다는 것이다. 우리 삶에 다가오는 유혹과 핍박, 환난과 고난 등은 우리로 하여금 하나님의 사랑을 의심하게 한다. 그래서 그 사랑을 떠나게 만들고자 하는 것이다. 그러나 바울은 하나님의 사랑이, 우리를 사랑하시는 하나님께서 이 모든 것들을 넉넉히 이기게 하신다는 것이다.

왜 그런가? 사망이나 생명이나 천사들이나 권세자들이나 현재 일이나 능력이나 높음이나 깊음이나 다른 어떤 피조물이라도 우리를 우리 주 그리스도 예수 안에 있는 하나님의 사랑에서 끊을 수 없기 때문이다(롬 8: 38-39). 하나님께서 우리를 위하시면 그 무엇도 우리를 대적하여 이길 수 없다는 것이다. 이것은 영적 전쟁을 이해하는 데 있어서 매우 중요한 전제(믿음)다.

이것을 그림으로 나타내 보면 다음과 같다.

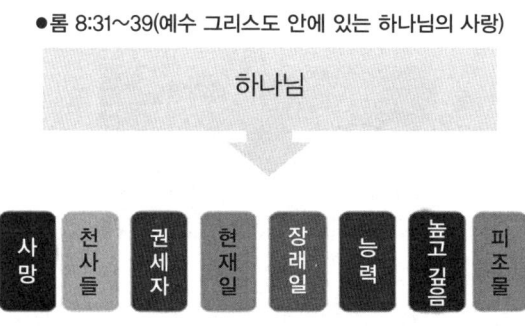

하나님께서는 모든 것 위에 계시고, 그 모든 것들을 주관하시고 다스리시는 분이시다. 하나님을 대적하여 이길 수 있는 것은 아무것도 없다.

영적 전쟁(싸움)의 전제(2)

"그(하나님)의 능력이 그리스도 안에서 역사하사 죽은 자들 가운데서 다시 살리시고 하늘에서 자기의 오른편에 앉히사 모든 통치와 권세와 능력과 주권과 이 세상뿐 아니라 오는 세상에 일컫는 모든 이름 위에 뛰어나게 하시고 또 만물을 그의 발 아래에 복종하게 하시고 그를 만물 위에 교회의 머리로 삼으셨느니라"(엡 1:20-22).

"그는 보이지 아니하는 하나님의 형상이시요 모든 피조물보다 먼저 나신 이시니 만물이 그에게서 창조되되 하늘과 땅에서 보이는 것들과 보이지 않는 것들과 혹은 왕권들과 주권들이나 통치자들이나 권세들이나 만물이 다 그로 말미암고 그를 위하여 창조되었고 또한 그가 만물보다 먼저 계시고 만물이 그 안에 함께 섰느니라"(골 1:15-17).

위의 말씀을 그림으로 나타내면 다음과 같다.

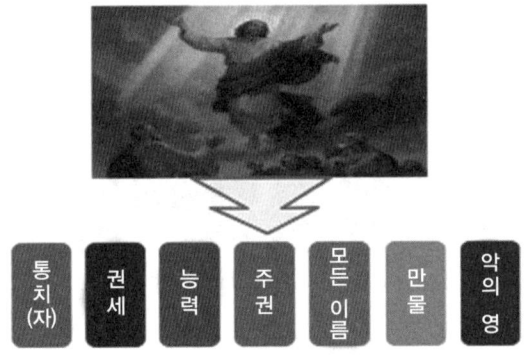

우리가 싸워야 할 싸움은 통치자들과 권세들과 이 어둠의 세상 주

관자들과 하늘에 있는 악의 영들을 상대하는 것이다. 그런데 그 대상들은 죽은 자 가운데서 다시 살아나셔서 하나님의 오른편에 앉으신 예수 그리스도의 이름과 그분의 발아래 복종하는 세력들이요, 예수 그리스도의 권세 아래 있는 세력들이다.

1) 영적 전쟁(싸움) -에베소서를 중심으로

에베소서 1장부터 6장까지를 주제별로 구분하면 다음과 같다. 1-2장은 하나님의 예정과 삼위일체 하나님의 구원 사역, 그리고 은혜로 말미암는 구원을 말하고 있다. 3-4장 전반부는 교회 공동체의 삶과 교회의 하나 됨에 대해서, 4장 하반부부터 5장 전반부는 하나님을 본받는 삶에 대해서, 5장 하반부부터 6장 전반부는 부부관계, 부모와 자녀관계, 상전과 하인의 관계에 대해서 말하고 있다. 마지막으로 6장 하반부에서 영적 전쟁(싸움)에 대해서 언급하고 있다.

사도 바울은 에베소서를 통해 교회 공동체의 하나 됨을 가장 중요하게 강조하고 있다. 왜냐하면 교회는 하늘에 있는 통치자들과 권세들에게 하나님의 각종 지혜를 알게 하기 위해 세움을 받았기 때문이다(엡 3:10). 또한 교회는 모퉁잇돌이신 예수 그리스도 안에서 성전이 되어 가고 성령 안에서 하나님이 거하실 처소가 되기 위하여 그리스도 예수 안에서 함께 지어져 가기 때문이다.

그러므로 교회 공동체는 하나 됨을 이루어야만 하고 거룩해야 한다. 교회가 거룩하기 위해서는 교회에 속한 성도들 개개인이 유혹의 욕심을 따라 썩어져 가는 구습을 따르는 옛 사람을 벗어 버리고……

하나님을 따라 의와 진리의 거룩함으로 지으심을 받은 새 사람을 입어야 한다(엡 4:22-24). 그리고 개인을 넘어 성도간의 관계에서도 하나님을 본받는 자가 되어야 한다(엡 4:25-5:6).

교회의 하나 됨과 거룩함은 교회 공동체에만 국한되지 않는다. 이것은 성도들의 가정생활, 직장, 사회생활과 매우 밀접한 관계가 있다. 성도들이 가정과 직장, 사회생활에서 말씀대로 순종하는 거룩한 삶을 살지 않는다면, 교회의 거룩함도 크게 영향을 받게 된다. 가정과 사회에서 거룩하게 살지 않는 자들이 교회에 모여 있다면, 자연히 그 모임은 거룩하지 못한 것이다.

그래서 사도 바울은 부부관계, 부모와 자녀관계, 직장에서의 관계를 예수님 중심으로 맺으라고 권면하고 있다. 이를 위해 우리는 주 안에서와 그 힘의 능력으로 강건하여지고 마귀의 간계를 능히 대적하기 위하여 하나님의 전신갑주를 입어야 한다(엡 6:10-11). 그래야만 하나님께서 교회를 통해 이루고자 하신 뜻을 행한 후에 굳게 서 있을 수 있다(엡 6:13).

바울 사도가 말한 영적 전쟁(싸움)은 교회 공동체의 하나 됨과 거룩함(순결함)을 지켜 교회를 통해 하나님의 뜻이 이루어지도록 하기 위한 싸움이다. 그러므로 영적 전쟁은 앞서 언급한 에베소서 각각의 주제들과 관계가 있다. 이것을 그림으로 나타내면 다음과 같이 두 가지 경우로 나타낼 수 있다.

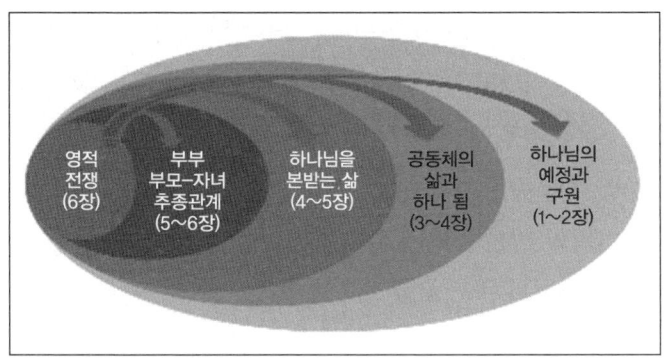

　첫째는, 각 주제(영역)들에 대해 영적 싸움을 해야 한다는 것이다. 삼위일체 하나님의 구원 사역에 대한 가르침과 구원의 교리에 대해 간계를 부리는 마귀와 영적 싸움을 싸워야 한다. 교회의 정체성과 역할과 목적, 그리고 교회의 하나 됨과 거룩함을 훼방하는 마귀를 대적하여 싸워야 한다.

　성도 개개인이 옛 사람의 구습을 벗어 버리고 마귀의 유혹에 빠지지 않기 위해, 하나님의 거룩하심과 하나님의 성품, 언행심사를 관계들 속에서 나타내기 위해 영적 싸움을 싸워야 한다. 또한 가정의 질서를 혼란케 함으로 가정을 무너지게 하고, 궁극적으로는 교회를 무너지게 하려는 마귀를 대적하여 싸워야 한다. 이는 직장과 사회생활에서도 마찬가지다. 성도들이 직장과 사회생활에서 선한 행실을 가지지 않으면 본인이 곤란을 겪을 뿐만 아니라, 교회가 사회로부터 외면당하고 고립되는 결과를 맞게 된다. 오늘날 교회의 문제가 바로 여기에 있다.

　영적 싸움은 영적인 영역에만 국한되지 않는다. 영적인 영역에서 싸움의 승패가 현실적인 삶의 각 영역에도 나타나는 것이다. 영적 싸움은 기도로만 싸우는 것이 아니다. 예수님의 경우에서 살펴보았듯이 40일 동안의 금식기도와 말씀 선포가 있었지만, 이보다도 더 중요했던 것은 아들의 자리에서 목숨 걸고 순종한 순종이 결정적이었다. 아들로서 죽기까지 순종하기 위해 기도를 하셨고, 순종하는 아들의 위치에서 아버지의 말씀을 선포한 것이다. 순종을 통해 이미 승리한 자로서 말씀을 선포하신 것이다.

예수님의 경우에서처럼 영적 싸움의 승패는 현실적인 삶의 각 영역에서 구체적인 순종이 결정짓는다. 그러므로 영적인 영역에서의 싸움은 순종이냐, 불순종이냐를 놓고 싸우는 것이다. 삶의 각 영역에서 예수님을 따르기 위해 자기를 부인하고 자기 십자가를 지고 자기를 쳐서 복종시키는 싸움이다.

둘째는, 영적 싸움은 각 주제(영역)에 대한 싸움이면서 동시에, 각 주제(영역)들을 보호하기 위한 싸움이다.

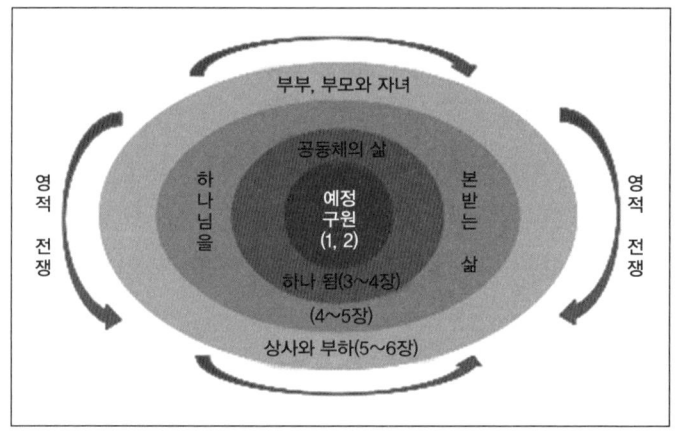

하나님 곧 우리 주 예수 그리스도의 아버지께서 그리스도 안에서 하늘에 속한 신령한 복을 우리에게 주셔서 창세전에 그리스도 안에서 우리를 택하시고(엡 1:3-4), 약속의 성령으로 인치심을 받게 하신 것은(엡 1:13) 그의 은혜의 영광을 찬송하게 하려 함이요(엡 1:6,14), 영광의 찬송이 되게 하려 하심이다(엡 1:12). 이것을 교회를 통해 이루시겠다는 것이다.

그러므로 교회는 삼위일체 하나님의 구원 사역의 목적을 항상 분명하게 기억해야 하고, 교회의 하나 됨과 거룩함을 추구하고, 성도들이 성결한 삶을 살도록 하며, 가정과 직장에서의 관계들에 대해 그리스도의 말씀대로 순종해야 한다.

이와 같은 각 영역들이 마귀의 간계로부터 보호될 때, 교회를 통해 하나님의 뜻이 이루어진다. 그래서 우리는 각 영역들을 보호하기 위해 영적 싸움을 싸워야 한다.

정리하면, 마귀의 간계는 첫째로, 하나님께서 우리를 예정하사 예수 그리스도로 말미암아 구원하셔서 자녀 삼으셨다는 것과 우리에게 약속의 성령으로 인치셨다는 것과 관계가 있다. 또한 과거에 우리가 세상 풍조를 따르고 공중의 권세 잡은 자를 따름으로 육체의 욕심을 따라 살았기에 본질상 진노의 자녀였으나 하나님의 그 큰 사랑과 은혜로 말미암아 구원을 받았다는 것과 그리스도 예수 안에서 선한 일을 위하여 새로 지음을 받은 자라는 것과 관계가 있다(1-2장).

둘째로, 마귀의 간계는 하나님의 자녀들로서 우리가 교회 공동체 안에서 그리스도의 사랑으로 하나 됨을 이루어 거룩한 성전이 되어 가며, 머리이신 예수 그리스도에게까지 자라가는 것과 관계가 있다

(2-4장).

셋째로, 마귀의 간계는 새사람으로서 삶의 전 영역에서 하나님을 본받는 삶, 하나님의 성품을 드러내는 삶, 곧 개인적으로, 관계적으로 거룩한 삶을 사는 것과 관계가 있다.

넷째로, 마귀의 간계는 가정 공동체 안에 부부, 부모와 자녀 관계가 예수 그리스도 중심으로 맺어지고 사랑하고 사회 속에서 상사와 부하 관계 및 모든 인간관계에서 주께 하듯 함으로 하나님을 드러내는 것과 관계가 있다.

그러므로 영적 전쟁(싸움)은 위의 각 영역을 훼방하고 깨트리고자 하는 마귀의 간계(궤계)로부터 각 영역을 굳건하게 보호하는 것이다. 싸움과 보호의 핵심은 단순히(인간적으로) 두루두루 좋은 관계로, 서로 화목하게 지내는 것이 아니다. 구원이 오직 예수 그리스도로 말미암아 이루어졌듯이 교회 공동체나 가정을 비롯한 모든 관계들과 삶의 내용이 예수 그리스도 중심이 되고, 예수 그리스도께 복종하는 것이어야 한다.

영적 전쟁(싸움)을 지나치게 영적으로만, 또한 능력 대결로만 이해하려는 것을 방지하기 위해 에베소서와 사도 바울이 예루살렘으로 가면서 마지막으로 에베소 교회 장로들에게 권면한 고별설교를 비교해 보는 것은 유익하다.

사도행전 20장 17-35절과 에베소서 비교

1) 사도 바울은 에베소 교회에 유익한 모든 것을 전하고 가르쳤다. 특별히 하나님에 대해, 예수 그리스도를 믿는 것에 대해 가르쳤다. 지금 유대인의 간계로 옥에 갇혀 있음에도 불구하고 그 모든 것을 참고 견디며 거리낌 없이 다시 전하여 가르치고 있다. 유익한 것의 구체적인 내용이 바로 에베소서다.

> "첫날부터 지금까지 내가 항상 여러분 가운데서 어떻게 행하였는지를 여러분도 아는 바니 곧 모든 겸손과 눈물이며 유대인의 간계로 말미암아 당한 시험(고난, 핍박 등)을 참고 주를 섬긴 것과 유익한 것은 무엇이든지 공중 앞에서나 각 집에서나 거리낌 없이 여러분에게 전하여 가르치고 유대인과 헬라인들에게 하나님께 대한 회개와 우리 주 예수 그리스도께 대한 믿음을 증언한 것이라"(행 20:18b-21).

2) 사도 바울은 자기가 성령에 매여 예루살렘으로 가고 있으며 그곳에 가면 다시는 에베소 교회 장로들을 보지 못할 것을 알았다. 그리고 실제로 예루살렘에서 체포당했고 지금 감옥에 갇혀 있다.

사도행전 20장 22-24절에는 다음과 같이 고백하고 있다.

> "보라 이제 나는 성령에 매여 예루살렘으로 가는데 거기서 무슨 일을 당할지 알지 못하노라 오직 성령이 각 성에서 내게 증언하여 결박과 환난이 나를 기다린다 하시나 내가 달려갈 길과 주 예수께 받은 사명 곧

하나님의 은혜의 복음을 증언하는 일을 마치려 함에는 나의 생명조차 조금도 귀한 것으로 여기지 아니하노라."

에베소서 6장 19-20절에서는 다음과 같이 고백하고 있다.

"또 나를 위하여 구할 것은 내게 말씀을 주사 나로 입을 열어 복음의 비밀을 담대히 알리게 하옵소서 할 것이니 이 일을 위하여 내가 쇠사슬에 매인 사신이 된 것은 나로 이 일에 당연히 할 말을 담대히 하게 하려 하심이라."

인간적으로 생각하면, 에베소서에서 이미 자신이 결박과 환난을 당할 것을 알았다면 그것을 당하지 않기 위해 영적 싸움을 싸우고, 장로들뿐만 아니라 모든 교회로 하여금 자기를 위해 기도하도록 해야 맞다. 오늘날 지나치게 영적 전쟁을 주장하는 사람들처럼 말이다. 그러나 바울 사도는 자신이 지금 성령의 이끄심을 따라 예루살렘으로 가고 있다고, 하나님의 주권과 섭리 가운데 있음을 말하면서 자기의 사명을 마치기 위해서라면 자기의 생명을 조금도 아끼지 않겠다고 고백한다. 그리고 실제로 체포당해서 감옥에 갇혔으며 언제 죽임을 당할지 모르는 상황이다(그는 5-6년 후에 순교를 당했다).

바울 사도는 에베소서를 쓰고 있는 순간에도 자기를 위해 기도해 줄 것을 부탁한다. 그는 감옥에서의 해방이 아니라, 감옥에서도 복음의 비밀을 담대히 전할 수 있게 해 달라고 기도를 부탁한다. 이 일을 위해 자신이 감옥에 갇혔다는 것이다.

바울 사도에게 있어서 영적 싸움에서의 승리는 감옥에서 나와서 자유롭게 복음을 전하는 것이 아니라, 감옥에 갇힌 것 때문에 낙심과 절망, 자기 연민과 원망과 불평을 하지 않고 감옥에서도 담대히 복음을 전하는 것이었다.

> "형제들아 내가 당한 일이 도리어 복음 전파에 진전이 된 줄을 너희가 알기를 원하노라 이러므로 나의 매임이 그리스도 안에서 모든 시위대 안과 그 밖의 모든 사람에게 나타났으니……이로써 나는 기뻐하고 또한 기뻐하리라 이것이 너희의 간구와 예수 그리스도의 성령의 도우심으로 나를 구원에 이르게 할 줄 아는 고로"(빌 1:12-19).

3) 바울 사도는 자신이 예루살렘으로 떠나고 나면, 사나운 이리가 교회에 들어와 유혹하고 미혹할 것이라고 말하고 있다. 그러면서 장로들에게 자기를 위하여 또는 온 양 떼를 위하여 삼가라고 말한다. 이것을 에베소서에는 '마귀의 간계'로 표현하면서 그것을 대적하라고 한다.

> "여러분은 자기를 위하여 또는 온 양 떼를 위하여 삼가라 성령이 그들 가운데 여러분을 감독자로 삼고 하나님이 자기 피로 사신 교회를 보살피게 하셨느니라 내가 떠난 후에 사나운 이리가 여러분에게 들어와서 그 양 떼를 아끼지 아니하며 또한 여러분 중에서도 제자들을 끌어 자기를 따르게 하려고 어그러진 말을 하는 사람들이 일어날 줄을 내가 아노라"(행 20:28-30).
>
> "너희가 주 안에서와 그 힘의 능력으로 강건하여지고 마귀의 간계를 능히 대적하기 위하여 하나님의 전신갑주를 입으라"(엡 6:10-11).

4) 바울 사도는 에베소 교회에 앞으로 일어날 일을 예견하면서 대적 기도가 아니라, 주님과 은혜의 말씀(그가 겸손과 눈물로 3년 동안 전한 가르침)에 부탁한다. 그 말씀이 그들을 든든하게 세우실 것이라는 것이다.

> "지금 내가 여러분을 주와 및 그 은혜의 말씀에 부탁하노니 그 말씀이 여러분을 능히 든든히 세우사 거룩하게 하심을 입은 모든 자 가운데 기업이 있게 하시리라"(행 20:32).
> "그러므로 하나님의 전신갑주를 취하라 이는 악한 날에 너희가 능히 대적하고 모든 일을 행한 후에 서기 위함이라 그런즉 서서 진리로 너희 허리띠를 띠고……구원의 투구와 성령의 검 곧 하나님의 말씀을 가지라"(엡 6:13-17).

사나운 이리, 곧 마귀의 간계가 교회(개인과 공동체)를 침투하는 것을 능히 대적하여 교회를 지키고 보호하기 위해서 전신갑주를 입으라고 말한다. 이것은 성도들로 하여금 주님과 은혜의 말씀에 순종하라는 것이다. 그러면 그 말씀(순종하는 말씀)이 우리를 거룩한 모습으로 능히 든든하게 서게 하신다는 것이다.

영적 싸움에서 승리한다는 것은 거룩한 모습(경건의 모양이 아니라, 말씀대로 순종하는 삶을 사는 모습)으로 서 있는 것이다. 우리에게 맡겨진 사명을 다 감당하고 하나님께 책망 받을 것 없는 자로, 점도 흠도 없는 자로 굳게 서 있는 것이다. 이를 위해 전신갑주를 입어야 하는 것이다.

마귀의 간계

전신갑주를 살펴보기 전에 바울 사도가 말한 마귀의 간계가 무엇인지를 알아보아야 한다. 바울 사도가 말하는 마귀의 간계는 유대인들의 간계를 포함한다.

1) 유대인의 간계

"어떤 사람들이 유대로부터 내려와서 형제들을 가르치되 너희가 모세의 법대로 할례를 받지 아니하면 능히 구원을 받지 못하리라 하니"(행 15:1).
"바리새파 중에 어떤 믿는 사람들이 일어나 말하되 이방인에게 할례를 행하고 모세의 율법을 지키라 명하는 것이 마땅하다 하니라"(행 15:5).

예수님을 믿는 유대인들은 예수님을 믿는 것에 더하여 할례를 행하고 모세의 율법을 지켜야 구원을 받을 수 있다고 주장하고 그렇게 가르쳤다. 이 문제 때문에 사도와 장로들이 예루살렘에 모여 회의를 하게 된다. 회의의 결론은 "성령과 우리는 이 요긴한 것들 외에는 아무 짐도 너희에게 지우지 아니하는 것이 옳은 줄 알았노니 우상의 제물과 피와 목매어 죽인 것과 음행을 멀리할지니라 이에 스스로 삼가면 잘되리라 평안함을 원하노라"(행 15:28-29)이다.

유대인들의 간계는 계속되었다. 바울과 실라가 데살로니가에서 전도를 할 때, 유대인들이 그들을 시기하여 불량한 사람들을 데리고 떼를 지어 성을 소동하게 하고 바울 일행을 끌어내려고 하였다(행 17:1-

9). 또한 고린도 지역에서 전도를 할 때, 유대인들이 대적하고 비방하였다(행 18:5-6). 1년 6개월 후에 유대인들은 바울 일행을 대적하여 법정으로 데리고 갔다(행 18:12 이하).

바울이 예루살렘에 갔을 때, "율법에 열성을 가진 자"(행 21:20)들이 무리를 충동하여 바울을 붙들고 소란을 피운다(행 21:27 이하). 이 일을 계기로 바울은 죄수의 신분으로 로마에까지 가게 된다.

유대인들은 바울이 로마에 가기 전에 죽이기 위해 40여 명이 동맹한다(행 23:12-15). 이 일이 실패하자 그들은 총독 앞에서 갖가지 이유를 들어 바울을 고소한다(행 24:1 이하).

2) 다른 복음

"그리스도의 은혜로 너희를 부르신 이를 이같이 속히 떠나 다른 복음을 따르는 것을 내가 이상하게 여기노라 다른 복음은 없나니 다만 어떤 사람들이 너희를 교란(미혹)하여 그리스도의 복음을 변하게 하려 함이라 그러나 우리나 혹은 하늘로부터 온 천사라도 우리가 너희에게 전한 복음 외에 다른 복음을 전하면 저주를 받을지어다 우리가 전에 말하였거니와 내가 지금 다시 말하노니 만일 누구든지 너희가 받은 것 외에 다른 복음을 전하면 저주를 받을지어다 이제 내가 사람들에게 좋게 하랴 하나님께 좋게 하랴 사람들에게 기쁨을 구하랴 내가 지금까지 사람들의 기쁨을 구하였다면 그리스도의 종이 아니니라"(갈 1:6-10).

'다른 복음'이 무엇인가? 구원을 얻는 것이 십자가에 못 박혀 죽으신 예수 그리스도를 믿는 믿음만으로가 아니라, 율법의 행위 즉 할

례 등의 모세의 율법을 지켜야만 구원을 얻는다고 하는 주장과 가르침이 다른 복음이다. 오늘날로 말하면, 십자가 중심의 복음에 사람의 행위, 종교적 행위와 선행 등을 덧붙이는 것이 다른 복음이다. 율법주의자들이 주장하는 복음은 그들로 하여금 외적으로는 경건의 모양을 완벽하게 갖추게 하지만, 내적으로는 회칠한 무덤과 같이 경건의 능력은 없게 만든다. 그들의 사적인 삶, 교회 밖에서의 삶의 영역들은 죄들로 얼룩져 있다는 것이다. 그들이 자랑하는 것은 자기들의 종교적인 행위, 자기 의밖에는 없다.

3) 다른 예수

> "만일 누가 가서 우리가 전파하지 아니한 다른 예수를 전파하거나 혹은 너희가 받지 아니한 다른 영을 받게 하거나 혹은 너희가 받지 아니한 다른 복음을 받게 할 때에는 너희가 잘 용납하는구나 나는 지극히 크다는 사도들보다 부족한 것이 조금도 없는 줄로 생각하노라"(고후 11:4-5).

바울 사도는 하나님의 열심으로 성도들을 정결한 처녀로 한 남편인 그리스도께 드리려고 중매했다(고후 11:2). 그러나 기회를 찾는 자들이 있었다. 그들은 거짓 사도요, 속이는 일꾼이요, 자기를 그리스도의 사도로 가장하는 자들로서 교회를 혼란하게 하고 성도들로 하여금 다른 예수, 다른 영, 다른 복음을 받아들이도록 미혹하였다(고후 11:12-13). 이들은 바울 사도와는 반대로, 자기들을 의의 일꾼으로 가장하여(고후 11:15) 자기 자신과 자기들이 행한 일을 과장되게 자랑하고 자기들을 통해 나타나는 능력으로 사도의 권위를 내세웠다. 그러면서 신비감과 위화감을 조성하고 성도들에게 물질을 요구하였다.

이들은 예수 그리스도께서 십자가에 못 박혀 죽으셨다는 것과 복음을 전한 것이 아니라, 사람들이 듣고 싶어 하는 좋은 말을 전했고 그들이 보고 싶어 하고 칭송하는 능력을 행했다(고전 1-3장 참조). 이것은 예수 그리스도의 복음을 왜곡시키는 결과를 가져왔다. 그들은 예수님의 십자가를 전하지 않고 자아 중심의 복음, 자기를 존중해 주는 복음을 전한 것이다. 예수님의 십자가는 누구를 막론하고 항상 자기를 부인하고 예수님을 주님으로 모시고 따르기를 요구한다. 그런데 자기를 부인하지 않고도 얼마든지 예수님을 믿고 따를 수 있다고 말하고, 여러 종교적인 행위들을 근거로 내세우게 한다.

이들이 전하는 예수는 나 같은 죄인을 대신하여 십자가에 못 박혀 죽으신 예수님이 아니다. 이들이 전하는 복음은 우리로 더 이상 우리 자신을 위해 살지 않고 죄와 상관없이 살며, 우리를 구원하신 하나님 아버지와 대신하여 죽으신 예수님을 위해 살도록 하는 복음이 아니다(고후 5:15).

또한 이들은 성령을 말하지만 예수 그리스도 중심, 예수 그리스도를 존귀케 하는 성령이 아닌 다른 영을 전하였다. 예수 그리스도의 이름으로 보내심을 받은 성령은 보혜사, 진리의 영, 하나님의 영이요, 그리스도의 영으로서 예수 그리스도를 증거하고 진리 가운데로 이끄셔서 진리에 순종하게 함으로 예수님을 존귀케 하고 영광스럽게 하기 위해 오신 성령님이시다(요 14-16장). 이를 통해 하나님 아버지께서 영광을 받으신다. 그런데 이들이 전한 영은 예수 그리스도께 굴복하여 예수 그리스도 중심의 삶을 살게 하는 성령이 아니라, 자기들 뜻대로 얼마든지 조정할 수 있는 영, 곧 다른 영을 전한 것이다. 이들은 저주를 받아 마땅하다.

4) 다른 교훈

"때가 이르리니 사람이 바른 교훈을 받지 아니하며 귀가 가려워서 자기의 사욕을 따를 스승을 많이 두고 또 그 귀를 진리에서 돌이켜 허탄한 이야기를 따르리라"(딤후 4:3-4).

바울 사도는 디모데에게 목회편지를 쓰면서 다른 교훈을 가르치는 자들과 신화와 끝없는 족보 이야기에 몰두하는 자들을 지도하여 그것들을 금하도록 권면한다(딤전 1:3-4). 마귀는 할 수만 있으면 사람들로 하여금 바른 교훈이 아니라, 다른 교훈, 즉 자기들의 욕구와 기호를 충족시켜 주고 정당화시켜 주는 가르침을 좇게 만들어 죄에 죄를 더하게 만든다. 그리고 허탄한 이야기인 신화와 족보 이야기에 관심을 갖게 만들어 바른 교훈과 진리의 말씀에서 멀어지게 만든다.

신화와 족보 이야기는 성경 밖에 있는 신화나 족보 이야기라기보다, 성경에 나오는 신화적인 이야기와 족보에 대한 것이다. 예를 들어, 창조 이야기, 홍수와 방주 이야기, 바벨탑 이야기 등 신화적인 요소가 있는 것들을 그리스 신화나 로마 신화와 같이 풍부한 상상력을 동원하여 각색하여 스펙터클한 한 편의 신화로 탄생시킨다. 그러나 그 이상도, 그 이하도 아닌 신화로 끝나 버린다. 성경의 신화적인 사건과 이야기는 하나님께서 자신과 자기의 뜻을 계시하여 우리로 하여금 하나님을 하나님으로 알고 하나님 앞에 서게 만드는 것이다.

족보 이야기도 마찬가지다. 족장들의 이야기, 족보 가운데 나오는 어떤 인물에 대해 지나친 상상력을 동원하여 위인전기를 만드는 것이다. 성경의 족장들과 하나님께서 쓰신 사람들, 그리고 그들의 족보는 하나님의 구속사, 죄인을 향한 하나님의 열심과 선교의 역사를 드러내 주는 역할을 할 뿐이다. 구약의 인물에 대해 설교를 하거나 가르칠 때, 그 인물을 빚어 가시는 토기장이이신 하나님의 손을 보지 못하고, 사람들로 하여금 하나님의 손을 보게 하지 않는다면, 그는 사람들에게 그냥 위인전기 한 권을 읽어 준 것이다.

5) 미움과 박해

> "그때에 사람들이 너희를 환난에 넘겨 주겠으며 너희를 죽이리니 너희가 내 이름 때문에 모든 민족에게 미움을 받으리라 그때에 많은 사람이 실족하여 서로를 잡아 주고 서로 미워하겠으며 거짓 선지자가 많이 일어나 미혹하겠으며 불법이 성하므로 많은 사람의 사랑이 식어지리라 그러나 끝까지 견디는 자는 구원을 얻으리라"(마 24:9-13).

마귀의 간계는 유혹을 하거나 신학적, 교리적 가르침을 왜곡하고 변질시키는 것에 국한되지 않는다. 유대인의 간계에서 살펴보았듯이 마귀는 사람들을 동원하여 믿는 자들을 대적하게 하고, 핍박하게 하며 여러 환난을 당하게 한다. 그리고 심지어 순교를 당하게도 한다.

영적 전쟁(싸움)의 목적

우리의 영적 싸움은 위와 같은 마귀의 간계를 대적하는 것이다. 그러면 우리가 영적 싸움을 해야 하는 목적은 무엇인가? 바울 사도는 "모든 일을 행한 후에 서기 위함이라"(엡 6:13)고 말한다. 이것은 무슨 뜻인가? 바울의 고백을 통해 그 뜻을 알아보도록 하자.

1) 마지막 날에 흠 없이 하나님 앞에 서기 위함이다. 복되시고 유일하신 주권자, 만왕의 왕이시며 만주의 주시요, 가까이 가지 못할 빛에 거하시는 하나님, 영원토록 찬양과 존귀와 영광을 홀로 받으셔야 할 하나님 앞과 예수 그리스도께서 다시 오실 때, 흠도 없고 책망 받을 것이 없는 자로 그분 앞에 서는 것이다(딤전 6:14, 15).
이를 위해 의와 경건과 믿음과 사랑과 인내와 온유를 따르며 믿음의 선한 싸움을 싸워야 하는 것이다(딤전 6:11-14).

2) 부름의 상을 위하여 달려가는 것이다. 어떤 상황, 어떤 형편에 있든지 예수 그리스도 안에서 부르신 부르심을 따라 부름의 상을 위하여 사는 것이다. 이는 하늘에 소망을 두고 예수님의 다시 오심을 기다리며 예수님 안에 거하는 삶을 사는 것이다. 다시 말해서 예수님이 내 안에, 내가 예수님 안에 거하는 것이요, 삶의 모든 영역에서 말씀대로 순종하며 사는 것이다(빌 3:12-16, 3:20-4:1).

3) 끝까지 믿음을 지키는 것이다.

"나는 선한 싸움을 싸우고 나의 달려갈 길을 마치고 믿음을 지켰으니 이제 후로는 나를 위하여 의의 면류관이 예비되었으므로 주 곧 의로우신 재판장이 그날에 내게 주실 것이며 내게만 아니라 주의 나타나심을 사모하는 모든 자에게도니라"(딤후 4:7-8).

삶의 마지막 순간까지 선한 싸움을 싸우며 부르심을 따라 살고 믿음을 지키는 것이다. 바울 사도는 유대인의 간계와 다른 복음, 다른 예수, 다른 영, 다른 교훈, 신화와 족보 이야기, 핍박과 박해 등의 수많은 마귀의 간계를 대적하여 선한 싸움을 싸우며 부르심을 따라 살았다. 그리고 그는 언제나 예수 그리스도를 믿는 믿음을 지켰다. 이것은 그가 예수 그리스도 중심, 십자가 중심의 복음만을 전했다는 것이고, 그 복음에 합당하게 살았다는 것이다.

바울은 자기의 권면처럼, 주 안에서와 그의 힘의 능력으로 강건하였고 하나님의 전신 갑주를 입었다. 그래서 그는 지금 마귀를 능히 대적하고 자기에게 맡겨진 사명을 다 행한 후에 재판장 앞에서 담대히 서 있는 것이다. 그러면서 우리도 자기와 같이 행하기를 권면하고 있다.

2) 전신 갑주

"그런즉 서서 진리로 허리띠를 띠고 의의 호심경을 붙이고 평안의 복음이 준비한 것으로 신을 신고 모든 것 위에 믿음의 방패를 가지고 이로써 능히 악한 자의 모든 불화살을 소멸하고 구원의 투구와 성령의 검 곧 하나님의 말씀을 가지라"(엡 6:14-17).

앞에서 사도 바울이 에베소 교회 장로들에게 권면한 사도행전 20장 17절 이하의 말씀과 에베소서를 비교했다. 사도행전의 본문에서 '사나운 이리'가 들어올 때 무장해야 할 전신 갑주는 무엇인가? 바울 사도는 그들을 무엇에 부탁하였는가? 바로 '주(主)와 및 그 은혜의 말씀'(행 20:32)이다.

그러면 에베소서를 통해 전신 갑주를 정의하면 무엇인가? 에베소서 1장부터 4장은 교리적이고 개념적인 말씀이다. 4장 25절부터 6장 9절까지의 말씀은 교리적이고 개념적인 말씀을 따라 사는 삶의 모습을 나타내고 있다. 에베소서의 교리적인 가르침과 삶의 각 영역에 대한 말씀이 '은혜의 말씀'이다.

전신 갑주들의 의미를 에베소 교회와 관련하여 살펴보고자 한 것은 사도 바울이 두란노 서원에서 약 3년 동안 머물면서 에베소 교회 성도들에게 직접 본을 보였거나 그들에게 말씀을 가르칠 때 즐겨 사용한 내용들, 그래서 성도들이 이해할 수 있는 내용들을 염두에 두고 전신 갑주를 묘사했을 것이기 때문이다. 그러므로 전신 갑주를 입은 모습이 군사가 무장한 모습이지만, 군사를 중심으로 이해하고 설명하기보다 에베소 교회와 관련된 바울의 가르침에서 그 의미를 찾는 것이 더 바람직하다.

사도 바울이 에베소서를 통해 에베소 교회에 주는 가르침은 결코 초보적인 수준의 신앙이 아니다. 사도 바울이 약 3년 동안 두란노 서

원에서 가르쳤다면, 그는 성도들에게 신앙의 깊고 높은 단계까지 가르쳤을 것이다. 그리고 실제로 에베소서를 보더라도 1-2장은 믿음과 구원의 기초를 말하지만, 3장부터는 신앙의 매우 깊은 단계로 이끌어 가고 있음을 볼 수 있다. 어린아이의 수준을 벗어나 사랑 안에서 참된 것을 하여 모든 것에 머리이신 그리스도에게까지 자라가게 하고 있다(엡 4:14-15). 이것은 성도들로 하여금 예수 그리스도께서 하시는 것과 같이 모든 것을 행하는 단계로 이끌어 가고 있다는 것이다.

그러므로 사도 바울이 6장 마지막 부분에서 말하고 있는 전신 갑주를 신앙의 기초 단계(기본 교리)로만 설명하는 것은 바람직하지 않다. 전신 갑주는 개념 정리나 마음으로 믿는 것으로 끝나지 않는다. 어린아이는 전신 갑주를 입지 못한다. 그가 입을 전신 갑주는 아직 준비되지 않은 것이다. 또한 전신갑주가 당시 군인의 몸의 앞부분만을 보호하는 장비로 묘사되는 것은 사실이지만, 거기에 매여서도 안 된다. 전신 갑주는 그냥 신앙적인 개념들을 몸에 걸치는 것이 아니다.

전신 갑주를 입는다는 것은 1-2장의 진리로 허리띠를 띠고, 예수 그리스도로 말미암는 하나님의 의로 흉배를 붙이고, 복음을 살아내고 복음을 전함으로 신을 신는 것이다. 그리고 초보적인 믿음이 아니라, 장성한 믿음, 분별력 있는 믿음의 방패를 가져야 한다. 악한 자의 모든 불화살을 소멸하는 방패가 되려면, 사랑하는 일에 있어서 예수 그리스도의 분량만큼 자라야 한다. 예수님의 사랑으로 사랑해야 한다는 것이다.

믿노라 하면서 사랑의 실천이 없다면 그 믿음은 죽은 믿음이요, 방패가 되지 못한다(약 2:26). 이와 같은 사랑의 모습이 에베소서 5장과

6장 전반부의 교회와 가정, 직장생활에 대한 말씀대로 순종하는 것으로 나타나는 것이다. 믿음으로 사랑하고 순종하는 삶을 바탕으로 승리자로 사는 것이다. 믿음으로 순종하지 않는 자에게는 해당사항이 없다.

전신 갑주는 우리가 머리이신 그리스도에게 자라간 만큼만 준비되는 것이다. 강도에 있어서나, 온전함에 있어서 그렇다. '강도에 있어서'라고 함은 방패를 들었으나 재질이 너무 약해서 창에 뚫리거나 불화살에 타 버리거나 녹아 버리게 되는 경우를 의미한다. '온전함에 있어서'라고 함은 완성된 방패가 아니라, 절반만 완성된 방패를 들고 서 있는 경우다.

사도 바울이 말한 전신 갑주들의 의미는 무엇인가? 전신 갑주는 어린아이가 입는 것이 아니라, 장성하여 단단한 음식을 먹을 수 있는 사람이 입는 것이다. 그리고 전신 갑주의 의미는 먼저 사도 바울이 에베소 교회 성도들에게 가르쳤거나 보낸 편지에서 찾아야 한다. 다른 의미들은 보충 설명일 뿐이다. 그래서 전신갑주의 의미를 에베소서 1-6장까지의 말씀에서 찾아보겠다.

진리의 허리띠

진리는 '하나님이 어떤 분이신가? 하나님이 우리를 위해 어떤 일을 행하셨는가? 그 결과 우리에게 무엇이 주어졌는가?'에 관한 것이다. 그러므로 진리의 허리띠를 띠라는 것은 삼위일체 하나님(성부, 성자, 성령)과 하나님의 구원사역을 아는 것으로 허리띠를 띠고, 하나님께서 예수님을 죽은 자들 가운데서 다시 살리셔서 만물을 그의 발아래 복종하게 하시고 예수님을 만물 위에 교회의 머리로 삼으셨다는 진리로 허리띠를 띠라는 것이다(엡 1장).

의의 호심경

의(義)는 어떤 의인가? 사람의 의가 아니라, 하나님의 의로 호심경을 삼아야 한다. 하나님의 의로만 흉배를 붙여야 한다. 다른 의가 첨가되면 그 호심경(흉배)은 불량품이다. 사도 바울은 아주 강력한 의의 호심경을 붙이고 있었다.

> "미쁘다 모든 사람이 받을 만한 이 말이여 그리스도 예수께서 죄인을 구원하시려고 세상에 임하셨다 하였도다 죄인 중에 내가 괴수니라 그러나 내가 긍휼을 입은 까닭은 예수 그리스도께서 내게 먼저 일체 오래 참으심을 보이사 후에 주를 믿어 영생 얻는 자들에게 본이 되게 하려 하심이라"(딤전 1:15-16).

그러므로 에베소 교회 성도들이 의의 호심경을 붙이는 것은 허물과 죄로 죽었던 우리의 의로운 행위로가 아니라, 하나님의 큰 사랑과 은혜로 구원을 받아 그리스도 예수 안에서 함께 하늘에 앉힘을 받았다는 것(엡 2:1-9)을 마음에 새기는 것이다. 또한 예수 그리스도의 십자가와 피로 우리를 한 몸이 되게 하셨다는 것과 우리가 성도들과 동일한 시민이요, 하나님의 권속이라는 것(엡 2:11-22)으로 호심경(흉배)을 삼아야 한다.

복음의 신발

복음의 신발을 신는다는 것은 복음을 전하라는 의미다. 그러나 단순히 말로 복음을 전하라는 것이 아니다. 복음을 전한다는 것은 이미 복음대로 행하고 있다는 것을 전제한다. 초대교회의 능력과 오늘날 교회의 능력의 궁극적인 차이가 여기에 있다. 사도 바울은 복음의 신발을 신고 있었다.

"이 복음을 위하여 그의 능력이 역사하시는 대로 내게 주신 하나님의 은혜의 선물을 따라 내가 일꾼이 되었노라……나에게 이 은혜를 주신 것은 측량할 수 없는 그리스도의 풍성함을 이방인에게 전하게 하시고"(엡 3:7-8).

그러므로 사도 바울이 에베소 교회 성도들에게 복음의 신발을 신으라는 것은 복음에 합당한 삶을 살라는 것이다. 전도나 선교하는 것이 복음에 합당한 삶을 결코 대신하지 못한다.

믿음의 방패

믿음의 방패는 마귀의 불화살을 막아내기 위해 필요하다. 여기서 믿음은 하나님의 의가 나의 의가 되는 단계의 믿음이 아니다. 사도 바울은 이렇게 말한다.

"하나님의 아들을 믿는 것과 아는 일에 하나가 되어 온전한 사람을 이루어 그리스도의 장성한 분량이 충만한 데까지 이르리니 이는……사람의 속임수와 간사한 유혹에 빠져 온갖 교훈의 풍조에 밀려 요동하지 않게 하려 함이라"(엡 4:13-14).

우리는 미완성된 방패가 아니라 온전한 방패를 가져야 한다. "믿습니다" 하면서 자기를 세뇌시키는 것이 아니다. 믿음의 방패를 갖는다는 것은 우리가 온전한 사람을 이루어 그리스도의 장성한 분량이 충만한 데까지 자라는 것이다. 사랑 안에서 참된 것을 하여 범사에 머리이신 그리스도에게까지 자라는 것이다(엡 4:15).

구원의 투구

'구원'이라는 말이 나왔다고, 다시 하나님의 의 즉, 영혼 구원이라는 기초로 내려가면 안 된다. 예수 그리스도 안에서 우리에게 베푸시는 능력으로 우리는 궁극적인 승리(구원)를 누리게 되어 있다는 것을 확신하라는 것이다.

하나님의 지극히 큰 능력이 그리스도를 다시 살리셔서 하나님 우편에 계시게 하고, 모든 통치와 권세와 능력과 주권과 모든 이름 위에 뛰어난 이름을 가지게 하셨으며, 만물을 발 아래 복종시키시고 만물 위의 교회의 머리가 되게 하셨다는 것(엡 1:20-22)을 확신하는 것이다.

성령의 검-진검

성령의 검은 전신갑주 중에서 유일한 공격무기로 알고 있다. 그러나 성령의 검은 공격무기 이전에 방어무기다. 예수님의 영적 전쟁에서 나 앞에서 이미 언급했듯이, 승리는 단순히 말씀을 많이 알아 나열하는 스킬이 아니다. 하나님의 주권과 예수 그리스도의 주 되심의 권세 아래 복종하는 삶(엡 4:25-6장a) 즉, 삶으로 살아내는 말씀으로 싸워 이기는 것이다.

말씀대로 순종하는 삶이 없는 자에게는 성령의 검이 없다. 성령님은 믿는 자들을 진리 가운데 거하게 하며(고전 16:13), 곧 진리를 순종하는 자가 되게 하신다. 그래서 성령의 검을 가졌다는 것은 말씀대로 순종하고 있다는 것이다.

성령의 검은 에베소서 1장부터 6장 전반부까지의 진리의 말씀과 그 말씀에 대한 순종의 토대 위에서 삼위일체 하나님에 대한 신앙고백, 특히 예수 그리스도에 대한 믿음을 선포하고 그 안에서 우리에게 베푸신 은혜와 사랑을 선포하는 것이다.

여러분이 가지고 있는 검은 '진검'인가? 진검 여부는 그 기준이 에베소서 3장 18-19절이다.

> "능히 모든 성도와 함께 지식에 넘치는 그리스도의 사랑을 알고 그 너비와 길이와 높이와 깊이가 어떠함을 깨달아 하나님의 모든 충만하신 것으로 너희에게 충만하게 하시기를 구하노라."

이 말씀은 개개인이 예수님의 사랑의 너비와 길이와 높이와 깊이를 알기를 구하는 것이라기보다, 성도들이 서로를 사랑하되 그리스도의 사랑의 너비와 길이와 높이와 깊이만큼 사랑하게 되기를 구하고 있는 것이다. 하나님은 사랑이시기 때문에(요일 1:8) 우리가 그리스도의 사랑으로 서로를 사랑할 때, 우리 모두(교회)는 하나님으로 충만해지는 것이다.

그리스도의 사랑으로 서로 사랑하는 자가 하나님을 아는 자이다. 하나님을 알게 되기를 바라는 기도의 응답은 우리가 그리스도의 사랑의 너비와 길이와 높이와 깊이만큼 서로를 사랑하게 되는 것이다. 이것이 바로 우리가 가진 검이 진검인지 아닌지를 결정한다.

진리의 허리띠를 띠고, 의의 호심경을 붙이고(하나님의 의를 가지고), 복음의 신발을 신고(복음을 살아내고), 믿음의 방패를 가지고(온전한 믿음의 사람이 되고), 구원의 투구까지 온전하게 쓴 자가 마지막으로 갖게 되는 것이 성령의 검이다.

갑옷을 입지 않고 칼만 가지고 싸우는 군인이 싸움에서 이기는 경우가 종종 있지만, 전신갑주 중에 하나라도 갖추지 못한 자가 이기는 경우는 없다. 다시 강조하지만, 모든 전신갑주가 갖추어진 자에게 성령의 검이 주어진 것이다. 아니, 그는 이미 성령의 검을 가진 자다. 엄밀히 말하여, 성령의 검은 별개로 주어지는 것이 아니다.

다르게 표현하면, 우리가 전신갑주를 입고 있다면 우리는 마귀의 간계를 물리치게 된다. 그리고 우리는 성령의 하나되게 하신 것을 지키고 있고(엡 4:3), 사랑 안에서 참된 것을 하여 머리이신 그리스도에게까지 자라가고 있다(엡 4:15). 또한 하나님을 본받는 자가 되고 있다(엡 5:1). 성령 충만하여 하나님께 찬송과 감사를 드리게 되고(엡 5:15-21), 부부관계, 부모와 자녀 관계, 상사와 부하 관계 등에 대한 말씀대로 순종하고 있는 자다. 그래서 예수 그리스도께서 오실 때 점도 흠도 없이 서서 부름의 상을 얻게 된다.

3) 영적 전쟁(싸움)의 방법

사도 바울은 에베소 교회 성도들과 오늘날 우리에게 "우리의 씨름은 혈과 육을 상대하는 것이 아니요 통치자들과 권세들과 이 어둠의 세상 주관자들과 하늘에 있는 악의 영들을 상대함이라"(엡 6:12)고 말한다. 그러면서 악한 날(이들이 활개를 치는 날)에 능히 대적하고 부르심을 따라 맡겨진 사명을 다 행하기 위해, 그리고 서 있기 위해 하나님의 전신갑주를 취하라고 한다(엡 6:13).

언뜻 보면, 우리가 전신갑주를 입고 대적자들과 싸워야 하는 것처럼 생각될 수 있으나, 조금만 주의해서 보면 치고받고 싸우는 싸움이 아니다. 거센 폭풍우 때문에 나뭇가지가 꺾이고, 뿌리채 뽑혀지는 상황 가운데서도 아랑곳하지 않고 자기 자리에 꿋꿋하게 서 있는 바위와 같은 자가 되라는 것이다. 이것이 승리다. 그렇다면 그 비결이 무엇인가?

이미 앞에서 어느 정도 설명했지만, 그림을 통해 그 원리를 좀 더 구체적으로 살펴보자.

우리가 상대해야 할 대적들과 예수 그리스도와의 관계는 어떤 관계인가? 그림에서와 같이, 하나님께서는 예수 그리스도를 모든 통치와 권세와 능력과 주권과 이 세상뿐 아니라 오는 세상에 일컫는 모든 이름 위에 뛰어나게 하시고 또 만물을 그의 발 아래에 복종하게 하셨다(엡 1:21-22a). 또한 만물이 그에게서 창조되되 하늘과 땅에서 보이는 것들과 보이지 않는 것들과 혹은 왕권들과 주권들이나 통치자들이나 권세들이나 만물이 다 그로 말미암고 그를 위하여 창조되었고 그가 만물보다 먼저 계신 자이시다(골 1:15-17). 예수님은 모든 통치자와 권세의 머리시다(골 2:10).

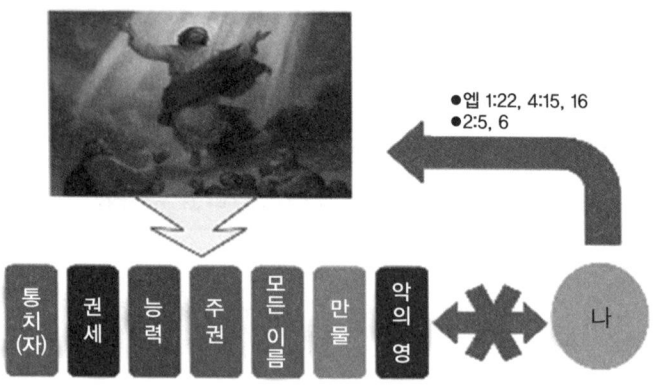

우리가 대적하고 싸워야 할 모든 대상들은 우리 주 예수 그리스도의 이름과 그분의 발아래 복종하는 세력들이요, 예수 그리스도의 권세 아래 있는 세력들이다.

영적 싸움의 핵심

그러므로 우리의 싸움의 핵심은 일명 '영적 전쟁의 도구'라고 알려진 예수님의 이름, 예수님의 보혈, 말씀 등을 가지고 대적기도를 하고 선포하면서 싸우는 것이 아니다. 우리가 먼저 통치자를 상대로, 그 다음은 권세들, 그 다음은 세상 주관자들, 그리고 그 다음은 최

고로 강한 악의 영들을 차례로 상대하며 싸워 이겨가는 것이 아니다. 예수님께서 광야에서 40일을 금식하신 후에 시험을 받으실 때, 겉으로 보기에는 마귀를 직접 상대하여 싸워 이기는 것처럼 보인다. 그러나 좀 더 깊이 들여다보면, 마귀를 상대하기 전에 하나님 아버지의 주권과 권세 아래 자신을 복종시킴으로 아들의 자리를 굳건하게 지키고 계심을 볼 수 있다. 아들의 자리에서 꿈쩍도 하지 않은 것이 마귀의 유혹에서 승리하신 비결이다.

우리도 마찬가지다. 우리가 승리할 수 있는 가장 확실한 방법은 무엇인가? 그림에서 알 수 있듯이 '나'가 "만물 위에 교회의 머리"이신 예수 그리스도께 복종함으로 그분께 온전히 속하는 것이다. 우리는 하나님의 큰 사랑을 인하여 그리스도와 함께 살리심을 받고 함께 일으킴을 받아 그리스도 예수 안에서 함께 하늘에 앉힘을 받은 자들이다(엡 2:4-6). 그러므로 우리는 법적으로 예수님과 함께 모든 것 위에서 다스리는 자다.

그러나 이것이 실제로 이루지기 위해서는 우리가 어린 아이가 되지 말고 예수 그리스도만을 주님으로 모시고 온전히 복종함으로 머리이신 그리스도에게까지 자라가야 한다. 그렇게 할 때 우리는 어떠한 세력의 공격에도 흔들리지 않고 항상 견고하게 서 있을 수 있게 된다.

사도 바울의 경우(행 20장, 엡 6장)

사도 바울은 사도행전 20장에서 예루살렘으로 가면 자기가 당할 일을 알고 있었다. 그렇다면 그는 그 일을 계획하는 배후 세력이나 권력자들을 대적하며 기도했거나 그런 기도를 부탁했는가? 그 일들이 바울에게 미치지 않아 순탄하게 선교활동을 더 많이 할 수 있도록 영적 전쟁을 선포하고 기도를 부탁했는가? 그는 많은 교회와 성도들과 친밀한 관계를 맺고 있었다. 그러나 그는 대적기도를 부탁하지 않았다. 그는 오히려 이렇게 말한다.

> "보라 이제 나는 성령에 매여 예루살렘으로 가는데 거기서 무슨 일을 당할는지 알지 못하노라 오직 성령이 각 성에서 내게 증언하여 결박과 환난이 나를 기다린다고 하시나 내가 달려갈 길과 주 예수께 받은 사명 곧 하나님의 은혜의 복음을 증언하는 일을 마치려 함에는 나의 생명조차 조금도 귀한 것으로 여기지 아니하노라"(행 20:22-24).

자신이 지금 가는 길과 앞으로 당할 일들에 상관없이 자신은 부르심을 따라 목숨을 걸고 복음을 전하겠다는 것이다. 이것은 지금 자신의 가는 길이 성령의 인도하심을 받고 있다는 확고한 믿음에서 나온 고백이다. 이것이 바로 예수 그리스도의 권세 아래 자신을 복종시킴으로 전신갑주를 입고 있는 자의 모습이다.

지금 사도 바울은 감옥에 갇혀 있다. 그가 에베소서 6장을 쓰면서 성도들에게 부탁한 기도의 내용은 무엇인가? 지금 자신이 감옥에 갇혀 있음으로 인해 선교활동에 지장이 많기 때문에 자신을 감옥에 가둔 악한 세력과 정치세력을 대적하며 영적 전쟁을 위한 기도를 해 달라고 하였는가? 그래서 그 기도의 응답으로 하나님께서 빨리 풀어 주셔서 감옥에서 나오게 되기를 바라고 있는가? 아니다.

바울이 부탁한 기도의 내용은 "또 나를 위하여 구할 것은 내게 말씀을 주사 나로 입을 열어 복음의 비밀을 담대히 알리게 하옵소서 할 것이니 이 일을 위하여 내가 쇠사슬에 매인 사신이 된 것은 나로 이 일에 당연히 할 말을 담대히 하게 하심이라"이다(엡 6:19-20).

바울은 복음의 비밀을 알리는 일을 위해 감옥에 갇힌 것이라고 말한다. 그러므로 감옥에 갇힌 것 때문에 낙심하거나 절망하지 않고, 자기 연민이나 원망과 불평에 빠지지 않고 오히려 담대해 복음을 전할 수 있게 해 달라고 기도를 부탁한 것이다. 바로 이것이 전신갑주를 입고 있는 자의 모습이다. 오늘날 일명 열심과 열정이 있다고 하는 자들과 얼마나 다른가?

사도 바울은 사역을 하는 동안 수많은 사건과 사고, 어려움과 핍박과 환난을 당하였지만(고후 11:23-33), 그것들에 굴하지 않고 마치 아무 일도 없었던 것처럼, 아니 오히려 그리스도의 남은 고난을 자기의 육체에 채우는(골 1:24) 기쁨을 맛보면서 이방인 선교를 줄기차게 감당하였다. 기록이 되지 않았다고 너무 속단한 것일 수도 있으나 바울의 신앙을 근거로 추측해 보면, 그는 위와 같은 일들이 일어나지 않기를 기도했거나, 특히 영적 전쟁을 한다고 하면서 대적기도와 선포를 하지 않았다.

그는 모든 일, 모든 상황에 대해 하나님의 주권과 섭리와 인도하심을 인정하였다. 그리고 그 모든 것에 대해 하나님께 자신을 복종시키는 일에 힘썼을 뿐이다. 사실 그 모든 일들은 하나님의 허락 없이는 일어나지 않은 것들이었다. 하나님께서 바울 사도를 통해 더 많은 사역을 하기 원하셨다면 그를 로마 감옥에서, 로마 황제의 손에서 능히 구원해 내셨을 것이다.

사도 바울은 자기가 당한 여러 가지 상황과 처지에 굴복하거나 신세타령을 하거나 자기연민에 빠지지 않았다. 그렇다고 그것을 애써 거부하고 외면하거나 불평, 불만을 쏟아내지 않았다. 또한 그것들(배후)을 대적하지 않고, 온 몸으로 끌어안아 감당하면서 복음을 계속해서 담대하게 전하였다. 이것이 바로 주 안에서와 그 힘의 능력으로 강건해진 자이다. 그리고 악한 세력들이 강력한 공격을 퍼부을 때, 하나님의 전신갑주를 입고 그들을 능히 대적하고 부르심을 따라 마땅히 행할 일을 행하고 서 있는 자의 모습이다.

이와 같은 것은 선교현장에서만이 아니라, 교회 공동체 안에서, 성도들과의 관계에서, 가족들과의 관계에서, 직장과 사회 구성원들과의 관계에서 동일하게 적용되는 것이다.

끝으로, 영적 전쟁(싸움)을 함에 있어서 주의해야 할 사항 몇 가지를 나누고자 한다.

> "그러한데 꿈꾸는 이 사람들도 그와 같이 육체를 더럽히며 권위를 업신여기며 영광을 비방하는도다 천사장 미가엘이 모세의 시체에 관하여 마귀와 다투어 변론할 때에 감히 비방하는 판결을 내리지 못하고 다만 말하되 주께서 너를 꾸짖으시기를 원하노라 하였거늘 이 사람들은 무엇이든지 그 알지 못하는 것을 비방하는도다"(유 1:8-10a).

우리의 싸움은 예수님의 이름과 권세를 이용하여 대적자를 꾸짖고 욕하고 비방하면서 내쫓는 것이 아니라, 예수님의 권세 아래 우리 자신을 복종시키는 것이다. 그 가운데서 대적하는 선포를 하는 것이다. 이것이 없기에 대단한 영적 지도자라고 여겨지는 자들이 불신자들도 잘 짓지 않는 죄와 불법에 빠지는 경우가 더러 있는 것이다.

  우리의 싸움은 우리가 어려움을 당하고 핍박 받는 것과 우리를 대적하는 사람, 그리고 우리가 기대하는 상황이나 제도, 환경을 방해한다고 여겨지는 것들에 대해 무조건 대적하고 말씀을 선포하면서 승리를 선언하는 것이 아니다. 설익은 승리주의는 사람을 율법으로 통제하는 것보다 더 위험하기도 하다.

  싸움에서의 승리는 우리가 원하는 것이나 바라는 상황을 선택하고 그대로 이루어지기를 말로 선포하는 것을 통해 얻어지는 것이 아니다. 일반적인 은혜 차원에서도 일어나는 것처럼 그의 말대로 이루어질 수도 있으나, 그것은 예수 그리스도 안에서 승리한 자에게 하나님께서 주시는 결과는 아니다.

X. 중보적인 기도의 예

1. 모세의 중보적인 기도

"여호와께서 모세에게 이르시되 너는 내려가라 네가 애굽 땅에서 인도하여 낸 네 백성이 부패하였도다 그들이 내가 그들에게 명령한 길을 속히 떠나 자기를 위하여 송아지를 부어 만들고 그것을 예배하며 그것에게 제물을 드리며 말하기를 이스라엘아 이는 너희를 애굽 땅에서 인도하여 낸 너희 신이라 하였도다 여호와께서 또 모세에게 이르시되 내가 이 백성을 보니 목이 뻣뻣한 백성이로다 그런즉 내가 하는 대로 두라 내가 그들에게 진노하여 그들을 진멸하고 너를 큰 나라가 되게 하리라

모세가 그의 하나님 여호와께 구하여 이르되 여호와여 어찌하여 그 큰 권능과 강한 손으로 애굽 땅에서 인도하여 내신 주의 백성에게 진노하시나이까 어찌하여 애굽 사람들이 이르기를 여호와가 자기의 백성을 산에서 죽이고 지면에서 진멸하려는 악한 의도로 인도해 내었다고 말하게 하시려 하나이까 주의 맹렬한 노를 그치시고 뜻을 돌이키사 주의 백성에게 이 화를 내리지 마옵소서 주의 종 아브라함과 이삭과 이스라엘을 기

억하소서 주께서 그들을 위하여 주를 가리켜 맹세하여 이르시기를 내가 너희의 자손을 하늘의 별처럼 많게 하고 내가 허락한 이 온 땅을 너희의 자손에게 주어 영원한 기업이 되게 하리라 하셨나이다 여호와께서 뜻을 돌이키사 말씀하신 화를 그 백성에게 내리지 아니하시니라"(출 32:7-14).

모세가 하나님께 드린 대부분의 기도는 중보적인 기도였다. 그가 소명을 받았을 때와 반석을 두 번 내리친 것 때문에 하나님의 징계로 가나안 땅에 들어가지 못하게 되었을 때 기도한 것(민 20장) 외에는 모세의 모든 기도는 이스라엘 백성들을 위한 중보적인 기도였다.

출애굽 이후 모세의 기도는 이스라엘 백성들의 지도자로서 중보적인 직임을 잘 감당하기 위해서 기도한 것과 이스라엘 백성들이 죄를 지어 하나님의 진노와 심판을 받게 될 상황에서 중재자로서 중보적인 기도를 한 것들이었다.

금송아지를 만들다

하나님께서는 모세를 시내 산으로 부르셔서 40주야를 산에서 하나님과 함께 있게 하셨다. 그동안 산 아래에서는 이스라엘 백성들이 금송아지를 만들고 그 금송아지가 자기들을 애굽 땅에서 인도해 낸 여호와라고 말하면서 그 앞에 제단을 쌓고 번제를 드리며 화목제를 드리고 앉아서 먹고 마시며 일어나서 춤을 추며 뛰놀았다(출 32:4-6).

이스라엘 백성들이 금송아지를 만든 것은 여호와 하나님을 버리고 다른 신을 섬기기 위함이 아니었다. 그들은 모세를 통해 말씀하시는 하나님, 눈에 보이지 않는 하나님이 아니라, 자기들의 눈에 보이는 하나님을 원했다. 그들은 썩어지지 아니하는 하나님의 영광을 썩어질 동물 모양의 우상으로 바꾸었다(롬 1:23). 금송아지를 만들어 그것이 자기들을 애굽에서 인도하여 낸 신이라고 말하고 그 신을 앞세워서 여호와의 절기를 지킨 것이다.

또한 이것은 이스라엘 백성들이 눈에 보이지 않고 말씀만 하시는 하나님께 대한 무조건적인 순종을 하기보다는 자기들의 생각과 의견을 내세워 관철시킬 수 있는 신(금송아지는 백성들이 메고 가는 곳으로 이끌려 갈 수밖에 없다)을 원했다. 그들은 자기들의 관점과 입장에서 자기들을 위하는 하나님, 자기들의 기호와 요구에 잘 순응해 주는 하나님, 더 나아가 자기들이 원하는 바대로 따라와 주고 자기들의 시간대에 맞추어 주는 하나님을 원했던 것이다. 여호와 하나님이 그런 하나님이 되어 주기를 원한 것이다.

그래서 이스라엘 백성들은 자기들을 위하여 금송아지를 만든 것이다(8절). 그러면서도 금송아지가 자기들을 애굽에서 구원해 낸 하나님이라고 선언하며 예배하고 제물을 드린 것이다. 이것은 단순히 여호와 하나님을 짐승의 형상으로 만들고 보이는 형상으로 만든 죄만을 지은 것이 아니었다.

이스라엘 백성들은 부패했고 그들은 목이 뻣뻣한 백성이었다(출 32:7,9). 그들은 '자아'로 충만한 자들이었다. 홍해를 건너고 반석에서 물이 나와 마셨으며 하늘에서 내리는 만나를 먹었음에도 그들은 여전히 목이 뻣뻣했다. 하나님 앞에서 꺾이지 않은 자아, 아직 부인되지 않은 자아가 자기를 위한 신을 만든 것이다. 자아가 부인되지 않은 자는 하나님만을 유일한 신으로 섬기기를 원치 않는다. 그에게는 모든 것이 신이 될 수 있고, 그들은 자기의 유익과 이해관계에 따라 무엇이든지 자기를 위한 신으로 만들어 섬긴다. 심지어 그들은 그 신을 여호와 하나님이라고까지 하기도 한다.

그들은 눈에 보이는 하나님을 원했기에 금송아지를 만들어 그것을 여호와라고 말했지만, 그 순간 그것은 더 이상 하나님이 아니었다. 하나님은 우리의 자아와 동일한 권위로 공존할 수 있는 분이 아니시다. 그런데 오늘날 이 불가능한 일을 가능하게 한 자들이 너무도 많다. 실제로 그들은 하나님을 섬기고 있는 것이 아니다. 여호와 하나님이 아니라, 자기의 하나님을 섬기고 있는 것이다.

하나님의 진노하심

하나님께서는 이스라엘 백성들이 금송아지를 하나님이라고 하며 그 앞에서 먹고 마시고 뛰어 노는 모습을 보시고 분을 내시며 모세에게 "내가 하는 대로 두라 내가 그들에게 진노하여 그들을 진멸하고 너를 큰 나라가 되게 하리라"고 말씀하신다(출 32:10). 하나님께서는 지금 이스라엘 백성들을 홍수 심판 때와 같이 모두 쓸어버리고 모세를 통해 새로운 하나님의 백성을 일으키시겠다는 것이다.

이것은 한편으로 모세에게 매우 달콤한 제안이었다. 출애굽을 전후로 해서 홍해를 지나 시내 산에 오기까지 약 3개월 동안 모세가 이스라엘 백성들과 함께 했던 나날들은 너무도 힘든 여정이었다. 이스라엘 백성들은 문제를 만날 때마다 하나님과 모세에게 원망과 불평을 쏟아내었다. 심지어 그들은 모세와 다투기까지 했다(출 17:2). 이런 모세에게 하나님의 제안은 인간적으로 매우 달콤했을 뿐만 아니라, 명분도 분명하고 정당해 보였다. 틈만 나면 하나님께 감사하기는커녕 불평불만만을 쏟아내는 백성들을 하나님께서 심판하시고 진노를 발하시는 것은 하나님의 입장에서 보면 너무도 당연해 보였다.

모세가 아는 하나님

그러나 모세는 역시 모세였다. 모세는 지난 40여 년 동안 미디안 광야의 기간을 보내고 호렙 산 떨기나무 앞에서 하나님의 부르심에 신발을 벗었다. 그리고 자기를 부르신 하나님이 아브라함의 하나님, 이삭의 하나님, 야곱의 하나님임을 알았다. 그리고 애굽으로 보냄을 받으면서 애굽에서 종살이하고 있는 자기 민족, 이스라엘 백성들을 향한 하나님의 마음과 계획(약속)을 확인했다.

> "내가 애굽에 있는 내 백성의 고통을 분명히 보고 그들이 그들의 감독자로 말미암아 부르짖음을 듣고 그 근심을 알고 내가 내려가서 그들을 애굽인의 손에서 건져내고 그들을 그 땅에서 인도하여 아름답고 광대한 땅, 젖과 꿀이 흐르는 땅 곧 가나안 족속, 헷 족속, 아모리 족속, 브리스 족속, 히위 족속, 여부스 족속의 지방에 데려가려 하노라"(출 3:7-8).

모세는 지금 자기 민족의 조상인 아브라함과 이삭과 야곱에게 약속하신 대로 때가 되어 하나님께서 자기 민족을 돌아보셨다는 것과 그 약속을 실행하기 시작하셨다는 것을 알았다. 그리고 모세는 '스스로 있는 자'이신 하나님이 얼마나 크고 위대하시며 전능하신 하나님이신지를 알았다. 그는 열 가지 재앙, 홍해를 건너는 사건, 반석에서 물을 내어 백성들로 마시게 하신 사건, 만나와 메추라기를 보내어 먹이시는 사건 등을 통해 아브라함의 하나님, 이삭의 하나님, 야곱의 하나님을 실제적으로 경험했다. 그리고 하나님께서는 결코 빈말을 하시지 않는다는 것, 약속하신 대로 반드시 행하시고도 남을 만한 분이시라는 것을 확인했고, 확신했다. 모세는 이스라엘 백성들을 향하신 하나님의 본심과 본래적인 뜻을 알았다.

그래서 모세는 하나님께서 지금 자기에게 하시는 말씀은 결코 하나님의 진심이 아니라는 것을 알았던 것이다. 하나님께서는 이스라엘 백성들을 구원해 놓고도 3개월 동안 이스라엘 백성들에게 좋은 소리, 감사하다는 소리를 한 번도 들어 보지 못하시면서 여전히 보호하시고 공급해 주시면서 줄기차게 이끌어 주신 것을 알았다. 그런데 지금에 와서 "내가 그들을 다 진멸하겠다"라고 말씀하시는 것은 하나님의 본심, 즉 본래적인 마음이 아님을 알았다.

쉽게 말해서, 하나님께서는 지금 금송아지를 만들어 놓고 하나님이라고 하는 이스라엘 백성들에 대한 배신감에 너무 화가 나서 말씀하고 계시는 것으로 알았다는 것이다. 하나님께서 이제 와서 이스라엘 백성들을 멸망시키실 것이었다면 아예 처음부터 출애굽을 시키지 않으셨을 것이다. 한 발 양보해서 이스라엘 백성들의 부패와 목이 뻣뻣함 때문에 멸망시키실 것이었다면 애굽의 바로 군대와 같이 홍해에 수장시키셨을 것이다. 그렇지 않은가?

모세의 기도

이스라엘 백성들을 향하신 하나님의 본심, 즉 하나님의 본래적인 뜻과 약속을 안 모세, 하나님이 어떤 분이신지를 너무도 분명하게 알고 있는 모세가 지금 매우 크게 화가 나신 하나님께 기도하기 시작한다.

중보적인 기도는 하나님을 아는 자, 하나님의 본래적인 뜻을 아는 자, 하나님을 경외하는 자가 하나님께서 그 본래적인 뜻대로 행하시기를 간구하는 것이다. 이것이 아니라면, 그는 중보적인 기도를 흉내 내고 있을 뿐이다. 성경에 기록된 중보적인 기도 내용을 따라한다고 해서 중보적인 기도를 하고 있는 것이 아니다. 중보적인 기도를 한 성경의 인물들을 모방한다고 되는 것이 아니다.

중보적인 기도는 성경의 인물들이 보여주고 있는 것처럼, 하나님과의 관계 정도가 먼저다. 다시 말해서 하나님께서 작정하신 본래적인 뜻이 먼저다. 그 뜻을 알고 하나님과 올바른 관계에 있는 것, 하나님을 하나님으로 인정하고 섬기며 하나님의 말씀대로 순종하는 관계에 있는 것이 가장 중요한 전제조건이다.

중보적인 기도에 있어서 주도권은 항상 하나님께 있다. 본문에서도 하나님께서 모세를 중보적인 기도의 자리로 초청하신 것이다. 더 정확하게 말하면, 하나님께서 모세를 이미 중보적인 위치에 있게 하신 것이다. 이는 하나님께서 모세를 대하는 것(출 33:12 이하)과 모세가 하나님을 어떤 하나님으로 믿고 섬기며 순종하고 있는가를 통해 분명하게 알 수 있다. 기도는 배워서 하는 것이 아니다. 하나님과의 관계가 막힘없이 잘 이루어지면 그 분량만큼 하나님께서 들으시고 응답하시는 기도가 되는 것이다.

모세가 금송아지 사건 때문에 이스라엘 백성들을 위하여 하나님께 기도한 내용은 세 부분에서 찾을 수 있다. 첫 번째는 출애굽기 32장 11-13절이고, 두 번째는 출애굽기 32장 31-32절이며, 세 번째는 출애굽기 33장 12-23절이다. 세 부분의 기도 내용은 중보적 기도를 함에 있어서 매우 중요한 사실을 우리에게 말해 주고 있다. 이것은 우리가 중보적인 기도를 할 때, 가장 먼저 구해야 하는 것이 무엇인지를 알려주고 있다.

하나님의 영광을 위해

첫 번째 기도(출 32:11-13)에서 모세는 매우 급박한 상황임에도 불구하고 아니, 그러한 상황이기에 그는 하나님이 하나님으로 영광 받으시기를 위해 기도한다. 이스라엘 백성들이 하나님의 진노로 멸절당하는 것은 그들의 죗값으로 지극히 합당한 것이지만, 그 일로 말미암아 하나님께서 애굽 사람들로부터 욕을 먹고 손가락질을 당하며 비웃음거리가 된다는 것이다(출 32:12). 이는 모세의 말이 맞다. 하나님께서 열 가지 재앙을 내리면서까지, 애굽의 장자를 치면서까지 그 큰 권능과 강한 손으로 이스라엘을 구원해 놓으시고는 3개월 만에 광야에서 그들을 진멸시키신다면, 모세의 말처럼 애굽 사람들은 하나님을 욕하고 비웃을 것이 분명했다. '이스라엘의 하나님도 별 수 없구나. 우리들에게는 엄청난 능력이 있는 것처럼 행세하더니만, 광야에

가서는 별 볼일 없구나. 위대하고 강한 신이요, 사랑이 많은 신인가 했더니 결국 자기 백성을 광야로 끌고 가서 무자비하게 다 죽여 버리는구나. 참으로 무섭고 잔인한 신이구나'라는 등의 비방을 듣게 될 만한 일이었다.

모세는 지금 하나님께서 백성들에 대해 결정하신 것에 대한 이의를 제기하거나 돌이켜 주실 것을 부탁드린 것이 아니다. 그는 하나님의 이름이 욕을 먹어 하나님의 이미지와 명성이 실추되고, 여러 이방 나라들의 신들과 같거나 그보다 못한 취급을 받게 될 것을 염려하고 있다.

그래서 모세는 마치 사극에서 화를 참지 못하고 옆에 있는 장수의 칼을 뽑아 휘둘러 피를 보려고 하는 왕에게 달려가 엎드려서 "왕이여, 참으소서. 왕께서 그리 행하시면 백성들은 더 이상 왕을 성군으로나 덕스러운 왕으로 여기지 않을 것입니다"라고 말하며 왕을 위해, 왕의 명성을 위해 주청을 올리는 신하와 같이 하나님께 간구하고 있다.

"하나님, 이 일이 지극히 정당하나 이렇게 행하시면 이 일로 인해 하나님께서는 욕을 먹고 하나님의 이름이 비방을 받게 될 것입니다. 하나님은 하나님이십니다. 어찌 이방 사람들로 하여금, 특히 하나님의 백성들을 억압했던 사람들로 하여금 하나님을 욕하도록 하실 것입니까? 그러므로 하나님, 이제 화를 참으시고 저에게 하신 말씀을 거두어 주십시오. 하나님의 백성들에게 화를 내리지 마십시오."

이것을 한마디로 요약하면 이렇다. "하나님, 하나님의 백성인 이스라엘 백성들을 통해 하나님의 이름이 영광스럽게 되기를 원하며 하나님의 명성이 영원히 드높아지기를 원합니다."

이어서 모세는, 아브라함과 이삭과 야곱의 하나님께, 하나님께서 그들과 맺으신 언약을 붙잡고 그들과 언약하신 대로 이루어 주시기를 간구한다.

"주의 종 아브라함과 이삭과 이스라엘을 기억하소서 주께서 그들을 위하여 주를 가리켜 맹세하여 이르시기를 내가 너희의 자손을 하늘의 별처럼 많게 하고 내가 허락한 이 온 땅을 너희의 자손에게 주어 영원한 기업이 되게 하리라 하셨나이다"(출 32:13).

모세가 하나님께 약속의 말씀을 언급하며 기도하는 것은 이사야 62장 6-7절 말씀을 생각나게 한다.

"예루살렘이여 내가 너의 성벽 위에 파수꾼을 세우고 그들로 하여금 주야로 계속 잠잠하지 않게 하였느니라 너희 여호와로 기억하시게 하는 자들아 너희는 쉬지 말며 또 여호와께서 예루살렘을 세워 세상에서 찬송을 받게 하시기까지 그로 쉬지 못하시게 하라."

기도, 중보적인 기도는 하나님으로 기억하시게 하는 것이다. 하나님께서 약속하신 것, 뜻하신 것을 기억하시게 하여 그 약속과 뜻대로 행하시도록 아뢰는 것이다. 오늘날에는 예수 그리스도 안에서 믿는 우리에게 약속하신 것, 뜻하신 것을 기억하시게 하는 것이다.
모세는 하나님께서 아브라함과 이삭과 야곱과 맺으신 언약을 정적으로나 수평적으로 이해하지 않았다. 모세는 하나님께서 이 언약을 점진적으로 성취해 오고 계셨고, 지금의 이스라엘 백성들이 그 언약의 일차적인 성취라는 것을 알고 있었다. 하늘의 별처럼 많아지게 된 자손들로, 젖과 꿀이 흐르는 가나안 땅으로 들어가게 하실 백성들로 삼으셨음을 알고 있었다.

만약 모세가 이 언약을 정적으로만 이해했다면 이 언약은 아직 자녀가 없는 아브라함에게만 맺은 언약으로 이해되었을 것이고, 모세 자신을 비롯해 누구든지 아브라함이 될 수 있게 되는 것이다. 무슨 말이냐 하면, 아브라함의 경우처럼 하나님께서 한 사람을 택하셔서 민족을 형성하게 하시고 이끌어 가시다가 그들이 실패하면 다 진멸시켜 버리고, 다시 한 사람을 택하셔서 다시 처음부터 시작해 가는 것으로 언약을 이해하는 하나님으로 이해했다면, 하나님께서 모세에게 하신 말씀 즉, "내가 그들을 진멸하고 너를 큰 나라가 되게 하리라"에 대해서 모세는 그대로 수용했을 것이라는 의미이다. 그러나 모세는 하나님께서 아브라함을 거쳐 이삭, 그리고 야곱을 거쳐 오면서 언약하신 것들을 점진적으로 성취해 오셨고, 가나안 땅에 들어가게 하시겠다는 약속의 성취가 눈앞에 와 있음을 알았다.

그러므로 모세는 언약하신 하나님, 그 언약을 오늘날까지 이루어 오고 계시는 하나님, 그리고 언약하신 바를 반드시 이루실 하나님께서 그 언약을 이루심으로 모든 나라, 모든 민족들로부터 하나님의 이름이 칭송을 받고 명성이 드높아지며 영광스럽게 되기를 간구하고 있는 것이다.

모세는 이스라엘 백성들을 중심에 놓고 기도한 것이 아니다. 모세에게는 하나님의 이름과 명성, 그리고 하나님께서 영광스럽게 되는 것이 더 중요했고 우선이었다. 그래서 이를 위해 백성들에게 화를 내리지 말라고 간구했다. 그런데 놀라운 것은 그 기도가 하나님으로 하여금 범죄한 이스라엘 백성들을 향한 노를 그치고 뜻을 돌이켜 화를 내리지 않게 하는 기도였다는 사실이다. 이것은 예수님께서 하나님 아버지께 기도한 것, 그리고 그 기도에 응답하신 것과도 같다. 예수님께서는 하나님 아버지께서 영광스럽게 되기만을 위해 기도하셨고, 순종하셨다. 그리고 하나님 아버지께서는 예수님의 죽으심과 부활을 통해 영광스럽게 되셨다. 하나님 아버지께서는 이제 당신이 구원하시고자 하는 죄인들을 얼마든지 구원하실 수 있게 된 것이다.

모세는 하나님께 "하나님, 하나님의 본래적인 뜻대로, 주의 백성을 향해 처음부터 작정하신 뜻대로, 언약하신 대로 행하십시오"라고 기도한 것이다. 이것이 모세의 중보적인 기도의 핵심이다. 하나님께서는 모세의 중보적인 기도를 기쁘게 받으시고 이스라엘 백성들을 향한 노를 그치고 화를 내리지 않으셨다.

기도를 마친 모세는 산 아래로 내려와 상황을 정리한다. 그리고 레위 자손에게 명하여 약 3천 명의 백성들을 죽이게 한다. 아마도 그들은 주동자들이었을 것이고 모세가 내려왔음에도 끝까지 반항하고 금송아지 편을 든 자들이었을 것이다.

백성들의 죄 사함을 위해

두 번째 기도(출 32:30-32)에서 모세는 다시 산으로 올라가 백성들의 죄 사함을 위해 기도한다.

> "이튿날 모세가 백성에게 이르되 너희가 큰 죄를 범하였도다 내가 이제 여호와께로 올라가노니 혹 너희를 위하여 속죄가 될까 하노라 하고 모세가 여호와께로 다시 나아가 여짜오되 슬프도소이다 이 백성이 자기들을 위하여 금 신을 만들었사오니 큰 죄를 범하였나이다 그러나 이제 그들의 죄를 사하시옵소서 그렇지 아니하시오면 원하건대 주께서 기록하신 책에서 내 이름을 지워 버려 주옵소서"(출 32:30-32).

하나님께서 노를 그치고 백성들에게 화를 내리시지는 않으셨지만 그들의 죄를 완전히 용서하신 것은 아니었다. 모세의 첫 번째 기도가 하나님의 마음을 흡족하게 하고 표면적인 뜻을 돌이키게는 하였지만, 죄 용서나 그 죄에 따른 대가까지 다 해결된 것은 아니었다.

모세는 하나님을 노하게 만든 금송아지 사건의 뿌리를 찾아내 레위 자손들을 통해 그들을 죽이게 함으로 같은 일이 반복되지 않도록 상황을 정리했다(이것이 쓴 뿌리를 제거하는 것이다).

그렇다고 그것으로 하나님의 용서와 죄의 대가까지 해결되지는 않았다. 그래서 모세는 다시 산으로 올라가 하나님께 백성들의 죄를 용서해 주시기를 간구한다.

모세는 하나님께 백성들의 죄를 사해달라고 간청하면서 백성들을 용서하지 않으시려면 하나님께서 기록하신 책에서 자신의 이름을 지워달라고까지 한다. 이것은 모세가 단순한 죄 용서만을 구하는 것이 아님을 알 수 있다.

모세는 지금 심각한 상황에 처해 있다는 것을 알았다. 이스라엘 백성들이 산 아래에서 금송아지 사건을 벌이는 모습을 보신 하나님께서는 모세에게 "네가 애굽 땅에서 인도하여 낸 네 백성이 부패하였도다"(출 32:7)라고 말씀하신다.

처음 시내 산에서 모세에게 십계명을 주실 때는 "나는 너를 애굽 땅, 종 되었던 집에서 인도하여 낸 네 하나님 여호와니라"(출 20:2)고 선언(확언)하신 하나님께서 "네가 애굽 땅에서 인도하여 낸 네 백성"이라고 말씀하신 것이다. 이것은 하나님께서 이스라엘 백성들에 대한 하나님의 역할을 포기하셨다는 것을 의미한다. 이스라엘 백성들에 대한 보호와 인도를 거두시고 내버려두시겠다는 것이다. 모세에게 이 것은 청천벽력과 같은 말이었다. 하나님께서 이스라엘을 '내 백성'이 아니라, '네 백성'이라고 하신 것이다.

그래서 모세는 첫 번째 기도로 끝내지 않고 다시 하나님께 백성들의 죄를 용서해 주시기를 구하고 있는 것이다. 하나님께서 백성들의 죄를 사해 주시고 다시 이스라엘 백성들을 하나님의 백성으로 인정하고 그들에게 하나님 노릇, 하나님의 역할을 해 달라고 간구하고 있는 것이다.

이와 같은 모세의 마음은 첫 번째 기도 중에 "여호와여 어찌하여 그 큰 권능과 강한 손으로 애굽 땅에서 인도하여 내신 주의 백성에게 진노하시나이까"(출 32:11)라고 하는 곳에서도 잘 나타나 있다. '네 백성'이라고 말씀하시는 하나님께 "아닙니다. 주의 백성입니다"라고 강조하며 기도한 것이다. 그래서 어찌하든지, 자기를 대신 멸망시키시더라도 이스라엘 백성들만은, 비록 그들이 엄청난 죄를 지었더라도 용서해 주시기를 간구하고 있는 것이다.

두 번째 간구의 중심도 하나님이었다. 백성을 위해, 백성의 죄를 용서해 달라는 기도이지만, 그 중심이 하나님이요, 하나님을 위한 기도라는 것이다. 잘못을 저지른 자녀에게 화를 내고 있는 부모에게, 그 자녀가 비록 잘못을 했지만 그래도 당신의 자녀라고, 당신이 죽을 만큼 배 아파서 낳은 자녀라고, 그리고 진자리와 마른자리를 살피고 아플 때 병원으로 업고 달려갔던 자녀라고, 그러니 그를 용서해 달라고 말하는 것과 같다. 이것은 자녀를 위한 것이면서 동시에 더 크게는 그 부모를 위한 것이다.

하나님께서는 중보적인 위치에 있는 자답게 매우 합당한 기도를 하고 있는 모세의 마음을 받으시고 백성들을 계속 인도해 갈 것이라고 말씀하신다. 그러나 대신에 하나님께서 직접 가시지 않고 하나님의 사자가 대신 인도할 것이라고 하신다.

또한 "내가 보응할 날에는 그들의 죄를 보응하리라"(출 32:34)고 하시면서 이스라엘 백성들의 죄의 대가가 없어지지는 않았음을 분명히 하셨다. 이것은 금송아지 사건의 죄에 대한 대가를 훗날에 보응하시겠다는 의미로 볼 수도 있고, 훗날 이스라엘 백성들의 죄의 분량이 찬 날에 죄에 대한 보응을 하시겠다는 것으로 이해할 수 있다.

하나님께서는 가나안 족속들의 죄의 분량이 찰 때까지 출애굽의 때를 기다리신 것이다. 결과적으로 광야 40년의 기간도 이스라엘 백성들의 죄의 대가(자녀 세대들에게는 훈련의 기간)만이 아니라, 하나님께서 가나안 족속들을 심판하실 때를 기다리시는 기간에 포함된 것으로, '이중적인 의미'가 있는 것으로 보아야 한다.

모세가 가장 완전하고 완벽한 중보적인 기도를 드렸음에도, 하나님께서는 모세가 원했던 만큼의 응답을 주시지 않으신다. 기도의 응답은 하나님의 주권이다. 하나님께서는 모세에게 이스라엘 백성들을 아브라함과 이삭과 야곱에게 맹세하여 주기로 한 가나안 땅으로 인도하여 가라고 말씀하시면서 여전히 "너는 네가 애굽 땅에서 인도하여 낸 백성"(출 33:1)이라고 하신다. 그러시면서 백성들이 몸을 단장하고 있는 장신구들을 다 떼어 내라고 하신다. 이는 목이 곧은 백성(언제든지 죄를 지을 수 있는 백성)들이기 때문에 장신구라도 떼어 내서 죄 짓는 것을 예방하여 하나님에 의해 진멸당함을 면하게 하기 위함이었다(출 33:5).

모세의 두 번째 기도에서 우리는 모세가 이스라엘 백성들을 얼마나 사랑했는지를 짐작해 볼 수 있다. 모세가 이처럼 백성들을 사랑한 것은 그가 먼저 하나님을 하나님으로 알고 사랑한 자였기 때문이다. 하나님을 사랑하는 자가 하나님께서 사랑하시는 자를 사랑하는 것이다. 마음을 다하고 성품을 다하고 뜻을 다하고 힘을 다하여 하나님을 사랑하는 자가 이웃을 진심으로 사랑하게 되는 것이다(마 22:37-40). 순서를 바꿔서도 안 되고 사실 바꿀 수도 없다. 그러므로 하나님을 사랑하는 만큼, 하나님을 하나님으로 알고 섬기고 순종하는 만큼 중보적인 기도를 할 수 있는 것이다.

하나님께서 친히 가시지 않고 사자를 대신 보내겠다고 하시며, 아직도 '내 백성'이라고 하지 않으시고 '네 백성'이라고 하신 말씀이 모세를 또다시 세 번째 기도의 자리로 가게 한다.

주의 백성으로 여기소서

세 번째 기도를 통해, 모세는 다시 하나님께 이스라엘 백성을 하나님의 백성으로 여겨 주시도록, 함께 해 주시기를 기도한다.

"모세가 여호와께 아뢰되 보시옵소서 주께서 내게 이 백성을 인도하여 올라가라 하시면서 나와 함께 보낼 자를 내게 지시하지 아니하시나이다 주께서 전에 말씀하시기를 나는 이름으로도 너를 알고 너도 내 앞에 은총을 입었다 하셨사온즉 내가 참으로 주의 목전에 은총을 입었사오면 원하건대 주의 길을 내게 보이사 내게 주를 알리시고 나로 주의 목전에 은총을 입게 하시며 이 족속을 주의 백성으로 여기소서 여호와께서 이르시되 내가 친히 가리라 내가 너를 쉬게 하리라 모세가 여호와께 아뢰되 주께서 친히 가지 아니하시려거든 우리를 이곳에서 올려 보내지 마옵소서 나와 주의 백성이 주의 목전에 은총 입은 줄을 무엇으로 알리이까 주께서 우리와 함께 행하심으로 나와 주의 백성을 천하 만민 중에 구별하심이 아니니이까"(출 33:12-16).

하나님께서는 1-2절에서 모세에게 백성들을 이끌고 약속한 땅으로 올라가라고 말씀하셨다. 그런데 지금까지와는 달리 하나님께서 친히 앞장서서 가시지 않고 하나님의 사자를 앞서 보내겠다고 말씀하신다. 이미 23장에서도 하나님의 사자를, 왕벌을 앞서 보내시겠다는 말씀이 있지만(출 23:20, 28), 거기에서의 의미와 지금 상황에서의 의미는 조금 다르다고 본다. 그래서 모세는 지금 다시 하나님 앞에 나아와 다시 간구하고 있는 것이다.

모세의 세 번째 기도의 핵심은 33장 13절과 15-16절이다. 그는 자신과 하나님의 백성이 하나님께 은총을 입었다면, 그 증거로 하나님을 알게 해 주시기를, 그리고 주의 길, 곧 하나님의 뜻과 목적 즉, 이스라엘을 출애굽 시키시고 백성으로 삼으셔서 지금껏 인도하신 뜻과 목적, 그리고 앞으로의 뜻을 보여주시기를 간구한다. 그리고 모세 자신이 하나님께 은총을 받았다면 이스라엘 백성을 하나님의 백성으로 여겨주시길 간구하고 있다. 은총을 받은 증거는 하나님께서 함께 행하시는 것이기 때문이라는 것이다.

그래서 모세는 지금 하나님께 범죄한 이스라엘 백성들을 다시 하나님의 백성으로 삼아 주심으로 그들의 하나님이 되어 그들과 함께하시며, 하나님께서 약속의 땅까지 친히 인도해 가시기를 구하고 있다.

모세에게는 하나님께서 함께하시지 않는 길, 하나님께서 함께하시지 않는 약속의 땅은 아무런 의미도, 가치도 없었다. 분명하게 기억해야 한다. 모세는 이스라엘 백성들이 죄를 지었지만, 용서해 주시고 그들을 약속하신 대로 가나안 땅에 들어갈 수 있게 해 달라고 간구하고 있는 것이 아니다. 그에게는 백성들이 무사히 가나안 땅에 들어가는 것이 중요한 게 아니었다.

모세에게는 하나님께서 백성들을 용서해 주시고 그들을 다시 하나님의 백성, 즉 '내 백성'으로 삼아 주시고, 그들과 함께 거하시며 앞서 행하시고, 하나님께서 원하시는 곳, 약속하신 곳으로 그들을 이끌어 가시는 것이 가장 중요했다.

이스라엘 백성이 가나안 땅에 들어가는 것이 하나님께 은총을 입은 증거가 아니라, 하나님께서 이스라엘의 하나님으로 늘 함께 행하시는 것이 유일한 증거라는 것이다.

그렇다. 우리가 하나님의 은총을 입어 하나님의 백성, 하나님의 자녀가 되고 하나님이 우리의 아버지라는 분명한 증거는 다른 어떤 것이 아니다. 바로 하나님 아버지께서 우리와 함께 행하시는 것이다. 법적이고 객관적인 사실로서 임마누엘(함께하심)이 아니라, 실제적으로 예수님을 주님으로 모시고 순종함을 통해 우리와 함께 행하시는 것이다. 이것이 우리가 주의 백성, 주의 자녀가 된 증거요, 천하 만민 중에 우리를 택하여 구별하신 증거다. "하나님을 찬양합니다!"

임마누엘 하나님이 우리와 함께하시는 것이 가장 중요하다. 더불어 에벤에셀, 우리와 함께하시는 하나님께서 우리를 택하여 부르신 뜻과 목적을 이루시기 위해 때를 따라 우리를 도우시는 것이다.

하나님께서는 모세의 간구에 응답하셨다.

"내가 친히 가리라 내가 너를 쉬게 하리라"(출 33:14).
"네가 말하는 이 일도 내가 하리니 너는 내 목전에 은총을 입었고 내가 이름으로도 너를 앎이니라"(출 33:17).

모세가 지금 하나님께 친히 함께 가시기를 구하는 것은 단순히 함께 가시는 것만을 의미하지 않는다. 모세는 과거 호렙 산 가시떨기 나무 앞에서 하나님의 거룩하심을 경험했다. 그는 하나님께서 임재하신 그곳에서 자기 발에서 신을 벗어야만 했다. 그곳은 거룩한 곳이었기 때문이다. 그리고 이스라엘 백성들을 이끌고 시내 산에 도착하여 그들과 함께 시내 산에 강림하신 하나님을 뵈올 때 하나님께서 준비시키신 일을 기억했다.

"너는 백성에게로 가서 오늘과 내일 그들을 성결하게 하며 그들에게 옷을 빨게 하고 준비하게 하여 셋째 날을 기다리게 하라"(출 19:10-11).
"내려가서 백성을 경고하라 백성이 밀고 들어와 나 여호와에게로 와서 보려고 하다가 많이 죽을까 하노라 또 여호와에게 가까이 하는 제사장들에게 그 몸을 성결히 하게 하라 나 여호와가 그들을 칠까 하노라"(출 19:21-22).

그리고 출애굽기 24장에서 언약의 피를 뿌림으로 하나님과 백성들 간의 언약식을 가진 것을 기억했다.
또한 거룩하신 하나님께서 회막에서 백성들을 만나 주시고 백성 중에 거하여 그들의 하나님이 되어 주실 것이며, 이를 통해 이스라엘 백성들은 하나님이 그들의 하나님 여호와로서 그들 중에 거하려고 그들을 애굽 땅에서 인도하여 낸 줄을 알게 될 것이라는 말씀(출 29:42-46)을 기억했다.

그러므로 지금 모세가 하나님께서 함께해 주시기를 간구하고 있는 것은 백성들의 죄 용서와 맞물려 있는 간구다. 즉 백성들의 죄를 용서해 주심으로 다시 이스라엘을 하나님의 백성으로 삼으시고 그들의 하나님이 되어 주시기를, 그리고 그 뜻과 목적을 이루어 주시기를 간구하고 있다. 거룩하신 하나님께서 죄를 지은 백성들과 아무렇지도 않게 함께하실 수는 없다.

모세가 두 번째 돌판을 만들어 시내 산 꼭대기에 올라갔을 때, 하나님께서 강림하셔서 모세의 앞을 지나시면서 하나님의 이름을 선포하셨다.

> "여호와라 여호와라 자비롭고 은혜롭고 노하기를 더디하고 인자와 진실이 많은 하나님이라 인자를 천대까지 베풀며 악과 과실과 죄를 용서하리라 그러나 벌을 면제하지는 아니하고 아버지의 악행을 자손 삼사 대까지 보응하리라"(출 34:6-7).

이와 동시에 모세가 급히 땅에 엎드려 경배하면서 하나님께 간구하기를 "주여 내가 주께 은총을 입었거든 원하건대 주는 우리와 동행하옵소서 이는 목이 뻣뻣한 백성이니이다 우리의 악과 죄를 사하시고 우리를 주의 기업으로 삼으소서"(출 34:9)라고 아뢰었다. 모세의 기도를 들으신 하나님께서는 다시 이스라엘 백성과 언약을 세우신다(출 34:10 이하).

우리는 모세가 하나님 앞에서 백성들을 위해 중보기도를 하는 것을 통해 모세가 얼마나 하나님 중심으로 기도를 하고 있는지를 볼 수 있다. 이는 청중들의 비위나 기호를 맞추고 그들과 동류가 되어야만 그들을 하나님께로 이끌 수 있다는 생각을 가지고 사역하는 사역자들과는 너무도 대조되는 모습이다(이에 대한 이의나 반박의 근거로 예수님의 성육신과 예수님의 사역을 들먹이지 말라. 예수님과 모세를 반대적인 인물로 대조하는 것은 옳지 않다. 예수님의 사역은 모세의 사역을 폐하고 새로운 사역을 하신 것이 아니라, 모세의 사역을 완전하게 하고 완성하신 것이다. 곧 모세는 하나님의 집의 사환으로 충성하였고 예수님은 아들로 충성을 했다(히 3:5-6). 다른 말로 하면, 모세나 예수님 모두 하나님 중심으로 하나님께 충성을 했다).

구원하심은 하나님께 있다. 죄 사함도 하나님께 있다. 그러므로 우리가 하나님 중심으로 하나님의 영광을 위해 중보적인 역할을 충성스럽게 감당할 때, 우리의 순종을 받으시고 구원의 은혜를 베푸시는 것이다.

주의 영광을 내게 보이소서

중보적인 역할은 하나님과 다른 사람들과의 사이에서 다리 역할을 하는 것이다. 이를 위해 가장 중요한 것은 자신이 하나님과 늘 가까이 연결되어 있어야 한다는 것이다. 하나님을 경외하고 예배하는 자요, 백성들을 위해 중보적인 기도를 해야 하지만, 이것이 하나님과의 관계에서 자신의 정체성과 부르심, 그리고 하나님에 대한 앎과 분명한 확신 가운데서 나오는 것이어야 한다. 바로 이것이 모세가 마지막으로 기도한 내용이다.

"모세가 이르되 원하건대 주의 영광을 내게 보이소서"(출 33:18).

2. 예레미야의 기도

"선지자 예레미야가 예루살렘에서 이 같은 편지를 느부갓네살이 예루살렘에서 바벨론으로 끌고 간 포로 중 남아 있는 장로들과 제사장들과 선지자들과 모든 백성에게 보냈는데 그때는 여고니야 왕과 왕후와 궁중 내시들과 유다와 예루살렘의 고관들과 기능공과 토공들이 예루살렘에서 떠난 후라 유다의 왕 시드기야가 바벨론으로 보내어 바벨론의 왕 느부갓네살에게로 가게 한 사반의 아들 엘라사와 힐기야의 아들 그마랴 편으로 말하되 만군의 여호와 이스라엘의 하나님께서 예루살렘에서 바벨론으로 사로잡혀 가게 한 모든 포로에게 이와 같이 말씀하시니라 너희는 집을 짓고 거기에 살며 텃밭을 만들고 그 열매를 먹으라 아내를 맞이하여 자녀를 낳으며 너희 아들이 아내를 맞이하며 너희 딸이 남편을 맞아 그들로 자녀를 낳게 하여 너희가 거기에서 번성하고 줄어들지 아니하게 하라 너희는 내가 사로잡혀 가게 한 그 성읍의 평안을 구하고 그를 위하여 여호와께 기도하라 이는 그 성읍이 평안함으로 너희도 평안할 것임이라 만군의 여호와 이스라엘의 하나님께서 이와 같이 말하노라 너희 중에 있는 선지자들에게와 점쟁이에게 미혹되지 말며 너희가 꾼 꿈도 곧이 듣고 믿지 말라 내가 그들을 보내지 아니하였어도 그들이 내 이름으로 거짓을 예언함이라 여호와의 말씀이니라 여호와께서 이와 같이 말씀하시니라 바벨론에서 칠십 년이 차면 내가 너희를 돌보고 나의 선한 말을 너희에게 성취하여 너희를 이곳으로 돌아오게 하리라 여호와의 말씀이니라 너희를 향한 나의 생각을 내가 아나니 평안이요 재앙이 아니니라 너희에게 미래와 희망을 주는 것이니라 너희가 내게 부르짖으며 내게 와서 기도하면 내가 너희들의 기도를 들을 것이요 너희가 온 마음으로 나를 구하면 나를 찾을 것이요 나를 만나리라 이것은 여호와의 말씀이니라 나는 너희들을 만날 것이며 너희를 포로된 중에서 다시 돌아오게 하되 내가 쫓아 보내었던 나라들과 모든 곳에서 모아 사로잡혀 떠났던 그곳으로 돌아오게 하리라 이것은 여호와의 말씀이니라"(렘 29:1-14).

두 개의 명령

예레미야서에는 기도와 관련하여 상반된 두 개의 명령이 나온다. 하나는, "기도하지 말라"이고, 또 하나는 "기도하라"이다. 예레미야는 앞으로 몇 년 후에 유대 땅과 백성을 향한 하나님의 진노로 자기 백성이 바벨론의 침략으로 많은 사람이 죽고 성은 폐허가 되며 일부는 포로로 끌려갈 것이라는 말씀을 듣는다. 그리고 포로에서 70년 만에 다시 돌아오게 하시겠다는 말씀을 듣는다.

그래서 예레미야는 하나님의 진노하심을 알고 유대 땅과 백성을 위해 눈물을 강물처럼 흘리며 기도하기 시작한다. 그의 눈물의 기도는 하루도 쉴 날이 없었다. 그는 과연 하나님께서 세우신 참 선지자였다.

구약의 선지자들을 통틀어 유대 땅과 백성을 위해 예레미야만큼 하나님 앞에서 눈물로 기도한 자가 있는가? 만약 한 사람 때문에 하나님께서 진노를 거두시고 뜻을 돌이키신다고 한다면, 하나님께서는 예레미야 때문에 유다에 진노와 심판의 불을 내리지 않으셨어야 했다.

그러나 하나님께서는 예레미야에게 "그런즉 너는 이 백성을 위하여 기도하지 말라 그들을 위하여 부르짖어 구하지 말라 내게 간구하지 말라 내가 네게서 듣지 아니하리라 너는 그들이 유다 성읍들과 예루살렘 거리에서 행하는 일을 보지 못하느냐"(렘 7:16-17)라고 말씀하신다. 그리고 "그러므로 너는 이 백성을 위하여 기도하지 말라 그들을 위하여 부르짖거나 구하지 말라 그들이 그 고난으로 말미암아 내게 부르짖을 때에 내가 그들에게서 듣지 아니하리라"(렘 11:14)고 말씀하신다.

하나님께서는 돌이킬 뜻이 전혀 없다는 것을 매우 단호하게 말씀하신다.

> "여호와께서 내게 이르시되 모세와 사무엘이 내 앞에 섰다 할지라도 내 마음은 이 백성을 향할 수 없나니 그들을 내 앞에서 쫓아 내보내라"(렘 15:1).

모세와 사무엘처럼 하나님께 충성한 사람이 있는가? 그럼에도 불구하고 그들이 백성들 가운데 '한 사람'으로 서 있으면서 기도할지라도 하나님께서는 뜻을 돌이키지 않으시겠다는 것이다. 모세나 사무엘이 예레미야와 합세하더라도 하나님께서는 마음을 돌이키지 않으실 것이기에, 하나님께서는 예레미야에게 기도하지 말라고 하신 것이다. 이미 작정된 심판이었다. 이미 죄의 분량이 다 차버렸다. 바벨론의 포로 70년은 유다 백성들이 반드시 치러야만 하는 것이었다.

예레미야의 역할

그렇다면 예레미야 선지자의 역할은 무엇이었는가? 예레미야는 하나님께서 진노를 거두시기를 기대하며 일명 중보적인 기도와 회개를 한 것이 아니다(이것은 하나님께 열납되지 않았다). 앞에서 언급했듯이 예레미야 7장과 11장, 15장 1절에서 하나님은 예레미야에게 더 이상 눈물의 기도 즉, 중보적인 기도와 회개기도를 하지 말라고 하셨다.

그의 역할은 그것이 아니었다. 결과적으로 본다면, 예레미야 선지자는 당시 백성들을 향한 하나님의 진노를 거두게 하는 역할은 아니었다. 참으로 위대한 선지자 예레미야가 있었지만 하나님께서 하실 그 일은 이미 작정된 일이어서 그 누구도 돌이킬 수 없었다. 하나님께서 예레미야에게 기대하신 역할은 이미 작정된 일인 바벨론의 침략의 확실성을 백성들에게 심어 주고, 그 이후를 대비하게 하는 데 있었다.

예레미야를 '눈물의 선지자'라고 말하는데, 이는 예레미야가 유대 땅에 하나님의 진노(바벨론의 침략)가 임하지 않기를 눈물로 기도했다는 것이 아니다.

> "어찌하면 내 머리는 물이 되고 내 눈은 눈물 근원이 될꼬 죽임을 당한 딸 내 백성을 위하여 주야로 울리로다"(렘 9:1).
> "이로 말미암아 내가 우니 내 눈에서 눈물이 물같이 흘러내림이여 나를 위로하여 내 생명을 회복시켜 줄 자가 멀리 떠났음이로다 원수들이 이기매 내 자녀들이 외롭도다"(애 1:16).
> "내 눈이 눈물에 상하며 내 창자가 끊어지며 내 간이 땅에 쏟아졌으니

이는 딸 내 백성이 패망하여 어린 자녀와 젖 먹는 아이들이 성읍 길거리에 기절함이로다"(애 2:11).

예레미야가 눈물로 기도하며 애가를 지어 노래를 부른 것은 이미 확정된 하나님의 심판 때문에 고통당할 자기 동족들을 생각하며 운 것이다. 또한 실제로 예루살렘 성이 훼파되고 백성 중 일부는 칼에 죽고, 포로로 끌려가 고통당하는 현실을 보고 주야로 눈물을 흘린 것이다. 즉 자기 동족의 고통과 아픔에 눈물로 동참한 것이다.

예레미야의 눈물은 자기 백성을 심판할 수밖에 없었던 하나님께서 심판을 당해 고통당하는 자기 백성의 모습을 보고 우시는 눈물을 대변하기도 한다.

"너는 이 말로 그들에게 이르라 내 눈이 밤낮으로 그치지 아니하고 눈물을 흘리리니 이는 처녀 딸 내 백성이 큰 파멸, 중한 상처로 말미암아 망함이라"(렘 14:17).

예레미야의 역할은 전쟁을 통한 하나님의 심판을 선포하면서 백성들로 하여금 죄를 회개하라고 외치는 것도 아니었다. 물론 예레미야는 예레미야서 초반부에 백성들의 수많은 죄들을 지적한다. 그러나 그 죄 때문에 하나님께서는 진노하셔서 바벨론이라는 강대국의 침략을 통해 심판하실 것이라고 외친다. 그것은 확정되었고 유다는 70년 동안 포로 생활을 할 것이라고 선포한다. 예레미야는 이것 때문에 갖은 고생과 죽을 고비를 수 없이 넘긴다. 전쟁을 대비하여 회개하라고 외친다는 것은 '회개하면 전쟁이 일어나지 않는다. 회개하면 하나님께서 진노를 거두신다'는 것을 전제하고 그것을 기대한 것이다. 그러나 예레미야의 역할은 그런 것이 아니었다. 회개한다고 돌이킬 수 있는 일이 아니었다. 이런 일은 절대로 일어나지 않을 것이었다.

그렇다면 예레미야의 주된 역할은 무엇인가? 먼저 백성들과 선지자 제사장들 모두의 범죄로 말미암아 하나님의 심판이 확정된 것임을 전하는 것이었다(렘 15:1,5). 그리고 바벨론으로 포로로 잡혀간 사람들은 그곳에서 70년 동안의 포로 생활을 하고 나서야 비로소 다시 돌아오게 된다는 것을 백성들에게 확신시키는 것이었다.

이것 때문에 평화만을 외치며 그런 일은 절대 없을 것이라고 주장하는 거짓 선지자들, 포로로 끌려가더라도 2년 만에 다시 돌아올 것이라는 거짓 선지자들과 싸워야 했다. 여기에 더하여 거짓 선지자들의 편에 선 왕과 신하, 백성들로부터 매국노라는 욕과 핍박을 받아야만 했다.

이런 상황에서 예레미야는 유다 백성들에게 이렇게 행하시는 하나님의 궁극적인 뜻을 전해야 했다. 또한 하나님의 그 뜻이 이루어지도록 70년의 포로 생활 동안 백성들이 어떻게 살아야 하는지를 가르치고 포로 이후를 잘 준비하도록 해야 했다.

예레미야는 바벨론의 침략에 대해서는 기도하지 말아야 했다. 바벨론 침략 전이나, 침략 당한 초반에 그는 앞에서 언급했듯이 백성들의 고통 때문에 애가를 지어 노래하며 눈물을 쉼없이 흘렸다. 그러나 그 이후에는 백성들을 향한 하나님의 뜻과 계획이 이루어지도록 기도해야 했다. 그리고 백성들에게도 기도하라고 가르쳐야 했다.

그는 자신이 기도할 때는 하나님으로부터 기도하지 말라는 말씀을 들었지만, 이제 포로로 끌려간 백성들에게는 그곳에서 터를 잡고 살면서 기도하라고 가르친다.

"너희는 내가 사로잡혀 가게 한 그 성읍의 평안을 구하고 그를 위하여 여호와께 기도하라 이는 그 성읍이 평안함으로 너희도 평안할 것임이라"(렘 29:7).

바벨론으로 끌려간 사람들은 5-6절의 말씀과 같이, 그곳에서 집을 짓고 텃밭을 만들어 농사를 지어 그 열매를 먹어야 했다. 또한 결혼하여 가정을 꾸리고 자녀를 낳아 그곳에서 번성해야 했다. 이것은 바벨론에게 복수하기 위해 힘을 기르는 것이 아니었다. 유다 백성들은 어디서나 생육하고 번성해야 했다. 그래서 다시 돌아오게 하실 때, 택하신 땅에서 하나님의 뜻을 이루는 백성으로 살아야 했다.

그리고 포로로 끌려간 백성들은 바벨론을 위해, 그 땅에서 거하는 성읍을 위해 하나님께 기도해야 했다. 독립을 위해 힘을 키우거나 기도해야 하는 것이 아니었다. 그들은 바벨론 땅에서 70년을 잘 살아야 했다. 하나님께서는 그들을 아주 망하게 하기 위해서 포로로 끌려가게 하신 것이 아니었기 때문이다.

"너희를 향한 나의 생각을 내가 아나니 평안이요 재앙이 아니니라 너희에게 미래와 희망을 주는 것이니라"(렘 29:11).

그러므로 유다 백성들은 70년 이후의 미래와 희망을 품고 바벨론 땅에서 기도해야 했다.

> "너희가 내게 부르짖으며 내게 와서 기도하면 내가 너희들의 기도를 들을 것이요 너희가 온 마음으로 나를 구하면 나를 찾을 것이요 나를 만나리라"(렘 29:12-13).

그곳이 유대이든지, 바벨론 땅이든지 하나님께서 있게 하신 땅에서 기도해야 하는 것이었다. 여호와 하나님은 그들의 생각처럼 예루살렘 성전에만 계시는 분이 아니었다. 그들이 포로로 끌려간 이방 땅, 바벨론에도 계시는 분이심을 말씀하신다. 그곳에서 기도하면 하나님께서 들으시고 만나 주시겠다는 것이다. 그리고 다시 돌아오게 하시겠다는 것이다.

그들이 해야 할 기도는 예레미야를 비롯해서 포로 기간 중에 바벨론 땅에서 세우신 선지자들을 통해 말씀하신 것처럼 지난날의 죄악을 회개하는 기도였다. 그리고 바벨론과 각자가 거하는 성읍의 평안을 위해 기도해야 했다. 그곳에서 하나님의 백성으로 평안히 살며 번성하기 위해서 말이다.

오해하지 말아야 할 것은 지난날의 죄를 열심히, 진정으로 회개하면 포로 기한을 단축시킬 수 있다는 것이 아니다. 그들은 70년의 삶을 비록 이방 땅, 자기들을 포로로 잡아온 자들의 땅이지만, 그곳에서 하나님의 거룩한 백성으로 살아내야 했다. 그래야만 그들에게 미래와 소망이 있게 되는 것이다.

예레미야는 바로 이와 같은 역할을 하기 위해 바벨론 침략 전, 그리고 침략 후 초반에 걸쳐 선지자로 세움을 받은 것이다.

예레미야의 이야기를, 그리고 70년 포로 기간을 오늘날에 문자적으로 대입하여 적용하는 것은 매우 조심스럽다. 이것은 비단 예레미야의 경우만이 아니다. 모든 선지서들의 경우도 선지자들의 역할과 그들이 받은 메시지 등을 문자 그대로 현대 신앙생활에 적용하는 것은 무리가 있다. 메시지의 기본 원리는 동일하게 적용하는 것이 가능하지만, 선지자 시대의 역사적 상황과 결과를 오늘날의 역사적 상황에 그대로 가져오는 것은 억지스러운 해석을 낳게 된다. 그리고 오늘날 성도들로 하여금 잘못된 선택과 헛된 기대를 갖게 할 수도 있다. 좋은 게 좋은 것은 아니다.

예레미야와 포로로 끌려간 백성들은 70년이 차기만을 기다려야 하는 것이 아니었다. 포로기에 세움 받은 선지자들의 글 – 예레미야, 예레미야애가, 다니엘, 에스겔 등 – 어디에서도 70년 기한에 집중하는 내용은 나오지 않는다. 그들은 모두 과거의 죄를 회개하고, 오늘의 삶(바벨론에서의 삶)을 말씀대로 사는 것에 대해 집중하였다.

우리는 눈물의 선지자 예레미야가 무엇 때문에, 무엇을 위해 눈물을 흘리며 기도했으며, 그 시대에 어떤 역할을 감당했는지를 올바르게 알아야 한다. 예레미야서를 통해 우리는 예레미야에게 집중하여 예레미야와 같은 사람이 되려고 애써야 되는 것이 아니다.

물론 예레미야를 통해 배우고 본받아야 할 귀한 점들이 많다. 그러나 우리는 무엇보다도 하나님께서 예레미야를 통해 포로로 끌려간 백성들에게 주신 약속의 말씀에 귀를 기울여야 한다. 그 말씀들을 오늘 내게, 나의 삶의 현장에 주신 말씀으로 받고 순종하는 것이 가장 중요하다.

XI. 참된 예배자

"벧엘의 하나님"

"하나님이 야곱에게 이르시되 일어나 벧엘로 올라가서 거기 거주하며 네가 네 형 에서의 낯을 피하여 도망하던 때에 네게 나타났던 하나님께 거기서 제단을 쌓으라 하신지라 야곱이 이에 자기 집안 사람과 자기와 함께 한 모든 자에게 이르되 너희 중에 있는 이방 신상들을 버리고 자신을 정결하게 하고 너희들의 의복을 바꾸어 입으라 우리가 일어나 벧엘로 올라가자 내 환난 날에 내게 응답하시며 내가 가는 길에서 나와 함께 하신 하나님께 내가 거기서 제단을 쌓으려 하노라 하매 그들이 자기 손에 있는 모든 이방 신상들과 자기 귀에 있는 귀고리들을 야곱에게 주는지라 야곱이 그것들을 세겜 근처 상수리나무 아래에 묻고 그들이 떠났으나 하나님이 그 사면 고을들로 크게 두려워하게 하셨으므로 야곱의 아들들을 추격하는 자가 없었더라 야곱과 그와 함께 한 모든 사람이 가나안 땅 루스 곧 벧엘에 이르고 그가 거기서 제단을 쌓고 그곳을 엘벧엘이라 불렀으니 이는 그의 형의 낯을 피할 때에 하나님이 거기서 그에게 나타나셨음이더라 리브가의 유모 드보라가 죽으매 그를 벧엘 아래에 있는 상수리 나무 밑에 장사하고 그 나무 이름을 알론바굿이라 불렀더라 야곱이 밧단아람에서 돌아오매 하나님이 다시 야곱에게 나타나사 그에게 복을 주시고 하나님이 그에게 이르시되 네 이름이 야곱이지마는 네 이름을 다시는 야곱이라 부르지 않겠고 이스라엘이 네 이름이 되리라 하시고 그가 그의 이름을 이스라엘이라 부르시고 하나님이 그에게 이르시되 나는 전능한 하나님이라 생육하며 번성하라 한 백성과 백성들의 총회가 네게서 나오고 왕들이 네 허리에서 나오리라 내가 아브라함과 이삭에게 준 땅을 네게 주고 내가 네 후손에게도 그 땅을 주리라 하시고 하나님이 그와 말씀하시던 곳에서 그를 떠나 올라가시는지라 야곱이 하나님이 자기와 말씀하시던 곳에 기둥 곧 돌 기둥을 세우고 그 위에 전제물을 붓고 또 그 위에 기름을 붓고 하나님이 자기와 말씀하시던 곳의 이름을 벧엘이라 불렀더라"(창 35:1-15).

첫 번째 벧엘을 떠나 마침내 외삼촌 라반의 집에 도착한 야곱은 그곳에서 외삼촌의 양 떼를 치면서 20여 년을 지내며 레아, 라헬과 결혼하여 열한 명의 아들(아직 베냐민은 태어나지 않음)과 딸 디나를 낳는다.

그러던 어느 날, 하나님께서 야곱에게 찾아오셔서 고향 땅으로 돌아가라고 말씀하신다.

"여호와께서 야곱에게 이르시되 네 조상의 땅 네 족속에게로 돌아가라 내가 너와 함께 있으리라"(창 31:3).

야곱이 길을 떠나 다시 가나안을 향해 가는 동안 하나님의 사자들 즉, 하나님의 군대가 그와 함께하며 보호하였다(창 32:1-2). 야곱은 얍복 강에서 하나님의 사자와 씨름하며 하룻밤을 보냈다. 다음날, 형 에서와 화해의 입맞춤을 하며 평화로운 만남을 가진다.

그 후 야곱은 가나안 땅에 들어오기는 했지만, 곧바로 벧엘로 올라가지 않고 세겜 지역에 장막을 친다. 그리고 거기서 제단을 쌓고 그 이름을 '엘엘로헤 이스라엘'이라 부른다. 해석하면 '하나님, 이스라엘의 하나님'이다. 우여곡절 끝에 드디어 가나안 땅에 들어와 세겜에서 제단을 쌓았기에 세겜에서 제단을 쌓은 것이 여러 면에서 의미가 있을 수는 있다. 그러나 그는 처음 자기에게 나타나신 하나님께 제단을 쌓았던 벧엘로 가야 했다. 그리고 거기서 하나님께 제단을 쌓고 하나님의 이름, 벧엘의 하나님을 불러야 했다.

하나님께서 야곱에게 약속하신 것도 야곱이 어디로 가든지 그를 지키고 이끌어서 가나안 땅으로 돌아오게 하시는 것이었다(창 28:15). 야곱이 하나님께 서원한 것도 "하나님께서 나를 아버지 집으로 평안히 돌아오게 하면 여호와께서 나의 하나님이 되실 것이고, 내가 세운 돌이 하나님의 집이 될 것이다"라는 것이었다(창 28:21-22).

야곱을 택하시고 부르신 하나님, 그를 만나 주시고 그의 하나님이 되어 주셔서 이제까지 그를 지키고 인도하신 하나님은 어떤 하나님이신가? 바로 '벧엘의 하나님'(창 31:13)이시다. 그러므로 야곱이 다시 약속의 땅으로 돌아왔다면 그는 가장 먼저 벧엘에서 벧엘의 하나님께 제단을 쌓아야 했다. 그런데 그는 이를 망각하고 세겜에서 제단을 쌓고 그곳에 정착해 버린 것이다.

두 번째 벧엘

하나님께서는 야곱을 향한 엄청난 약속을 갖고 또다시 벧엘에서 야곱을 기다리고 계셨다. 하나님께서는 이 약속을 야곱에게 주시기 원하셨고, 야곱과 그의 자손들을 통해 이루시기를 원하셨다. 그래서 세겜에 머물며 벧엘로 올라갈 생각을 하지 않은 야곱의 삶에 적극적으로 개입하신다. 그래서 야곱의 딸 디나가 부끄러운 일을 당하도록 허락하신다 (창 34장).

이 일로 디나의 오빠들인 시므온과 레위가 세겜 성의 모든 남자를 칼로 죽이는 사건이 벌어진다. 이로 인해 야곱은 주변 민족들에게 의해 자기 가문이 멸망당할 것에 대한 두려움에 빠지게 되고, 그는 한시라도 빨리 세겜을 떠나야 하는 상황을 맞이한다. 하나님께서는 디나 사건을 통하여 야곱으로 하여금 그곳을 떠나게 하신 것이다. 하나님께서 세겜에서 자리 펴고 앉아 있는 야곱의 엉덩이를 걷어차신 것이다.

야곱이 세겜을 떠날 수밖에 없는 상황에 처했을 때, 하나님께서 야곱에게 말씀하신다.

> "일어나 벧엘로 올라가서 거기 거주하며 네가 네 형 에서의 낯을 피하여 도망하던 때에 네게 나타났던 하나님께 거기서 제단을 쌓으라"(창 35:1).

야곱이 약속의 땅에 다시 돌아온다면 그는 가장 먼저 벧엘로 가서 벧엘의 하나님께 제단을 쌓고 제사를 드려야 했다. 이제 야곱은 하나님의 말씀을 따라 벧엘로 올라간다. 출발하기에 앞서 그는 자기 가족을 비롯해서 자기와 함께한 모든 사람들에게 그들 중에 있는 이방 신상들을 버리게 하고 자신을 정결하게 하며 의복을 깨끗한 옷으로 갈아입도록 한다(창 35:2). 그리고 모든 이방 신상들을 세겜 근처 상수리나무 아래에 묻고 벧엘 즉, 야곱이 환난을 당할 때 그에게 응답하사 도우시고 그가 이제까지 걸어온 길에 함께하신 하나님께서 제단을 쌓기 원하시는 곳으로 올라간다(창 35:3).

마침내 야곱과 그의 모든 일행이 벧엘에 도착했다. 야곱은 그곳에 다시 제단을 쌓고 '엘벧엘'즉 '벧엘의 하나님'이라고 불렀다. 야곱이 마침내 하나님께서 원하시는 곳, 벧엘에 와서 제단을 쌓고 하나님을 부른 것이다. 자기를 먼저 찾아와 주신 하나님, 자기의 편이 되어 주신 하나님의 이름을 부른 것이다. 야곱의 하나님은 벧엘의 하나님이었다. 두 번째 벧엘은 형 에서를 피해 도망가다 잠이 들었던 첫 번째 벧엘과 전혀 다른 곳이다. 지리적, 공간적으로는 같은 곳이지만 하나님과 야곱의 관계적인 면에서는 전혀 다른 곳이다. 하나님은 동일한 하나님이셨지만, 야곱은 이전의 야곱이 아니었다.

첫 번째 벧엘은 장소적인 의미보다 벧엘에서의 체험이 중요했다. 두 번째 벧엘도 장소적인 의미보다는 하나님과 야곱의 관계가 재정립되었다는 것에 중요한 의미가 있다.

첫 번째 벧엘이 야곱이 하나님을 체험함으로 신앙의 첫걸음을 시작한 단계라면, 두 번째 벧엘은 20여 년을 지나면서 산전수전을 다 겪으면서 신앙이 매우 성숙한 위치로 올라선 단계라고 말할 수 있다. 두 번째 벧엘로 올라가는 야곱은 20여 년 전의 야곱이 아니다. 야곱은 다시 벧엘로 올라가면서 하나님께 나아가 제단을 쌓는 데 합당치 않는 모든 우상과 더러운 것, 그리고 자기의 자아를 다 상수리나무 아래 묻었다. 그리고 벧엘의 하나님께 제단을 쌓기 위해 자신을 정결하게 하고 하나님께 제사하는 데 합당한 의복으로 바꾸어 입었다.

첫 번째 벧엘은 야곱이 하나님께서 자기 편이 되어 주신 것을 체험하고, 하나님께 더욱 자기 편이 되어 달라고 간구한 곳이었다. 그러나 두 번째 벧엘은 20년 동안 자기와 함께하시고 도우신 하나님 앞에 자신의 모든 것을 내려놓고, 야곱이 하나님의 편이 된 곳이다. 디나 사건을 겪기 전까지 야곱은 하나님을 자기 편으로, 자기를 도와주시고 지켜 주시며, 자기 문제의 해결자 정도로만 알았다. 얍복 강에서의 씨름도 마찬가지였다. 그리고 그에 대해 하나님께 적당히 보상해 드리면 된다고 생각했다.

그러나 다시 벧엘로 올라가는 길에서 야곱은 자신이 하나님의 편이 되어야 한다는 것을, 자신이 하나님을 온전하게 섬겨야 한다는 것을 뼈저리게 깨닫는다. 그래서 자신의 모든 것을 버리고, 자신을 부인하고, 자기의 경험과 수완 등을 버리고 아주 겸손하게 하나님께 제단을 쌓고 하나님의 이름을 부른 것이다.

야곱의 새 이름이 무엇인가? 이스라엘이다. 얍복 강에서 하룻밤을 새우며 씨름하여 받은 새 이름이다. 하지만 야곱이 다시 벧엘로 올라가기 전까지는 이름만 새 이름이었다. 껍데기만 이스라엘이었다. 세겜에 머물 때도, 디나 사건을 겪을 때도 이름만 이스라엘이었다. 그때까지 야곱에게는 본래 야곱의 모습과 새 이름 이스라엘의 모습이 혼재되어 있었다.

이런 그가 다시 벧엘로 올라와서 제단을 쌓고 벧엘의 하나님을 불렀을 때, 야곱은 새 사람, 진정한 이스라엘이 되었다. 이제 첫 번째 벧엘에서의 야곱의 모습은 없다. 얍복 강에서 하나님과 겨루어 이기려고 했던 모습도 없다. 두 번째 벧엘로 가는 야곱의 모습은 자신의 모든 것을 버리고 하나님의 뜻에, 하나님의 손에 모든 것을 맡긴 자의 모습이다. 야곱은 이제야 이름도 이스라엘, 사람도 참 이스라엘이 되었다. 그는 참 이스라엘이 되어 이스라엘의 하나님의 이름을 부른 것이다.

야곱이 밧단아람에서 돌아와 벧엘에서 제단을 쌓고 하나님의 이름을 불렀을 때, 하나님께서는 야곱의 이름을 다시 최종적으로 이스라엘로 확증해 주신다.

"네 이름이 야곱이지마는 네 이름을 다시는 야곱이라 부르지 않겠고 이스라엘이 네 이름이 되리라 하시고 그가 그의 이름을 이스라엘이라 부르시고"(창 35:10).

두 번째 벧엘은 야곱이 새 사람, 즉 참 이스라엘이 되어 참 이스라엘의 하나님께 참되게 예배를 드린 곳이다. 하나님께서 열심과 오래 참으심으로 야곱을 다시 벧엘까지 이끄셨고, 그를 참 이스라엘이 되게 하신 것이다.

우리는 첫 번째 벧엘의 야곱과 같이 하나님께서 내 편이 되어 주시기만을 바라는 자의 삶의 자리에 머물지 않아야 한다. 우리는 이름만 새 이름, 무늬만 그리스도인이 되어서는 안 된다. 우리는 두 번째 벧엘에서의 야곱, 곧 참 이스라엘과 같이 우리가 하나님의 편이 되고 참 그리스도인이 되어 하나님께 참으로 예배를 드리는 자들이 되어야 한다.

야곱이 벧엘로 올라가라는 하나님의 말씀에 즉시 순종하여 모든 우상을 버리고 자신을 정결하게 하고, 가장 겸손한 모습으로 하나님께 나아갔던 것처럼, 오늘 우리도 그와 같이 해야 한다. 그렇게 할 때 참 이스라엘이 되어 참 이스라엘의 하나님께 제단을 쌓게 된다. 그리고 하나님의 이름을 부른 야곱에게 약속하신 약속이 바로 우리의 약속이 되는 것이다.

하나님께서는 야곱에게가 아니라, 참 이스라엘에게 축복하신 것이다.

> "네 이름을 다시는 야곱이라 부르지 않겠고 이스라엘이 네 이름이 되리라 하시고 그가 그의 이름을 이스라엘이라 부르시고 하나님이 그에게(이스라엘에게) 이르시되 나는 전능한 하나님이라 생육하며 번성하라 한 백성과 백성들의 총회가 네게서 나오고 왕들이 네 허리에서 나오리라 내가 아브라함과 이삭에게 준 땅을 네게 주고 내가 네 후손에게도 그 땅을 주리라"(창 35:10-12).

하나님께서 복을 주신 것은 야곱이 두 번째 벧엘로 올라왔기 때문이 아니다. 야곱이 참 이스라엘이 되어 벧엘로 올라왔기 때문이다. 벧엘은 첫 번째 벧엘 때나 지금이나 아무런 변화가 없다. 오직 야곱이 참 이스라엘로 변화된 것이다.

이름만 이스라엘이었던 야곱이 참 이스라엘이 되어 올라간 곳이 두 번째 벧엘이었다. 야곱이 참 이스라엘이 되지 않았다면 두 번째 벧엘에 갈 일은 없었을 것이다. 두 번째 벧엘은 참 이스라엘이 된 자가 올라가서 제사를 드리는 곳이다. 참 이스라엘이 이스라엘의 하나님, 벧엘의 하나님께 예배를 드렸고, 하나님께서는 그것을 기쁘게 받으시고 복을 주신 것이다.

야곱이 참 이스라엘이 되어 참 이스라엘의 하나님께 제단을 쌓기까지 약 20여 년이 걸렸다. 이는 야곱이 하나님께 완전히 항복하기까지 걸린 기간이었다. 야곱은 첫 번째 벧엘에서 자기를 택하신 분이 누구인지, 자기를 지키고 인도하시는 분이 누구인지, 자기에게 복 주실 분이 누구인지, 자기가 누구를 의지하고, 누구를 위해 살아야 하는지를 경험했다. 이때의 경험이 매우 중요한 것이었지만, 야곱을 크게 변화시키지는 못했다.

그러나 20여 년이 지나면서 그때의 경험이 그의 삶에 더욱 깊숙이 새겨졌다. 이제 야곱은 자기가 누구를 섬겨야 하고, 누구를 의지해야 하며, 누구를 위해 살아야 하는지를 너무도 분명하게 알았다. 이를 위해 하나님께서 그동안 자기를 위해 하신 일들이 얼마나 큰 은혜였는지를 안 것이다.

그래서 그는 하나님의 말씀에 어떠한 대꾸도 할 수 없었다. 그에게는 오직 순종만 있을 따름이었다.

하나님께서 우리의 아버지가 되시고 우리를 자녀 삼으시기 위해 치르신 대가가 무엇인가? 하나님께서 우리의 아버지가 되셔서 우리를 지키시고 인도하시며, 우리에게 복을 주셔서 우리를 통해 영광을 받으시기 위해 우리에게 베푸신 은혜와 사랑이 얼마나 큰지 아는가? 그것이 우리의 마음과 생각과 온 몸을 사로잡고 있는가?

하나님께서 우리를 자녀 삼으시고, 우리의 아빠 아버지가 되시기 위해 독생하신 예수님을 십자가에 내어 주셨다는 사실에 우리는 얼마나 사로잡혀 있는가? 이것을 생각할 때마다 전율을 느끼는가? 이것을 생각하면 하나님께 감히 대꾸하거나 변명할 생각조차도 하지 않게 되는가?

나를 대신하여 십자가를 지신 예수님께서 승천하신 후, 하나님 보좌 우편에서 쉼없이 나를 위해 중보기도하신 것 때문에 오늘 내가 있다는 것이 우리를 사로잡고 있는가? 하나님 아버지께서 눈동자처럼 우리를 지키시고 우리를 그 품에 안아 주심으로 오늘 우리가 있다는 사실에 얼마나 황송해하고 있는가?

이제 우리는 우리를 구원하신 분이 누구신지, 우리가 의지하고 섬겨야 할 분이 누구신지, 우리가 누구를 위해 존재하고 있으며 누구를 위해 살아야 하는지를 확실히 알고 있는가? 그래서 하나님 외에 다른 우상을 버리고 자신을 정결하게 하고 예수 그리스도로만 옷 입고 있는가? 그렇다면 우리는 벧엘로 올라갈 수 있다. 아니, 우리는 벧엘에 올라와 있다.

우리가 예수 그리스도로 말미암아 온전한 새 사람이 되어, 예수 그리스도와 하나님 아버지께 완전히 항복한 자가 되어 하나님께 예배를 드리면, 그곳(특별히 교회와 가정)이 우리에게 두 번째 벧엘이 되는 것이다.

어떤 교회, 어떤 가정이 중요한 것이 아니다. 내가 아직도 옛 사람의 모습으로 있느냐, 아니면 이제는 뼛속까지 새 사람이 되어 교회에서, 가정에서 하나님의 이름을 부르며 예배를 드리고 있느냐가 중요하다. 야곱의 하나님은 벧엘의 하나님이셨다.

우리의 하나님은 우리 대신 예수 그리스도를 십자가에 못 박아 죽이신 하나님이시다. 야곱은 벧엘의 하나님께 제단을 쌓고 벧엘의 하나님의 이름을 부르기 위해서 이름만이 아니라, 하나님께 완전히 항복한 참 이스라엘이 되어야 했다.

이와 같이 우리가 우리 대신 예수 그리스도를 십자가에 못 박아 죽게 하신 하나님의 이름을 부르며 예배를 드리기 위해서는 참 그리스도인이 되어야만 한다.

예수 그리스도와 함께 십자가에 못 박히고, 예수 그리스도와 함께 다시 살아난 자로, 죄에 대하여는 죽고 하나님께 대하여는 산 자로, 새 사람이 되어야만 하는 것이다. 자기를 부인하고 자기 십자가를 지고(주님과 복음을 위해 목숨을 바치고) 주님을 따르는 자가 되어야 한다. 이것이 바로 두 번째 벧엘로 올라가는 것이고, 그곳에 머무는 삶이다. 주님을 따르는 우리가 머무는 곳, 하나님의 이름을 부르며 예배를 드리는 곳이 바로 두 번째 벧엘이 되는 것이다.

하나님께서는 야곱에게도 그랬듯이, 우리 모두도 벧엘로 가기를 원하신다. 두 번째 벧엘에서 참된 그리스도인으로서 참 하나님께 참되게 예배를 드리는 자가 비로소 중보적인 삶을 사는 것이고, 그의 삶을 통해 하나님께서 영광을 받으신다.

우리는 지금 어디에 머무르고 있는가? 우리와 하나님의 관계는 어느 정도인가? 우리는 지금 하나님 앞에서 어떤 모습으로 서 있는가?

야곱이 꿈에 사닥다리를 보았던 처음 벧엘에 머무르고 있는가? 이곳은 "육신에 속한 자 곧 그리스도 안에서 어린아이들"(고전 3:1)이 머무는 곳이다.

야곱은 그곳에서 하나님께 "하나님이 나와 함께 계셔서 내가 가는 이 길에서 나를 지키시고 먹을 떡과 입을 옷을 주시어 내가 평안히 아버지 집으로 돌아가게 하시오면 하나님께서 나의 하나님이 되실 것이요, 하나님께서 내게 주신 모든 것에서 십분의 일을 내가 반드시 하나님께 드리겠나이다"라고 했다.

이와 같이 우리도 하나님을 향해 "하나님께서 나에게 이 정도는, 저 정도는 해주셔야 내가 하나님을 하나님으로 섬기겠습니다"라고 하지는 않는가? 여러분은 먹고 마시는 것들과 미래에 대해 보장 받는 것을 가지고 하나님과 줄다리기를 하고 있지는 않는가?

아니면, 야곱이 하나님의 사자와 씨름하던 얍복 강에 머무르고 있는가? 이곳은 아직도 자아가 살아 있어 자기의 필요에 대한 요구를 하나님께 관철시키려는 자들이 머무는 곳이다. 여러분은 하나님을 하나님으로 인정하고 하나님께서 내게 주시기 원하시는 것이 아니라, 내가 원하는 축복을 받아내기 위해 하나님과 겨루어 이기려고 하고 있지는 않는가? 이렇게 씨름하는 모습(기도를 비롯한 신앙적인 열심)이 다른 사람들 보기에는 목마른 사슴이 시냇물을 찾듯이 하나님을 붙잡고 구하고 있는 것 같아 보이고, 하나님만 의지하는 것 같아 보일지라도, 그는 지금 자기의 요구를 관철시키기 위해 몸부림치고 있을 뿐이다.

하나님께서는 야곱의 요구를 들어주시면서 그의 허벅지 힘줄을 치심으로 그로 하여금 절도록 만드신다. 한 번 꺾으신 것이다. 그러나 야곱은 완전히 꺾이지는 않았다. 하나님께서는 야곱이 구하기 전에 이미 은혜를 베푸셨다. 그리고 야곱이 하나님께 완전히 굴복하기를 원하셨던 것이다. 여러분은 아직 얍복 강에서 하나님을 이겨 보겠다고 씨름하고 있는 것은 아닌가?

여러분이 지금 있는 곳은 벧엘인가? 처음 벧엘의 단계를 지나고, 하나님의 은혜를 모르고 나의 요구를 관철시키시기 위해 하나님과 씨름하던 얍복 강을 지나서 벧엘에 올라와 있는가? 여러분은 지금 예수 그리스도 안에서 참 이스라엘이 되어 이스라엘의 하나님께 참으로 예배하는 자리에 서 있는가?

야곱이 밧단아람에서 돌아와 참 이스라엘이 되어 이스라엘의 하나님께 벧엘에서 단을 쌓고 "벧엘의 하나님"이라고 불렀을 때, 이스라엘의 하나님께서 나타나 그에게 복을 주셨다(창 35:11 이하). 야곱이 얍복 강에서 씨름해서 이겼다고 했을 때가 아니라, 벧엘로 올라와 참 이스라엘이 되어 이스라엘의 하나님께 제단을 쌓고 벧엘의 하나님을 불렀을 때 비로소 복을 주신 것이다.

하나님께서 야곱에게 은혜를 베푸셨듯이, 오늘 우리에게도 은혜를 베푸셔서 우리로 참 그리스도인이 되게 하사 우리가 모이는 우리 교회와 우리의 가정이 두 번째 벧엘이 되게 하시길 축복한다. 그리고 벧엘의 축복, 곧 예수 그리스도 안에서 약속된 하나님의 복이 우리 교회와 우리 가정들에서 열매로 맺혀지기를 축복한다.

벧엘에서 참 이스라엘이 되어 참 하나님께 예배를 드리는 자가 비로소 하나님께서 원하시는 중보적인 삶을 사는 자다. 하나님께서는 그를 통하여 하나님의 뜻을 이루신다.

함께 드리는 기도

하나님 아버지, 우리에게 지혜와 계시의 영을 주사 하나님 아버지를 알게 하옵소서. 우리의 눈을 열어 주사 부르심의 소망과 우리에게 주신 기업의 영광의 풍성함과 우리에게 베푸시는 아버지의 능력이 얼마나 크신지 알게 해 주옵소서.

하나님 아버지, 아버지의 영광의 풍성을 따라 성령으로 말미암아 우리 속사람을 능력으로 강건하게 하시고, 믿음을 말미암아 그리스도께서 우리 마음에 주님으로 계시게 하옵소서. 우리가 사랑 가운데서 뿌리가 박히고 터가 굳어져서 능히 모든 성도와 함께 지식에 넘치는 그리스도의 사랑을 알고 그 사랑의 너비와 깊이와 높이와 깊이만큼 서로 사랑하게 하사 우리 안에 하나님의 모든 충만하신 것으로 충만하게 하옵소서. 그래서 오직 사랑 안에서 참된 것을 하여 모든 일에 머리이신 예수님에게까지 자라가게 하옵소서.

하나님 아버지, 갈수록 악해져 가는 이 시대에 하나님의 전신갑주를 입고 악한 세력들을 능히 대적하고 부르심을 따라 말씀대로 순종함으로 항상 승리자로 서 있는 자가 되게 하옵소서. 살든지 죽든지 나의 삶을 통해 오직 우리 주 예수 그리스도만 존귀하게 되기 원하며, 이로 인해 하나님 아버지께서 영광스럽게 되기를 원합니다. 예수님의 이름으로 기도드립니다. 아멘.

예배, 기도, 영적 전쟁

중보적인 삶

1판 1쇄 인쇄 _ 2015년 10월 30일
1판 1쇄 발행 _ 2015년 11월 10일

지은이 _ 조치민
펴낸이 _ 이형규
펴낸곳 _ 쿰란출판사

주소 _ 서울특별시 종로구 이화장길 6
편집부 _ 745-1007, 745-1301~2, 747-1212, 743-1300
영업부 _ 747-1004, FAX 745-8490
본사평생전화번호 _ 0502-756-1004
홈페이지 _ http://www.qumran.co.kr
E-mail _ qrbooks@gmail.com / qrbooks@daum.net
한글인터넷주소 _ 쿰란, 쿰란출판사
등록 _ 제1-670호(1988.2.27)
책임교열 _ 김영미·최진희

ⓒ 조치민 2015 ISBN 978-89-6562-809-5 93230

책값은 뒤표지에 있습니다.
이 출판물은 저작권법에 의해 보호를 받는 저작물이므로 무단 복제할 수 없습니다.
파본(破本)은 구입처에서 교환해 드립니다.